Herzmist

Juleska Vonhagen

Herzmist

Fünf junge Frauen

*33 Mädchengespräche über
Liebe, Leid und Leidenschaft*

Schwarzkopf & Schwarzkopf

INHALT

*Für A., C., L. und U. und für alle, denen manch eine Story
in diesem Buch so bekannt vorkommt wie die Spätnacht-
wiederholung einer alten, vertrauten Serie im Fernsehen.*

Juleska Vonhagen

Alter: 23
Wohnort: *Berlin*
Haarfarbe: *schwarzbraun*
Augenfarbe: *blau*
Status: *Single, keine Kinder*
Tätigkeiten: *Studentin, Rundfunkreporterin, freie Autorin*
In diesem Buch erwähnte Exfreunde, Liebschaften und
Dates: *Lars, der Meine-Ex-ist-Model-Typ, Der-am-Telefon-Schlussmacher, der Fanta-Dosen-Hüter, Osterhold, der Einkaufswagen-Typ, Mr. Herdplatte (alias »er«, »ihm« und »ihn«), der Schulschwarm*

Ich bin die Ich-Erzähler-Stimme in diesem Buch: Guten Tag! Ich bin wohl das typische Kopf- und Zerlaber-Mädchen. Ich will in Liebschaften immer alles ganz genau wissen: Warum macht er das? Was hat das zu bedeuten? Und wie krieg ich ihn dahin, wo ich ihn haben will?

Ich bin die Küchentisch-Philosophin vom Dienst. Ein Wesenszug, der mich selbst manchmal zur Verzweiflung bringt. Obwohl ich nach außen hin eine eher große, pessimistische und ironische Klappe habe, bin ich tief in meinen Eingeweiden hoffnungslos romantisch und treu ergeben. Mit meiner umfassenden Musiksammlung im Rücken träume ich mich gerne mit offenen Augen nach Wolkenkuckucksheim. Eigentlich bin ich durch jahrelange Theorie- und Praxis-Erfahrung ganz gut auf dem Gebiet der

Männerwissenschaften und stehe meinen Freundinnen gerne mit kompetenten Tipps zur Seite. Nur wenn es um meine eigenen Männergeschichten geht, packt mein Verstand gerne mal die Koffer, um Urlaub im rosa Nebel zu machen: Ich stehe meistens auf Männer, die mich nicht wirklich wollen, die bindungsunfähig sind oder sonst wie einen an der Klatsche haben. Vielleicht bin ich deswegen Single. Möglich wärs. Denn wirklich nette, umgängliche und gut aussehende Männer, die vor Leidenschaft für mich glühen, machen mir eher Angst und ich hau dann einfach mal ab. Ich lass mich nicht gerne erlegen, wenn schon erlege ich selbst. Mit zwei, drei Tagen Abstand kann ich meistens gut über mich selbst lachen.

Sollte ich wohl besser auch …

Christina Fischer

Alter: *23*
Wohnort: *Berlin*
Haarfarbe: *blond*
Augenfarbe: *braun*
Status: *vergeben, keine Kinder*
Tätigkeiten: *Studentin, freie Mitarbeiterin in einer Agentur*
In diesem Buch erwähnte Exfreunde, Liebschaften und
Dates: *Robin, Jan, der Meine-Ex-ist-Model-Typ, der Dach-Amerikaner, der One-Night-Stand-Verkäufer und Jo der Schlussmacher*

Christina ist bodenständig, vernünftig, und (fast) alles, was sie
anpackt, gelingt ihr auch.

Ich kenn sie noch aus Schulzeiten, als wir, immer ein bisschen
zu cool und zu schlau für alles, zusammen Abi gemacht haben.
Nach einer wilden Jugend in der heimischen Klein-Großstadt am
Rande des Ruhrgebiets ist sie zum Studieren nach Berlin auf-
gebrochen. Gleich im ersten Semester hat sie Robin aufgetan, obwohl sie damals rein theoretisch noch an einen anderen vergeben
war. Aber ihr war nach kurzer Zeit klar: Dieser Herr Robin muss
es einfach sein. Mittlerweile sind die beiden schon drei Jahre zusammen und teilen sich Bett, Frühstückstisch und Klo in der gemeinsamen Wohnung. Argwöhnisch und vom Leben abgehärtet,
wie wir Anfangzwanzigerinnen nun mal sind, haben wir immer
damit gerechnet, dass doch irgendwann der Tag kommen wird,
an dem die beiden ein negatives Wörtchen über den anderen ver-

lauten lassen. Aber, man klopfe auf Holz, dieser Tag scheint noch immer in weiter, weiter Ferne zu liegen. Man könnte sagen: Die beiden sind ein ekelhaft glückliches Pärchen.

Trotz geteilten Alltags leidet die Leidenschaft der beiden Turteltäubchen nämlich kein My. Wie Christina und Robin dieses Kunststück hinkriegen, versuchen wir schon seit zig Gesprächen zu erörtern …

Evi Becker

Alter: *23*
Wohnort: *am Rande des Ruhrgebiets*
Haarfarbe: *braun*
Augenfarbe: *blau*
Status: *Single, keine Kinder*
Tätigkeiten: *examinierte Krankenschwester*
In diesem Buch erwähnte Exfreunde, Liebschaften und
Dates: *Exfreund Hannes, Irgendwas-Tom, Affären-Jakob*

Evi die Gute. Evi die Liebe. Evi der Grinsekeks. Irgendwas hat
Madame an sich, dass man ihr nie lange böse sein kann, und wo
sie ist, versprüht sie gute Laune. Evi war mit Christina und mir
in einer Stufe, war das Mädchen mit den fantasievollen Schnör-
keleien neben den Hausaufgaben. Seit Kurzem ist sie examinierte
Vollblut-Krankenschwester und somit als Viertelgöttin in Weiß
gern gesehener Gast auf jedem, immer seltener vorkommenden,
Trinkgelage unserer Truppe. Wenn sie grad keine Leben rettet
oder Leben einen würdigen Abschied bereitet, malt sie gerne und
besucht mit Eifer und echtem Interesse Kunstausstellungen. Man
kann sie also getrost als kreatives Stück bezeichnen.

Evi wohnt noch in unserer gemütlichen Heimatstadt im bodenständigen Westfalen, besucht uns Berliner Großstadthühner
aber mit auffallender Regelmäßigkeit, die immer regelmäßiger
wird. Vielleicht liegt das daran, dass ihr älterer Bruder auch hier
wohnt. Vielleicht. Vielleicht liegt es aber auch an einem gewissen
Tom, der ebenfalls in Berlin wohnt ... Man weiß es nicht.

Pauline Barkam

Alter: *23*
Wohnort: *Köln*
Haarfarbe: *dunkelbraun*
Augenfarbe: *braun-grün*
Status: *vergeben, keine Kinder*
Tätigkeiten: *Studentin der Sozialpsychologie, studentische Aushilfskraft in einer großen Firma*
In diesem Buch erwähnte Exfreunde, Liebschaften und Dates: *Jonas, Boldt der Problemmann, der duftende Portugiese, der Silvesterkotzer, der neurotische Arbeitskollege Alexander, der Klo-Sex-Typ, Schulzeiten-Exfreund Maik, Niels der Seelentröster*

Ich kenne sie noch – und das ist ungewöhnlich bei Frauenfreundschaften – aus dem Kindergarten. Da hab ich sie mal zur Belustigung meiner Mutter zum Abschied inbrünstig auf den Mund geküsst, dennoch blieb es bei »nur Freunde sein«. Dann zog sie mit ihrer Familie ein paar Städte weiter, was unserem Kontakt aber keinen Abbruch tat. Die anderen Mädels kennen mein Paulchen allerdings nur flüchtig von Geburtstags-Gipfeltreffen und vom berühmten Hörensagen.

Pauline ist ein helles Köpfchen, hat riesigen Spaß an ihrem Studium, und irgendwie hab ich das Gefühl, dass sie eines Tages als Frau Dr. Barkam enden könnte. Derzeit ist sie mit dem zwei Jahre älteren Jonas zusammen. Die beiden wohnen zwar nicht zusammen, aber wenn man Pauline besucht, ist er immer bei ihr. Auch die beiden sind sehr pech-und-schwefelig unterwegs. Dabei sind sie allerdings absolut kein Couch-und-Topfpflanzen-Pärchen, sondern gehen nicht selten hübsch exzessiv feiern. Anfangs wars mit den beiden nicht so einfach, weil Pauline immer noch der Schwindel einer ganz schönen Beziehungs-Achterbahnfahrt mit einem Vollidioten in den Knochen steckte. Paulines Bereitschaft, Männern zu vertrauen, tendierte zu dem Zeitpunkt gegen minus 43 …

Rike Hegemann

Alter: 22
Wohnort: *Berlin*
Haarfarbe: *dunkelbraun*
Augenfarbe: *braun*
Status: *vergeben, keine Kinder*
Tätigkeiten: *Lehramts-Studentin*
In diesem Buch erwähnte Exfreunde, Liebschaften
und Dates: *der gute Stefan, der unvergessene Sven,
Oliver der Konzertkarten-Schenker, Mutter-ist-gestor-
ben-Date, der potenzielle Betrug namens Chris*

Rike hab ich während meines ersten Semesters an der schönsten
Uni Nordrhein-Westfalens kennengelernt. Sie war mein strahlen-
der Lichtblick zwischen kotzgrünen Flurwänden und Seminar-
räumen, neben Müllkellern und Vorlesungen ohne Tageslicht. Geschickt hab ich mich an sie rangemacht und bin noch am gleichen
Tag bei ihr in ihrer WG-Küche gelandet. Lange hat sie es allerdings nicht in NRW ausgehalten und ist mir in die Hauptstadt
gefolgt. Meine anderen Mädels haben sie sofort vom Fleck weg als
Mitglied in unseren Tötter- und Schwarter-Kreis aufgenommen.

Rike ist eine ausgemachte Labertasche, hat ein lautes Organ,
ist direkt, frisch und frei, aber auch gerne mal unzufrieden. Aber
auch das bringt sie sehr unterhaltsam rüber.

Wenn sie nicht studiert, macht sie garantiert irgendwelche Praktika oder ist mal wieder urplötzlich verreist, weil sie es nie lange
an einem Fleck aushält, auch nicht im ach so vielfältigen Berlin.

Rike ist seit Jahren mit Stefan zusammen, ein netter Kerl, den Rike ohne jeden Zweifel als ihre größte Stütze und ihren besten Freund beschreiben würde. Trotzdem hatte Rike immer eine nicht enden wollende Verzehrung im Hinterkopf, einen »Mr. Big«, von dem sie dachte, dass da eines Tages noch mal was gehen würde. In letzter Zeit nutzen Rike und Stefan ihre Betten nur noch zum Schlafen und Lesen. Ärgerlich. Aber wie holt man die Leidenschaft zurück ins Bett? Geht das überhaupt?

Vorwort

Es gibt Tage, da stapelt sich die Arbeit. Wir stehen unter Strom, telefonieren, gehen uns nervös durch die Haare, hetzen von hier nach da, drucken Papierberge aus, Hektik, geben Papierberge ab, schreiben E-Mails, blättern, kopieren, telefonieren im Gehen, fluchen, essen schnell irgendwo was auf der Hand, haben dieses nervöse Lächeln, reden in kurzen Sätzen, wischen uns verärgert die Krümel vom Mittagessen vom Oberteil, die Uhr im Blick, gleich der Termin; hoffentlich klappt alles!

Kurzum: Wir sind beschäftigt. Richtig wichtig beschäftigt. Die Uni. Der Job. Oder beides.

Tausend Sachen lauern in unseren Hinterköpfen, die als Statusnachricht »laufend« verkünden. Irgendwann abends werden kurz vorm Schlafengehen in Unterwäsche noch mal alle E-Mails gecheckt, es folgt ein kurzes Durchatmen, und dann klingelt das Telefon. Wir gehen ran und eine weibliche Stimme verkündet:

»Ich war heute circa 41 Mal auf seiner studiVZ-Seite. Wenn es eines Tages so ein Geist-Programm geben sollte, mit dem man erkennen kann, wer wann anonym auf deiner Seite war, raste ich aus. Im Ernst! Was mache ich denn dann? Ich kann mich doch nie wieder bei dem melden. Und überhaupt: melden. Warum meldet der sich nicht?«, quäkt es aufgeregt, neurotisch und gestresst aus dem Hörer. Man könnte vermuten, dass dieser arbeitsreiche Tag jetzt auch noch dazu verteufelt ist, im privaten Unsinns-Stress seinen Sonnenuntergang zu finden, aber zum ersten Mal an diesem Tag telefonieren wir entspannt, mit lockeren Schultern, verschmitztem Lächeln und losem Mundwerk: ein gepflegtes »Mädchengespräch« über das andere Geschlecht.

Wir fachsimpeln: *Warum meldet er sich nicht?* Wir philoso-phieren: *Warum kann mir dieser Idiot nicht einfach egal sein?* Wir mutmaßen: *Natürlich empfindet er etwas für mich, er möch-te seine Gefühle momentan nur nicht zulassen.* Wir beichten: *Und dann habe ich nach dem Sex mit ihm geheult.*

Wir ziehen blank mit all unseren Schwächen, Wünschen und paranoiden Ängsten.

Als wären Männer und all der Quatsch drum herum das, wo-rum es letztlich im Leben geht. Egal ob wir gerade an diesem Tag unsere Bachelor-Arbeit fertig geschrieben, ein dickes Lob vom Chef bekommen oder im Krankenhaus einen Patienten ge-waschen haben, der kurz davor am eigenen Erbrochenen erstickt ist: Unsere Irrungen und Wirrungen mit der männlichen Bevölke-rung scheinen das Thema zu sein, das im Frauen-Rede-Grillfeuer am besten brennt. Das abgeht wie Luzie.

Oft bringt uns das Zerpflücken unseres Herzmists auch tat-sächlich etwas und wir haben das Gefühl, ein bisschen Ordnung in unsere kleine Welt gebracht zu haben, manchmal verquatschen wir uns aber auch bis nach Absurdistan.

Ich habe für dieses Buch vier junge Damen Anfang zwanzig zu-sammengetrommelt: Christina, Evi, Pauline und Rike. Alle vier sind in kleineren und größeren Großstädten aufgewachsen, alle vier sind weder auf den Kopf noch auf den Mund gefallen und alle vier sind: meine Freundinnen. Wir haben uns drei Abende lang Zeit genommen, haben gegessen und Alkoholisches genossen und haben – eigentlich genau wie immer – schön gepflegt gequatscht. Mit zwei kleinen, aber wesentlichen Unterschieden: Ich habe den Damen gezielt 33 Fragen gestellt, Fragen, die zum Teil schon in vergangenen Gesprächen aufgekommen sind ... Doch diesmal habe ich ihre Antworten mit einem Diktiergerät aufgenommen.

Als Endprodukt der drei Abende gibt es das hier: meine Abschrift unserer unzensierten*, hochexplosiven Gespräche.

Worüber haben wir die letzten Tage, Jahre und Monate mit diebischer Freude getöttert, wenn es um das andere Geschlecht ging? Zu welchen Ergebnissen hat uns unsere Selbst- und Männer-Analysiererei gebracht? Was wollen wir überhaupt für Männer? Was für Exemplare hatten wir bisher? Womit hat man unsere Großmädchen-Herzen zum Schmelzen gebracht und welche männlichen Eigenarten haben uns in die schiere Verzweiflung getrieben? Geht jeder Leidenschaft irgendwann die Luft aus? Haben wir eigentlich Einfluss auf unsere Gefühle? Und in welchen Liebeskisten stecken wir gerade drin? Was sind also die Zutaten des dicken fetten Gedankensalates der Twenty-Something-Mädels?? Das große Geheimnis »Was redet ihr Frauen eigentlich so?« wird hier also gelüftet. Ein großer Moment. Ein wichtiges Stück Zeitgeschichte. Bestimmt.

---

* Randdaten und Identitäten musste ich ein bisschen verfremden, schließlich wollen wir es uns ja nicht mit aller Welt verscherzen ...

1. Die eine große Liebe oder gibt es viele große Lieben hintereinander?

Hat Disney uns unrealistische Vorstellungen von Liebe vermittelt?

Es ist viertel nach zehn, Samstagabend. Vier junge Damen haben sich in meinem Zimmer um den kleinen, wahnsinnig stabilen Couchtisch aus Schweden versammelt. Die Bäuche sind gefüllt mit Schafskäse-Salat, Dip, Fladenbrot und Weißwein. In der Mitte liegt das kleine, silbern glänzende Diktiergerät. Es wirkt, als würde es, auf unsere Wortschwälle gespannt, auf der Lauer liegen. Es ist merkwürdig, es dabeizuhaben. Auch merkwürdig ist, dass wir plötzlich alle auf einem Haufen versammelt sind. Sind wir selten. Nicht alle von uns wohnen in Berlin, und Pauline war bis dato quasi nur meine Freundin, kannte die anderen nur vom Hörensagen.

»Was ist die erste Frage?«, will Rike wissen, die ungeduldig wie immer auf ihrem Stuhl herumrutscht. Jetzt ist es also an mir, Fragen in die Runde zu werfen, meine Damen mit Absicht zum Klönen zu bewegen. Also lese ich das erste Thema vor: »Die eine große Liebe oder gibt es viele große Lieben hintereinander? Hat Disney uns unrealistische Vorstellungen von Liebe vermittelt?« Ich drücke auf »Record«, das Aufnahmegerät schnurrt leise und dann gehts los: »Die Frage klingt so nach dir!«, spöttelt Christina von der rechten Seite der Couch. »Ich glaube, dass es beides gibt«, schiebt sie mit zuckersüßer Stimme und Musterschülerinnen-Miene hinterher.

»Gut, dann hätten wir das geklärt«, nuschele ich ironisch und sehe, dass ich ein paar Stöckchen mehr ins Redefeuer werfen

muss: »Während wir noch in den kleinsten Kinderschuhen gesteckt haben, wurde uns doch schon eingetrichtert: Es gibt sie
da draußen, die ganz große Liebe. Ob das jetzt bei Aladdin, bei
Arielle oder bei der Schönen und dem Biest war – das sind ja die
Kassenschlager, mit denen wir aufgewachsen sind –, immer gibt
es die eine Liebe, die es verdammt noch mal zu finden gilt, und
dann klappts für immer. Hochzeitsglocken. Reis wird geschmissen. Ein bis zwei kleine Racker und am Ende entschläft man selig
aneinander gekuschelt im Ehebett aus robuster Eiche. Wenn ich
das laut ausspreche, finde ich es selbst albern. Aber wenn wir
ehrlich sind, ist es doch irgendwie das, was wir uns ganz insgeheim erhoffen, oder? Von dem wir innerlich ausgehen, dass es
doch so kommen muss, so institutionsmäßig, als hätte man sonst
nicht alle Stationen der Lebens-Regionalbahnfahrt abgefahren.
Wir sind durch Filme, Bücher, Lieder und was auch immer so
konditioniert, dass wir innerlich fest an die große Liebe glauben,
auch wenn die Realität anders aussieht, oder?«

Rike reißt mit rotlackierten Fingernägeln eine Marshmellow-
Tüte auf. Dann guckt sie in die Runde: »Wie siehts denn bei
euren Eltern aus?«

Kurzes betretenes Schweigen. Rike stopft sich die ersten drei
rosa-weiß-gestreiften Marshmellows in den Mund, während
mein Blick die Gesichter meiner Freundinnen streift:

Rikes Eltern haben sich kurz nach ihrer Geburt getrennt und
Klein-Rike blieb bei ihrer Mutter. Die war weiß Gott kein Kind
von Traurigkeit und hat den Platz an ihrer Seite des Öfteren
mal neu besetzt, ihr Vater war zwar bescheidener, hat aber auch
nie wieder geheiratet, hat nie wieder gesagt: Ich binde mich für
immer. Mein Blick wandert einen Platz weiter und landet bei
Christina: Ihre Eltern sind ebenfalls schon länger geschieden,
ihre Mum hat gerade ganz frisch einen neuen Freund. Bei Evi
daneben sieht es so ähnlich aus, nur dass der neue »Freund«

ihrer Mutter nicht mehr so wahnsinnig neu ist, ihr Vater hat vor Kurzem wieder geheiratet.

Paulines Eltern waren nie zusammen, sie ist das gelungene Produkt eines heißen, urlaubslaunigen One-Night-Stands auf Korsika. Ka-tsching! So weit die elterliche »Große Liebe«-Bilanz im Kreise meiner Freundinnen, und – ja! – es darf ein festlicher Tusch getrommelt werden: Ich bin die Einzige, die aus einer steuerlich bevorteilten, wertkonservativen Kleinfamilie mit 1,5 Kindern und 0,5 Haustieren kommt.

»Schon verrückt eigentlich, wenn wir uns erzählen, dass wir an ›die eine Liebe‹ glauben, obwohl es bei unseren direkten Vorbildern ja eher ein Schuss in den Ofen war«, meint Rike kauend und greift wieder in die Marshmellow-Tüte.

»Und selbst wenn man lange mit jemandem zusammen oder verheiratet ist und jede Stromschnelle, die Scheidung schreit, geschickt umschifft – landet man dann nicht automatisch in einer Art tief gehender Freundschaft?? Ich meine, die Vorstellung, die wir von Liebe haben, kann doch eigentlich gar nicht der Realität entsprechen, oder? Ich glaube zwar irgendwie selbst nicht daran, aber innerlich hoffe ich, dass es diese Liebe gibt, die auf eine Art immer frisch bleibt. Es muss nicht jede Nacht ein Disney-Feuerwerk sein, aber dennoch Leidenschaft irgendwie. Mein Kopf findet es nur logisch, aber irgendeine andere Stimme in mir will so etwas nicht wahrhaben: Wenn das eine Feuer aus ist, gucke ich mich halt um, ob nicht irgendwoanders der Funke überspringen kann. Aber was ist so unromantisch an dem Gedanken, dass es mehrere Lieben gibt, und was widerstrebt einem so an dem Spruch: ›Den *Einen* für immer gibts nicht, aber es gibt den *Einen* für die eine Zeit‹?«, frage ich mit hochgezogenen Augenbrauen.

»Du klingst wie unsere Philo-Lehrerin damals. ›Der Lebensabschnittsgefährte: Das Symptom der postmodernen Unruhe‹«, zitiert Evi im näselnden Ton unserer damaligen Lehrerin und lacht und Rike übernimmt:

»Keine Ahnung, ob das jetzt ein Symptom der Postmoderne ist oder was auch immer. Aber an den Richtigen für eine Lebensphase glaub ich schon. Ich meine, die große Liebe – was ist das eigentlich genau? Derjenige, mit dem man für immer zusammen ist? Ab wann? Ist es auch die große Liebe, wenn man sich erst mit Mitte fünfzig kennenlernt? Ist das Kriterium für die große Liebe, dass sie bis in den Tod hineinreicht? Oder was? Ich glaube daran, dass es auf jeden Fall mehrere große Lieben gibt. Lustigerweise hab ich mich am Samstag auf einer Party darüber unterhalten. Ich dachte ja immer, Sven wäre meine große Liebe gewesen. Aber, ach, das hab ich dir noch gar nicht erzählt«, Rike legt mir eine Hand auf die Schulter, »mit dem hab ich mich letztens getroffen: Das Thema ist für mich erledigt ...«

Rike war von 14 bis 18 mit einem jungen Herrn namens Sven zusammen, zwischendrin gab es zwar Unterbrechungen, aber trotzdem war sie zumindest herzmäßig die ganze Zeit über bei ihm: dem großäugigen, wuschelköpfigen Sven, der sicher auf dem Ehrensockel in ihrem Herzen thronte. Aus Erzählungen ein umwerfendes Kerlchen: Cliquenclown, Skaterjunge. Ausladende Lebensweise, aber auch ausladende Probleme. Es war eine von diesen toxischen Beziehungen, die nie zu altern scheinen, ein Auf und Ab, ein »jemanden nie ganz haben können« und die daraus resultierende sexuelle Spannung wie Knistern an einem Elektrozaun und Streits, bei denen Elektrogeräte aus dem Fenster flogen.

Heute ist Rike seit zweieinhalb Jahren mit Stefan zusammen. Ein bodenständiges Exemplar Mann, der kaputte Elektrogeräte in Rikes Wohnung repariert, statt sie aus dem Fenster zu schmeißen, der ihr eine rechte Hand, stützende Schulter und ein treues offenes Ohr ist. Obendrein sollen seine Fähigkeiten als Liebhaber nicht zu unterschätzen sein: ein Rundum-sorglos-Paket aus

Fleisch und Blut. Trotzdem ist Rike in der Vergangenheit nach ein, zwei Gläschen Puffbrause wehmütig immer mal wieder das Bekenntnis über die Lippen gerutscht, dass sie für nichts garantieren könnte, wenn sie Sven mal wieder sehen würde: »Stefan kann ich mir gut als den Vater meiner Kinder vorstellen, er ist mein bester Freund und ich liebe ihn. Aber ... wie soll ich das beschreiben? Mit Sven war es intensiv, aber ...«, Rike gestikuliert wild, während sie redet, dann hängt sie kurz im Text und ergänzt: »... aber nicht tief. Und mit Stefan ist es genau andersrum – versteht ihr, was ich meine?«

»Ich versteh sehr gut, was du meinst.« Ich nicke: »Scheint so, als sei diese extrem leidenschaftliche Liebe mehr oder weniger ein Pulverfass, das einem irgendwann unter dem Hintern hochgehen kann, und trotzdem macht sie süchtig. Die langen, funktionierenden Beziehungen hingegen hat man eher mit den Herrschaften, mit denen man auch befreundet ist, wo der freundschaftliche Part mehr im Vordergrund steht. Aber das Trügerische ist: Gerade wenns so chaotisch und schwierig ist, neigt man dazu, das Ganze für die große Liebe zu halten; war für Arielle schließlich auch sauschwierig, ihren Prinzen zu kriegen, das Biest war am Anfang auch ein Arschloch, und auch in modernen Märchen für größere Mädchen wie *Sex and the City* kommt Carrie am Ende mit demjenigen zusammen, mit dem es immer ein riesiger Hickhack war.«

Christina hat mit stillem Kopfschütteln zugehört:

»Ich bin jetzt seit drei Jahren mit Robin zusammen, wir sind die besten Freunde und das Knistern ist nach wie vor da. Ich weiß nicht, warum ihr immer meint, dass es das nicht gibt.« Sie macht eine kurze Pause, grinst und redet dann weiter:

»Und es bleibt nicht nur bei diesem Knistern. Es kommt so oft vor, dass ich ihn irgendwo stehen sehe und mir denke: Du, Freundchen, kommst mir jetzt mal schön unter!« Sie lacht:

»Also, ich finde nicht, dass man bei leidenschaftlichen Beziehungen die freundschaftliche Seite einbüßt oder andersrum. Und ja, ich glaube auch, dass Robin meine große Liebe ist. Ganz ohne Hickhack, Drama und Stress.«

Evi grinst schelmisch: »Also meinst du, dass das von vornherein das Ziel des Universums war: Christina muss mit Robin zusammenkommen. Und diese Mission hast du jetzt zielsicher erfüllt.«

»Nein, so nicht. Ich glaube schon, dass rein theoretisch viele Männer perfekt zu einem passen können, aber wenn man erst mal einen gefunden hat, der perfekt zu einem passt, dann glaube ich, dass es das wert ist zu versuchen, für immer mit dieser einen Person zusammenzubleiben, weil man dann auch auf ganz andere Ebenen gelangt. Und außerdem will man dieses Kennenlernspiel ja auch nicht ewig spielen. Es gibt doch nix Besseres, als angekommen zu sein. Außerdem ist es ja auch sauschwierig, wieder jemanden zu finden, bei dem alles so gut passt.«

»Mmh, man ist so lange gerne angekommen, bis man wieder weg will«, nuschelt Rike, die nebenbei die Marshmellow-Tüte untersucht, nichts darin findet und die Tüte wieder auf den Tisch stellt.

»Nee, ich kann mir echt nicht vorstellen, dass ich noch mal das Bedürfnis haben werde, jemand anderen zu haben. Ich kanns mir im Moment einfach nicht vorstellen. Die Beziehung ist einfach rundum perfekt: Wir sind seit drei Jahren zusammen und ich mag alles, was er sagt, macht und tut, und ich denk mir so oft: Ohh, ist er toll!« Christina sieht für ihre Verhältnisse untypisch schwärmerisch aus: »Kann natürlich sein – Chaostheorie –, hätte ich ihn nicht getroffen, hätte ich vielleicht einen anderen kennengelernt, mit dem es ähnlich perfekt wäre. Es ist zwar komisch, sich das vorzustellen, aber möglich wäre es natürlich.« Christina zuckt mit den Achseln. Wenn man sie so reden hört und es nicht besser wüsste, könnte man vermuten, sie hätte Robin gerade erst kennengelernt, aber die beiden sind seit über drei Jahren ein Paar, und obendrein wohnen sie auch noch zusammen.

Pauline, die sich die ganze Zeit dezent im Hintergrund gehalten hat, greift nach der Marshmellow-Tüte und fasst zusammen: »Wahrscheinlich geben wir alle jetzt Antworten je nachdem, an welchem Punkt wir uns gerade selbst mit unserem Leben befinden. Du«, sie zeigt auf Christina, »bist gerade super glücklich und kannst dir ein Scheitern nicht vorstellen. Ich stimm da momentan total mit dir überein. Rike hat ihre erste große Liebe wiedergetroffen, dachte, das Feuer würde immer noch lodern, aber da war nix mehr …«, Pauline hält inne, »… wieso eigentlich nicht? Haste verschwiegen.«

»Ganz simpel: Wir hatten uns seit drei Jahren nicht mehr gesehen, ich war sauaufgeregt vor dem Treffen, bin Szenarien durchgegangen, Rumpelmagen, endlose Umzieh-Orgien, Puls in allen Körperteilen spürbar: das volle Programm eben. Und dann steh ich vor ihm, wir reden miteinander und: nichts. Ich hab das Gefühl, ich bin einfach älter geworden, hab mich weiterentwickelt. Er nicht. Es war so wie bei einem Film, den man als Kind immer total spannend gefunden hat, und wenn man heute die Kassette einlegt und sich vorher diebisch freut, ist man zwar irgendwie gerührt von den vertrauten Bildern, aber spannend ist es keinen My mehr. Ich hab mich danach auch 'n bisschen über mich selbst lustig gemacht. Heute würden wir beide einfach nicht mehr zusammenpassen, aber trotzdem ist das, was ich damals für ihn empfunden habe, schon das krasseste Gefühl von Liebe gewesen, was ich je hatte. Und das ist doch eigentlich die Definition von großer Liebe, oder? Nicht dass sie für immer hält, sondern dass sie in dem Moment einfach nur irre krass ist, intensiv. Und auch für Stefan empfinde ich heute nicht so wie damals für Sven. Ich glaub schon, dass es nach Stefan noch jemand anderen geben wird, und vielleicht ja auch noch mal jemanden, für den ich solche Gefühle habe wie für Sven – warum sollte so was nie wieder passieren? Ist doch Quatsch. Ich mein, ich bin erst 22!«

»Vielleicht ist die große Liebe ja dann derjenige, für den man so intensiv empfindet und den man außerdem zum richtigen Zeitpunkt trifft«, wirft Pauline ein, und Christina pflichtet ihr sofort bei: »Das glaube ich auch. Rike, du warst 14, als du Sven kennengelernt hast, klar kannst du heute nicht mehr genauso empfinden. Gerade von den Teenie-Jahren bis heute macht man ja eine große Entwicklung durch, man wird noch mal jemand ganz anderes. Genau wie bei dir und Hannes, Evi!« Christina guckt ihre Sitznachbarin an: »Als ihr zusammengekommen seid, warst du 17! Was auch ein wichtiger Punkt ist: Man muss vorher seine Erfahrungen gemacht haben, wenn man will, dass eine Beziehung funktioniert. Deswegen find ich auch den Zeitpunkt perfekt, was Robin und mich angeht, weil ich das ABC der Liebschaften und Liebeleien durchhabe. Ich hatte Beziehungen, ich bin einfach so mal mit jemandem abgestartet, ich hatte Affären, Partyknutschereien, ich hatte alles mal so dabei. Und ich glaube, dass das wichtig ist, weil man sonst einfach nicht gesättigt ist und sich nach all dem Krempel sehnt ...« Rike widerspricht: »Ich finde das naiv, dass du glaubst für immer gesättigt zu sein. Freunde von meinen Eltern sind seit dreißig Jahren zusammen, das ist noch mal ne ganz andere Zeitspanne als die höchstens, was weiß ich, sieben Jahre, von denen wir jetzt reden können. Natürlich kriegst du noch mal Appetit, also Bock auf jemand anderen. Vor allem, wenn irgendwann der Punkt kommt, an dem dir klar wird: Hallo! *Das* war bis jetzt mein Leben. Und Heinz Mustermann hier an meiner Seite soll jetzt also das letzte Kapitel in meinem Liebesleben sein?! The End?! Vorhang zu. Licht an. Gute Nacht?!« Rike schüttelt sich: »Da kriegt man doch jetzt schon Torschlusspanik, wenn man darüber nachdenkt. So dieses Endgültige! Und klar: In den Teenagerjahren macht man schnellere, krassere Entwicklungen durch, aber trotzdem bleibt man ja nicht einfach irgendwann stehen! Gerade bei so langen Zeitperioden entwickelt man sich doch noch mal in ganz andere Richtungen.« Pauline guckt von Rike zu einer ausdruckslosen Christina und meint dann:

»Ich glaube daran, dass die große Liebe möglich ist. Es ist aber wohl immer auch ein Arrangieren und eine Frage von Verzicht und Selbstdisziplin, wenn man will, dass es für immer ist.« Pauline beißt in einen Marshmellow: »So klingts zumindest logisch, aber irgendwie nicht mehr besonders erstrebenwert.« Sie zieht ratlos die Augenbrauen hoch und stopft sich dann den Rest des angebissenen Marshmellows in den Mund.

»Die Frage ist doch, zu welchem Zweck wir den Teil in uns unterdrücken, der ständig Abwechslung und Aufregung braucht, der seine Freiheit haben will, der sich oft verliebt. Und wo dieser Widerspruch herkommt: dass wir vom Herzen her alle wollen, dass wir für immer nur mit einer Person zusammen sind und auch nur eine Person wollen wollen ...«, murmele ich – ebenfalls Marshmellow kauend – vor mich hin.

»Und ich glaube nicht, dass Disney oder irgendeine andere Filmschmiede daran schuld sind!«, lacht Rike.

»Die haben das Muster doch auch nur abgekupfert. Da muss viel mehr dahinterstecken.«

»Aus soziobiologischer Sicht ...«, beginnt Pauline, und es entsteht eine kurze Pause mit einem kleinen Raunen, aber Studiumswissen ist anscheinend in Teilen wohl tatsächlich auch im wahren Leben anwendbar – unglaublich –, »aus soziobiologischer Sicht ist der Mensch ein sehr pflegebedürftiges Tier, und es ist einfach günstiger für ihn, langfristig mit einer Person zusammenzubleiben, weil man so ein Kind am besten großziehen kann.«

»Und was passiert, wenn die Kinder aus dem Haus sind?«, wirft Evi ein.

»Oder wenn man erst gar keine kriegt?« Ich muss grinsen und sage:

»Nüchtern betrachtet kommt man doch zu dem Schluss, dass die große Liebe im Grunde unrealistisch ist. Auch wenn wir danach streben. Wahrscheinlich haben wir wirklich durch romantischen Fernseh- und Kinokram tief in uns drinnen unrealistische Erwartungen. Ich glaube, wenn man erst mal mit jemandem wirklich lange zusammen ist und man sich irgendwann nur noch auf dieser tiefen partnerschaftlichen und freundschaftlichen Ebene liebt, dann bleibt man zusammen, weil man weiß, was man an dem anderen hat, und weil man auch nicht mehr 23 ist und sich nach dem großen Leben sehnt. Klar kanns dann passieren, dass man mal nen kleinen Crush hat, weil der nette ältere Herr, der einem in der Friedhofsgärtnerei die ewigen Grablichter verkauft, immer so nett lächelt, aber ich glaube, dass man in den seltensten Fällen noch so einen Mist machen würde und dafür alles, was man sich jahrelang aufgebaut hat, hinschmeißen würde, oder? Jedenfalls ist das die Vorstellung, die mir den Glauben an die große Liebe wachhält«, sage ich und genehmige mir einen großen Schluck Weißwein.

»Warum auch immer wir das wollen: die große Liebe, ne?«, fragt Evi mit leicht abwesendem Blick.

»Also ganz ehrlich, ich wills mehr als jeden beruflichen Erfolg«, stelle ich fest, und bin fast schuldbewusst dabei. Rike guckt mich an und grinst:

»Siehste! Und genau das ist der Grund, warum die reichsten Menschen der Welt Männer sind!«

2. Eigenschaften und Eigenarten, Attitüde und Aussehen. Teil 1

Was lieben wir an Männern?

Kaum hab ich die neue Frage vorgelesen, tönt Pauline: »Soll das die Frage für die männliche Leserschaft sein? Damit sie schnell und heimlich beim Lesen auf dem Klo erfahren, auf was wir eigentlich so stehen?« Sie zieht die Augenbrauen hoch.

»Ey, da fällt mir ein, ich hab letztens bei meinem Kumpel Patrick ein Buch rumfliegen sehen: *The Mystery Method – How to Get Beautiful Women Into Bed*. Allgemeines Gelächter: »Oh Gott, mit Anleitung!«

»Wege zum Glück, Geliebtsein und gemeinsamen Orgasmus«, schmeißt Christina mit Werbespot-Betonung und leicht gerümpfter Nase in die Lachsalven.

»Damit wäre schon mal geklärt, was wir an Männern nicht mögen: wenn sie uns gegenüber so unsicher sind, dass sie Ratgeber lesen müssen«, fasse ich zusammen. »Also, Jungs, jetzt am besten nicht weiterlesen, Buch zu und weg damit, oder lasst euch wenigstens nicht damit erwischen!«, lacht Rike.

Christina lacht nicht, sondern sagt: »Mal ehrlich, Männer in unserem Alter sollten eigentlich langsam wissen, wie der Hase läuft. Selbstsicherheit ist, was Attitüden angeht, auf jeden Fall ein wichtiges Stichwort.« Evi saugt nachdenklich die Unterlippe ein und fügt hinzu:

»Aber es muss ein gesundes Mittelmaß an Selbstbewusstsein sein. Ich will keinen Quacksalber, der andauernd einen bekloppten Spruch nach dem anderen raushaut.«

Sie überlegt kurz: »Aber auf der anderen Seite will ich auch keinen Typen, der in der Ecke kauert und sich nicht traut, was zu sagen.«

»Was generell gilt: Um jemanden interessant zu finden, muss derjenige einfach ein eigenes Leben haben. Egal ob Männlein oder Weiblein.«

»Ja!« Rike erntet lautstarke Zustimmung aus allen Mädchenkehlen. »Und am besten noch ein interessantes«, wird ergänzt.

»Leidenschaften muss er haben!«, tönt es zwischen Süßigkeitentütenknistern.

»So ein Fußballpfosten wäre nichts für mich«, hören wir von Rike, und Christina fängt sofort an zu lachen: »Ist ja interessant, dass du bei Männern und Leidenschaften sofort an Fußball denkst. Hast Erfahrungen mit leidenschaftlichen Fußballpfosten, was!?« Rike zuckt mit den Achseln, und bevor sie was sagen kann, werde ich folgenden Text los:

»Fußball ist vielleicht nicht unbedingt das anziehendste Hobby. Weil man gleich den Link zu solchen Szenarien im Kopf hat, wo eine Jessica am WG-Frühstückstisch sagt: ›Ich hab grad meinen Sascha angerufen, und er und seine Kumpels sind jetzt schon voll dicht – hahaha, total süß –, weil Hertha heute Abend spielt.‹« Christina rollt mit den Augen, wohl wissend, auf welche geteilten Erfahrungen ich anspiele.

»Und es kommen natürlich so hübsche Bilder auf mit miefigen, fussligen Polyester-Fußballschals, fetzigen Westen aus hellem Jeansstoff mit allen Aufnähern seit Gründung des Clubs und …«, ich will mich erst noch weiter in den Unsinn steigern, entscheide mich dann aber für eine wegwerfende Handbewegung, und sage:

»Ach, das sind nur Klischees. Ich finds andererseits fast komisch, wenn ein Mann sich gar nicht für Fußball interessiert. Aber wenn er wirklich, wirklich leidenschaftlich Aufnäherwesten tragend seine letzte Zeit und alle Geldreserven dem Fußball opfert, dann sind das Faktoren, die ihn für mich sowieso als potenzielles Freund-Material ausschließen.«

»Ich finde es auch merkwürdig, wenn Männer krass computerfanatisch drauf sind und im Internet Spiele mit Headset und Morchel-Kommando spielen oder stundenlang alleine am PC sitzen, um so zu tun, als wären sie viel beschäftigte Fußballmanager, die dann einmal im Monat für ihre virtuelle Fußballmanagerehefrau virtuelle Blümchen bestellen müssen. Das hat schon was von Tiefschwarze-Augenringe-und-fahle-Käsehaut-Kellerkind. Heiß ist das auf jeden Fall nicht …« Pauline schüttelt den Kopf. »Ein bisschen Nerd sein, find ich schon angebracht«, räume ich ein.

»Nicht was Computer angeht – keine Ahnung, warum Computerfreaks so ein mieses Image haben –, aber was Musik und Filme oder meinetwegen auch Bücher betrifft, find ich das schon nett. Ich hör einem Mann gerne zu, wenn er was über Musik erzählt: Was das Besondere an dem Booklet der ersten 100 000 Kopien von CD XY ist, wer die und die Stilrichtung mit der und der Band Millionen Jahre vor meiner Geburt begründet hat, wann er die und die Band zum ersten Mal gehört und mit dem Kassettenrecorder vom Radio auf voller Lautstärke aufgenommen hat. Leidenschaften und Interessen sind halt wichtig. Gerade Musik ist mir wichtig. Nicht so wie in Teenagerzeiten, als man sich nach der Musiksparte den passenden Partner ausgesucht hat; *was* er hört, ist in dem Sinne …«, ich zögere, »… zweitrangig, soweit er es mit Leidenschaft und wirklichem Interesse hört. Vielleicht sogar auch mit ner Spur Ernsthaftigkeit. Ich meine, ich finds großartig, wenn man mit seinem Angetrauten zu zweit was unternimmt und man auf Konzerte gehen kann, statt zum x-ten Mal in den Kinosessel zu fallen oder – ganz ausgeflippt – beim Italiener zu dinieren. Und ich finds wesentlich inspirierender, wenn man zu einem Mann nach Hause kommt und er zeigt dir …«, ich mache ob der Klischeehaftigkeit eine Kunstpause, »… seine

Plattensammlung, beziehungsweise seinen CD-Schrank oder – naja – heute eben seine Mp3-Sammlung auf der externen Festplatte statt seiner Kollektion von leeren, aufpolierten Fantadosen seit den 60er Jahren.«

»Fantadosen?«, wiederholt Christina mit ihrer typisch kehligen Was-zum-Henker-Ungläubigkeitsbetonung.

Ich mache eine hilflose Geste: »Alles schon so gehabt.« Ich betone jedes Wort einzeln und gucke beim Gedanken an meine gesammelten Absurditäten-Dates betont bemitleidenswert:

»Was mich bei meinem Exfreund immer aus der wohligen Welle der ›Wir sind so perfekt für einander‹-Harmonie gerissen hat, war, wenn ich mal wieder ein super Lied ausgegraben hatte. Ich spiels ihm vor, und während mir das Herz aufgeht, fängt er einfach an zu quatschen. Als würde man in zwei verschiedenen Wahrnehmungswelten leben, oder als hätte ich Sonder-Antennen, die bei ihm vom Werk her nicht angebracht wurden …«

»Generell sollte der Mann sich einfach interessieren. Darf nicht gleichgültig sein gegenüber dem, was in der Welt passiert«, stellt Evi fest.

»Richtig. Nicht gleichgültig, aber auch nicht zu versessen, zu involviert. Es gibt nämlich nichts Unattraktiveres als hektische Männer!« Pauline beugt sich entschieden nach vorne und spricht näher in das leise surrende Aufnahmegerät:

»Ich hatte mal so einen Arbeitskollegen! Alexander. Ein wirklich extrem hübsches Kerlchen. Wenn ich euch ein Foto zeigen würde, ihr würdet alle sagen: leckeres Dingen. Als ich den zum ersten Mal im Büro gesehen habe, dachte ich nur: Oh ja, wir könnten auch mal gemeinsam Mittagessen gehen. Und das haben wir dann auch gleich am ersten Tag gemacht …« Pauline hält inne und blickt in schmunzelnde Gesichter:

»Von dem Moment an wars hin mit der Magie: Wie aufgeregt der erzählt hat, wie der auf dem Plastikstuhl rumgehibbelt hat, wie er mit den Händen wild gestikuliert hat und was für Sorgen und Gedanken er sich am ersten Arbeitstag gemacht hat – Kinder, ich sags euch, da war jegliche Attraktivität – zack, bumm, platsch – zum Fenster raus.«

»Hibbelige Männer haben was Tuckiges«, wirft Rike ein.

»Hektisch ist definitiv unsexy. Ich glaub, wir Frauen dürfen uns das mal erlauben. Aber ein Mann sollte Gelassenheit ausstrahlen«, stimme auch ich zu.

Und Evi wirft ein: »Die meisten Männer, die ich kenne, sind auch gelassen. Mein Bruder zum Beispiel. Ich wünschte, ich könnte manchmal so gelassen sein wie der. Wenn den irgendwas nicht jucken will, dann juckt es ihn auch nicht. Und wenn mich was juckt, dann ...«

»... kratzt du«, ergänzt Rike gewissenhaft.

»Ja.« Es entsteht eine kurze Pause.

»Was wir ja die ganze Zeit reizender Weise ausgelassen haben, ist das Aussehen«, stelle ich fest und bin gerührt über unsere Konzentriertheit auf innere Werte. Wahre Goldstücke sind wir doch! Rike unterstreicht unsere Goldstückhaftigkeit sofort in den buntesten Farben:

»Riesenunterschied find ich ja – im Gegensatz zu Frauen-kommt es bei Männern nicht auf das Aussehen an, sondern auf den Charme. Sven zum Beispiel hatte immer – wie soll ich das sagen – Gesichtsausdrücke, die mich wahnsinnig gemacht haben. So leicht schelmisch. Spöttisch? Ironisch eben, das war anziehend. Keine Ahnung. Natürliche Witzigkeit ist auch wichtig, interessant reden können ...« Rike wird von Pauline unterbrochen: »Richtig. Einen zum Lachen bringen. Schlagfertigkeit.« Sie guckt kurz zur Seite und fährt fort: »Obwohl ich dazu auch sagen muss, dass Humor einfach nur ein Zeichen von Anpassungsfähigkeit ist, und dass es sich in der Evolution durchgesetzt hat, dass Frauen Humor attraktiv finden, weil es zeigt, dass der Mann in allen

Situationen angemessen reagieren kann. Ist so ähnlich wie bei den Männern, dass die von Natur aus auf ein bestimmtes Hüfte/Po-Verhältnis stehen.« Pauline guckt in leere Gesichter: »So, jetzt hör ich aber auf mit dem Psycho-Kack!«

Es folgen ein paar unglaubliche Sekunden Stille, dann schnattert Rike wieder los: »Übrigens, was ich gerade gesagt habe, dass es bei Männern nicht auf das Aussehen ankommt, stimmt natürlich nicht.« Allgemeines Gelächter. Ich habe das Gefühl, auch eine Spur Erleichterung herauszuhören.

»Männer können nur viel mehr über Style machen. Bei Frauen ist das eher anders. Ich glaub, Männern ist das ziemlich egal, was eine Frau anhat, solange es nicht total daneben ist, tussig oder so. Die Männer, die ich hatte, waren nie im klassischen Sinne schön, die hatten immer einen bestimmten Stil, was Eigenes, dazu noch Charme, das zusammen ist das perfekte Paket.«

»Womit Männer auch nie was falsch machen können: schwarzes Oberteil, Jeans, Chucks. Das ist nicht besonders toll, aber geht immer. Da sagt keine Frau, egal auf welchen Typ Mann sie steht: ›Junge, das geht gar nicht.‹«, meint Pauline.

Ich nicke: »Das berühmte schwarze Oberteil, das immer geht und jeden am besten aussehen lässt. Allerdings gibts auch bei dieser geschmacksneutralen Sicherheits-Kombi Tücken: Die Jeans muss sitzen und darf nicht billig aussehen, also nicht dieser Stone-washed-Stil, der aussieht, als hätte man zwei Zentner Kreide auf die Hose gerieben. Außerdem dürfen auf der Hose keine Ornamente sein, der Jeans-Stoff darf nicht zu hell sein ...«

Evi grinst und ergänzt: »Genau. Und wenn man es ganz richtig machen will, sind das Wichtigste natürlich die Proportionen. Man darf die Hose nicht zu weit hochziehen. Wenige Männer haben ja diese perfekte Kombination drauf: die Hose so ungefähr sieben Zentimeter weiter unten als da, wo sie wertkonservativer Weise sitzen sollte, gehalten von einem schicken Ledergürtel, darüber sieht man ein Stückchen von den Boxershorts und dann folgt sofort das T-Shirt ...« Mit dem genauen Bild vor Augen frage ich:

»Apropos Proportionen: Wie wichtig ist euch zum Beispiel das Hinterteil? Die Muskelmasse? All das, was in Frauenzeitschriften immer so schön durchexerziert wird ...« Christina macht eine abfällige Geste:

»Keine Ahnung. Das ist alles eher zweit- oder drittrangig, wenn das Gesamtpaket stimmt. Natürlich ist Dicksein kein Antörner, Männerbrüste sind irgendwie überflüssig, und ganz dünn, so spargeltarzanmäßig finde ich auch nicht anziehend. Ist schon nett, wenn der Mann so aussieht, als könnte er dich gut vor einem eventuell herannahenden Monster beschützen ...«

»Da mach ich ja so die Ausnahme ...«, werfe ich ein.

Christina stöhnt: »Oh ja, du und deine David-Bowie-Gedächtnis-Hungerhaken! Bäh! Das ist so unmännlich.«

»Find ich auch«, pflichtet Evi bei.

»Ach ja, und was ist mit Tom?«

»Psst, jetzt noch nicht zu dem Thema«, grinst Evi, »außerdem trägt der keine Röhrenjeans!«

»Um wen gehts denn??«, quatscht Rike neugierig dazwischen, ohne eine Antwort zu bekommen, während ich klarstelle:

»Ich hab ja auch nie behauptet, dass ich auf Röhrenjeans am Mann stehe.« Ich schüttle den Kopf.

»So wie diese ganzen typischen Berliner Indie-Electro-Hybriden, Haare ins Gesicht, lila Röhrenjeans, grashüpfergrünes T-Shirt mit total verrückten, um nicht zu sagen ›crazy‹ Motiven, aufm Näschen eine bunte Plastiksonnenbrille und als i-Tüpfelchen noch nen Jutebeutel über der Schulter mit einem total humorvollen Biene-Maja-Aufdruck. Wer auch immer auf diese topmoderne Version vom ›Kinderfernsehen-Moderator aus der bunten Bastelecke‹ steht, ist mir schleierhaft!«

»Ein wichtiger Punkt ist auch der Geruch!«, meint Rike. »Ein Mann muss gepflegt und sauber riechen. Und am besten auf diese billigen, künstlichen Duftstoffe verzichten. Bäh. Das ist genauso wie früher in der Mädchenumkleide. Zum Kotzen, wenn die da alles mit ihrem scheiß Sprüh-Deo vollgenebelt haben.« Christina schüttelt heftig den Kopf:

»Nee, das find ich nicht. Ich liebe das, wenn Robin aus der Dusche kommt und nach Duschgel und Parfum riecht.«

»Hannes' Haare haben auch immer so gut nach Honig-Shampoo gerochen. Immer wenn ich das rieche, denk ich sofort an ihn.« Evi zieht ein verschmitztes Gesicht. Pauline fällt offensichtlich etwas ein und erzählt dann:

»Ich hatte mal eine kurze unverbindliche Affäre mit einem hübschen Portugiesen. Und immer wenn ich neben ihm stand, wehte so ein diffuser Geruch rüber, der unglaublich lecker war. Süßlich irgendwie. Undefinierbar. Definitiv kein Deo, kein Parfum, kein After-Shave. Auch in seiner Wohnung roch es total danach, und als wir dann in seinem Bett gelandet sind, war es, wie in Traumwolken zu fallen: Kissen, Bezug, Decke, alles roch so intensiv danach, dass er mir im Bett fast überflüssig wurde, weil ich schon selig war, in diesem kuscheligen Geruch eingehüllt da auf der Matratze zu liegen. Wie ein Kätzchen im Körbchen am Kamin.«

Ringsrum lauern hochgezogene Mädchen-Augenbrauen.

»Völlig benebelt davon hab ich ihn natürlich darauf angesprochen, allerdings konnte er sich keinen besonderen Reim drauf machen. Kein geheimes Duftspray, und keine bekannten ähnlichen Äußerungen von anderen Leuten.« Pauline genehmigt sich kurz einen Schluck Weißwein: »Ab da war ich dann natürlich schon so weit zu akzeptieren, dass er einfach einen krassen Eigengeruch hat. Bis ich dann bei einer Bekannten war und wir die Nacht durch getrunken und gelabert hatten. Ich musste am nächsten Morgen früh arbeiten, also bin ich irgendwann um 6 Uhr morgens aus ihrem Haus geschlichen und hatte mir von ihr eine Sweatshirtjacke geben lassen, weil es morgens so frisch war. Auf dem Weg zur U-Bahn hab ich immer wieder kurz das Gefühl gehabt, es würde nach ihm riechen. Hab gedacht, das liegt an der Übermüdung, und hab es ignoriert: Bis mir in der U-Bahn dann aufgefallen ist, dass es an der Sweatjacke lag. Hab die komplett abgeschnüffelt, und dann fiels mir wie Schuppen von den Augen: Waschmittel.«

»Du hast also einen Waschmittel-Geruchsfetisch!«, fasst Christina zusammen, und das mit der sachlichen Betonung eines Schuldirektors, der die bedrohliche Zahl der Fehlstunden im vertraulichen Zweiergespräch preisgibt.

»Ja, aber nach einem ganz bestimmten. Natürlich hab ich meine Bekannte sofort angerufen und gefragt, was für eine Sorte sie nimmt. Aber bei mir zu Hause klappt das irgendwie trotzdem nicht mit dem umwerfenden Geruch. Meine Waschmaschine ist einfach zu alt!«

Christina nestelt an der Marshmellow-Tüte herum, während sie überlegt: »Haben wir eigentlich schon erwähnt, dass Männer intelligent sein müssen, um attraktiv zu sein?«

»Das haben wir vorausgesetzt!«

»Nur Männer paaren sich nämlich intelligenzmäßig nach unten, wusstet ihr das? Frauen machen das nicht, es ist sehr selten, dass eine Frau einen dümmeren Mann attraktiv finden würde.« Aus Pauline spricht mal wieder ihr Sozialpsychologie-Studium.

»Intelligenz ist klar. Wozu ein Freund, wenn er nicht in der Lage ist, mit mir zu diskutieren oder wenn er ständig nur geistiges Leergut von sich gibt. Der Psycho-Kram ist ganz interessant. Ist mir auch schon mal aufgefallen. Ich könnte, glaube ich, noch nicht mal mit einem Mann schlafen, wenn ich das Gefühl hätte, dass er mir geistig merklich unterlegen ist. Es wäre wie, sich zu einem zu niedrigen Preis zu verkaufen. Etwas von sich weg-zugeben, komisch.«

Evi seufzt: »Ach, ich finde es schwierig, das auf den Punkt zu bringen, was genau einem an Männern gefällt. Man kann viel leichter sagen, was man nicht will oder was man an einem be-stimmten Exemplar mal total gemocht hat: Hannes zum Beispiel war einfach faszinierend von seiner Art her. Obwohl er ein rela-tiv stiller Mensch ist, besonders wenn man mit Leuten unterwegs war, die er nicht kannte, hat er trotzdem so was ausgestrahlt, das sagt: Ich bin zwar still, aber nicht schüchtern. Ich betrachte das Ganze hier jetzt von außen, aber ich mach mich dadurch nicht inferior!«

»Ja, wichtiger Punkt. Still sein ist okay, ja sogar angenehm und männlich, wenn es nicht vermittelt: Ich würd gern mehr sagen, aber ich kann nicht ...«

»Richtig, diese ›Ich bin so, wie ich bin‹-Attitüde ist wichtig. Das hat mich total dazu verleitet, mir das abzugucken. Ich hab mir von Hannes viel abgeguckt. Ich hab aus der Beziehung eine Menge Positives mitgenommen.« Evi nickt und sieht zufrieden aus.

»Ja, die Menschen, durch die man Neues erfahren hat, bleiben einem am längsten in Erinnerung. Die einen ein bisschen ver-ändert haben. Bei denen man gerne ein Teil von deren Welt war. Die man sich ins eigene Leben stellen möchte wie ...«, ich gucke in meinem Zimmer rum, finde keinen passenden Vergleich und sage einfach: »... Blumen auf die Fensterbank, weil es mit ihnen schöner ist.« Ich schüttle den Kopf über meinen lahmen Ver-gleich und schnappe mir die Marshmellow-Tüte.

»Ich finde, wir müssen jetzt echt mal ein neues Thema an-schlagen.« Rike ist gewohnt charmant ungeduldig. »Es gibt viele äußere und innere Faktoren, die wir an Männern mögen, die aber wohl hauptsächlich Anhäufungen sind von dem, was wir an verflossenen und aktuellen Herrschaften mochten oder mögen. Dazu gibt es noch so eine Art Grundbausatz von Eigenschaften, der immer gilt und den ein Mann einfach mitbringen muss. Zum Beispiel, dass er mit uns auf einer Höhe sein muss, Charakter haben muss, dass er wissen sollte, wo er in seinem Leben hin will, und dass er ein souveränes Auftreten haben sollte. Wenn er dabei noch gut aussieht und Humor hat, könnte er schon mal rein theoretisch an den Türstehern zu unserer Herzkammer vorbeikommen, weil ihn so in seiner Grundmasse nichts Offensichtliches als Freund-Material ausschließt. Aber welches Aussehen wir letztlich als gut bewerten, welchen Humor wir letztlich als witzig befinden und welches i-Tüpfelchen spezielle Eigenheit uns letztlich zum Schwärmen bringt, das weiß man erst, wenn man mal wieder wie eine Strohhütte in Flammen steht, oder?« Rike macht ausladende Gesten mit den Händen und guckt uns mit großen Augen an.

Es folgt achselzuckendes Nicken.

Christina wirkt ein bisschen abwesend und fragt mich dann:

»Seit wann machst du dir eigentlich was aus Blumen?«

3. Eigenschaften und Eigenarten, Attitüde und Aussehen. Teil 2

Und was, glauben wir, mögen Männer an uns besonders?

Die Frage steht im Raum, und während unsere Köpfe rauchen, weil wir eine möglichst tief gehende Antwort auf diese tief gehende Frage suchen, beugt sich Pauline, mit einer Hand nach geeignetem Süßigkeitenmaterial über dem Tisch kreisend, nach vorne und meint lapidar: »Popos!«

»Brüste!«, wird der Vollständigkeit halber ergänzt, und Christina versucht es mit: »Ehrlichkeit. Treue.« Umherfliegende, wahnsinnig originelle Einfälle, um den Denkapparat anzuwärmen. Ich bin mir aber trotzdem sicher, dass sie dennoch nicht allzu weit vom schwarzen Feld der »Das mögen Männer an Frauen«-Zielscheibe entfernt sind.

»In der Schulzeit wollten Jungs immer die sportlichen Mädchen in Turnschuhen, die auch mitgeholfen haben beim berühmten Etuis-aus-dem-Fenster-Schmeißen. Diese Mädchen, die ein bisschen robuster waren, aber die sich auch mal zu kichernden Lachsalven haben hinreißen lassen. Solche Steffis eben«, erinnert sich Pauline. Und ich weiß ganz genau, was sie meint, und habe sofort ein Bild im Kopf, wie diese Mädels damals, irgendwann in den Neunzigern, aussahen: Haare helmmäßig auf Mitte des Ohres abgeschnitten, hinten antoupiert zum wilden Absteh-Nest, gehalten von viel und zu viel Haarspray, Kette mit Holzperlen dicht am Hals, Dickies-Pullover, Stoffgürtel mit Blechschnalle, Jeans mit Schlag und dicke hässliche Elefantenfußturnschuhe, wo hinter die Lasche ein paar Socken geklemmt wurden, damit das Ganze noch »phatter«, also dicker, plastischer und noch Elefantenfuß-mäßiger, aussah. Die urtypische Steffi konnte jede Sportart, hatte immer Kaugummis dabei und fand jeden Hirnriss der Klassenclowns irrsinnig witzig.

»Ich glaube, heute stehen Jungs, oder eben Männer, schon eher auf etwas Zartes an ihrer Seite, etwas Zartes, das sich auch zurechtmacht ...« Evi war nie eine von den sportlichen Steffis. »Männer wollen Frauen beschützen. Das glaub ich auf jeden Fall.« Christina nickt und ich sage:

»Ich finde, da liegt für uns ein dicker Hase im Pfeffer. Anscheinend darf man nicht zu gefährlich sein, um Männern ein wohliges Gefühl zu geben. Was auf der einen Seite nur logisch ist, denn wenn man das mal rumdreht: Ich als Frau will ja auch einen Mann haben, der männlich ist. Und damit assoziiert man ja ganz urinstinktmäßig Stärke, mental und körperlich. Und klar ist die Vorstellung sexy, dass unser Gefährte in einer gefährlichen Situation, in der keine Worte mehr helfen, den Bösewicht heldenhaft niederstrecken kann. Auf der anderen Seite kommt so eine Situation eher selten vor, und in allen anderen Dingen beschützt zu werden, ist so 50er-Jahre-Kram. Frau Schwarzer würde es nicht gut finden, wenn wir uns danach sehnen würden, von den Männern beschützt zu werden, aber – anyway – ich glaub, dass es tatsächlich so ist, dass Männern das Herzlein aufgeht, wenn sie uns beschützen können. Wenn ich bei Lars einen auf besonders hilflos gemacht habe, konnte ich alles von ihm haben. Dabei ist das ja nur noch Masche. Es sei denn, wir suchen in unserer Unselbstständigkeit einen Mami-Ersatz.«

»Es ehrt dich, dass du nicht Papi-Ersatz gesagt hast«, meint Pauline grinsend. »Ja, klar ist das so, dass Männer immer gerne irgendwas besser können als die Frau, und sei es was Handwerkliches. Schön den Ritter spielen können ...« Christina ballt eine euphorische Faust beim Wort »Ritter«.

»Komm mal her, Schätzchen, ich regel das …«, illustriert Rike mit tiefer Stimme, und erinnert an einen schlechten, vielleicht auch sehr schlechten Schwarzenegger-Imitator.

»Und es ist doch easy, ihm ab und zu den Gefallen zu tun: große Augen, Zuckerstimmchen – ich weiß nicht, wie ich da hinkomme! Wimpernklapper. Kannste mich da hinbringen? Dann denken sie sich: Yoa, ich bin ein geiler Typ, ich hab die Peilung, ich kann helfen! Ich werde anstandslos hingefahren und kann was trinken, weil ich natürlich auch anstandslos wieder abgeholt werde. Hätte ich normal gefragt, hätte es gut vorkommen können, dass er keinen Bock gehabt hätte mich zu fahren. Total einfache Hausapotheken-Psychologie. Die – obwohl sie hundertmal entlarvt wurde – immer noch funktioniert. Männer mögen Schwäche, so wie wir Stärke. Macht auf rein privater Ebene ja auch nix, ist letztlich doch günstig für uns!« Christina lacht dreckig. »Du bist, was das angeht, eine ganz typische Vertreterin, was ich da manchmal mitbekommen habe: Bei uns hauste auf den Tisch, und wenn Robin dabei ist, biste gerne ein paar Nuancen kuscheliger, niedlicher und ungefährlicher«, meint Rike, bei der es schwer vorstellbar ist, dass sie für Stefan ab und zu die Rolle »Kindchenschema« zum Besten gibt.

»Was? Find ich überhaupt nicht. Klar, es gibt Momente, in denen ich mich ihm widme, in denen ich so bin, wie du das jetzt beschreibst, aber sobald ich mich den anderen zuwende, bin ich ganz genau wie immer.«

»Ich werde in einer Beziehung aber auch oft zum Weichei …«, werfe ich dazwischen, aber Christina lässt Rikes Äußerung noch nicht los: »Meinste jetzt so Sachen wie letzte Woche, als ich nicht mehr mit zur Party gekommen bin, sondern lieber mit Robin nach Hause gegangen bin? Klar wäre ich partymäßiger drauf gewesen, wenn ich alleine gewesen wäre, aber ich wollte ihn halt nicht alleine nach Hause gehen lassen.«

»Du redest mit Robin auf jeden Fall anders als mit uns.« Evi nestelt an ihrem schokobraunen Zopfende herum: »Vorhin am Handy hast du auch mit so einer Keksstimme gesprochen.«

»Aber das ist doch ganz normal! Ich verstell mich nicht. Ich mach dann halt nur ein bisschen auf ›mimimi‹, weil ich es schön finde, irgendwie. Weil das eine ganz eigene Vertrautheit aufbaut.«

»Ja, man schafft sich seine eigene Blase, auch mit Spitznamen und so was. Man erschafft so seine eigene Welt mit geheimen Beziehungsritualen, geheimen peinlichen Vokabeln, mit hoher Stimme, mit Tierchen spielen ...« Pauline beißt sich mit aufgerissenen Augen auf die Unterlippe:

»Eigentlich ist das zu peinlich, um es laut auszusprechen, weil es objektiv gesehen total hirnverbrannter Schwachsinn ist. Aber diese kleinen, niedlichen Beziehungsrituale haben ja nichts damit zu tun, dass man sich als Frau wirklich schwächer machen möchte für den Mann, damit der was zu beschützen hat. Selbst mein rüder Exfreund hat seine niedlichen Seiten draufgehabt. Selbstverständlich nur heimlich, aber das ist ja auch gut so. Jedenfalls finde ich, dass beide Partner in einer Beziehung dieses Verweichlichen mitmachen. Dieses ›Kindischsein‹ ist doch einfach nur Ausdruck von Geborgenheit ...« Pauline zieht nach ihrem Statement zufrieden die Nase hoch, obwohl sie keinen Schnupfen hat. Ich bin ein bisschen fasziniert von der Tatsache. Hab ich schon häufiger beobachtet, vor allem in der Uni, dass Menschen, nachdem sie etwas gesagt haben, noch kleine, eigentlich unnötige Handlungen folgen lassen: Nase hochziehen, räuspern, trinken, Stuhl rücken, sich kratzen, Blätter auf dem Tisch zwei Millimeter verschieben ... Als würde man dem Gesagten Beiläufigkeit vermitteln wollen, aber warum?

Christina ist jedenfalls froh, von Pauline verteidigt worden zu sein: »Eben, ganz normale Beziehungsrituale sind das. Und die kriegen Außenstehende halt auch mal mit.«

»Mädels, wir driften ganz schön weit ab: Was finden Männer an uns toll?«, wiederhole ich in meiner glorreichen Funktion als Talkshowhost.

»Dinge, die sie selbst von Natur aus nicht haben. Alles, was weiblich ist eben«, fasst Evi zusammen.

»Das ist bei Körperteilen natürlich eine ganz einfache Kiste, aber was heißt das in Bezug auf Charaktereigenschaften? Geziertheit? Aufs Schöne bedacht zu sein? Niedlichkeit? Sensibel zu sein? Ohne Ende quatschen?«, frage ich meine Talkgäste.

»Du offenbarst gerade dein vielschichtiges Frauenbild, Frollein!«, tadelt mich Pauline, die wohl immer noch an den Frauenturm denkt.

»Natürlichkeit. Gesunde Weiblichkeit. Nicht zu tussig eben, wenn wir die Tussi als High-End-Weiblichkeit sehen wollen«, meint Christina. »Also ich kenne wenigstens keinen korrekten Typen, der ernsthaft auf eine Tussi steht. Und andersrum auch keinen, der jede Nacht von robusten, kastigen, bäuerlichen Ollen träumt.«

»Zumindest hat dir keiner davon erzählt«, gebe ich zu bedenken.

»Was heißt eigentlich ›die Männer‹? Das kann man doch gar nicht so sagen. Geschmäcker sind ja, und das ist nicht nur ein Gerücht, verschieden«, belehrt uns Rike.

»Es geht ja nur um deine Meinung. Um deine eigenen Erfahrungswerte«, erläutere ich. »Was haben wir in der Vergangenheit festgestellt, was Männer an uns mögen?«

Evi überlegt kurz und meint: »Ungeschminktheit.«

»Yo. Das klingt objektiv total logisch, ist aber, glaub ich, für jedes einzelne Mädchen immer eine erstaunliche Erfahrung.« Rike gluckst ein bisschen beim In-sich-Reinlachen, obwohl sie ernst meint, was sie gesagt hat.

Christina ergänzt: »So dieses Typische: ›Ich find dich morgens am schönsten‹, wo man kurz danach hocherfreut in den Spiegel guckt«, Christina zieht zur Verdeutlichung ihre Mundwinkel bis zum Anschlag nach oben, »und sich dann denkt«, sie lässt die Mundwinkel schlagartig gen Keller sinken, »alles klar, Liebe macht auf jeden Fall blind.«

Gelächter. Rike sagt: »Ist zwar beschmiert, aber so ist es ja irgendwie. Das ist wohl so eine Psycho-Sache, aber wenn ich mich morgens im Spiegel angucke, find ich meinen Blick so, ich weiß nicht, unweiblich?! Dann benutz ich die Wimpernzange, biege die Wimpern nach oben und komm aus dem Bad mit einem Gefühl, als hätt ich die Marijke-Amado-Zauberkugel verlassen. Obwohl es in Wahrheit wahrscheinlich nur ein minimaler Unterschied ist …«, Rike schüttelt den Kopf, »… den wahrscheinlich keiner außer einem selbst wahrnimmt.«

»Jungs mögen schlaue Mädchen!«, meint Evi noch, und wir kriegen das Gefühl, dass sie im Kopf eine Mindmap erstellt hat und uns nach und nach ihre stichwortartigen Ergebnisse vorliest.

»Aber nicht zu schlau.« Pauline hat offensichtlich vom Leben gelernt.

»Positive Ausstrahlung ist wichtig. Männer hassen das, wenn Frauen negativ drauf sind. So dieses: ›Haste irgendwas?‹ ›Nein.‹ Die mögen Direktheit, wenn man unkompliziert ist und vor allem eins nicht: anstrengend.«

»Das kann man nicht alles verallgemeinern. Mein bester Kumpel Timo ist zum Beispiel immer nur mit Zicken zusammen.« Rike schiebt ratlos die Unterlippe vor.

»Ja, was wollen Männer?« Mehrere Sekunden sitzen wir ratlos da, wie begossene Pudel an einer Bushaltestelle. Wir sollten es ja eigentlich wissen, alt genug dürften wir sein und reich genug an Erfahrungen wohl auch. Evi bricht das kurze Schweigen mit weiteren Stichpunkten aus ihrer Mindmap:

»Männer wollen Frauen, die im Bett offen für alles sind. Die eine gut proportionierte Figur haben, aber trotzdem schön mitgehen, wenns heißt, wir essen heute mal wieder ganz schick bei der Kalorien-Schleuder um die Ecke. Männer wollen Frauen, die toll aussehen, aber sich nicht zu gefährlich fertig machen, damit andere Männer ihnen nicht unverweigerlich in die Auslage gucken …«

»Letzteres ist ja ein typisches Klischee, und ich war nicht schlecht geschockt, als Lars damit auch um die Ecke kam. Er hat zwar nicht gesagt, du ziehst das bitte nicht an, aber er hat schon in einem kritischen Ton gefragt, ob ich das und das denn tatsächlich anziehen müsste. Und da werd ich echt fuchsig: Ich meine: Hallo? Was ist das denn? Ein gebildeter, belesener, weltoffener, studierender Mensch offenbart ein Motto wie: Dieses Fleisch ist mein Privatfleisch, das darf kein anderes Höhlenwesen da draußen sehen. Da krieg ich das Gefühl, in einem schlechten Wüstenfilm gelandet und gerade für zwölf Kamele erworben worden zu sein. Zack. Verkauft.« Ich mache ein angewidertes Gesicht. Von Christina ernte ich Blicke, die nichts Gutes heißen können.

»Ich frag mich schon manchmal, was der Durchschnittsmann tatsächlich heißer findet: die topmodisch Angezogene oder doch eher die Lässige. Kommt ja nicht selten vor, dass man sich verdammt gut gekleidet findet, und den Mann hauts überhaupt nicht um. Oder höchstens aus Höflichkeit und des lieben Friedens willen. Und ein anderes Mal hat man in Eile irgendein schlichtes Shirt übergeworfen und langweilige Jeans, und es hagelt Komplimente …«

»Die meisten Männer haben einfach keinen Blick für Mode. Ist ja auch klar: Wir horten und sichten in Blogs und Zeitschriften ständig die neusten Trends, unsere Augen gewöhnen sich also von Mal zu Mal an topmodische Sachen, die für andere aber vielleicht eher exotisch sind: wie Leggins, Wide Leg Jeans, Egg Shape, extrem weite Schnitte und so. Männer finden solche Klamotten erst mal merkwürdig, bleiben im Gegensatz zu uns unbeeinflusst vom Modetheater. Die wollen die Figur in den Anziehsachen sehen und finden generell eher Outfits gut, die nicht zu sehr von der eigentlichen Frau, also dem Gesicht und den Kurven, ablenken. Es sei denn natürlich, sie sind auch Modeheinis«, offeriere ich meine weise Erfahrung mit angemessen wichtiger Miene.

»Männer wollen herzliche Frauen«, zitiert Evi weiter aus ihrer Mindmap.

»Gutmütige Frauen.«

»Mmhh, allerdings«, knurrt Pauline, und ich ahne, worauf sie, wenn auch relativ undurchsichtig, anspielt, aber verkneife mir eine Bemerkung. Dann ist die Erörterungsluft endgültig raus aus dem Themenballon.

»Können wir uns darauf einigen, dass wir nicht genau wissen, was Männer an uns unbedingt wollen, weil es typabhängig ist?«, fragt Rike, unruhig auf ihrem Stuhl herumrutschend, und ich verlese artig das nächste Thema.

4. Der gute Typ. Der böse Typ

*Was steckt dahinter, dass Frau angeblich besonders
»bösen, verruchten und gemeinen Jungs« verfällt?*

Rike guckt mich nachdenklich an: »Was meinst du genau mit
bösen, verruchten, gemeinen Jungs?«

»Na, die, mit denen es schwierig ist, die nicht so leicht zu
haben und zu händeln sind, die auch wahrscheinlich nicht so
gesund für uns sind.« Rike fällt mir sofort ins Wort:

»Klar wollen wir die, und das ist auch ganz einfach erklärt
wieso: Das ist Jagdinstinkt. Ist doch wie bei allen anderen Sachen
im Leben auch: Man will immer das, was schwer zu bekommen
ist. Ist doch auch eine Art Ehrensache, nach dem Motto: Den hab
ich rumgekriegt! Dieses Wildpferd hab ich gezähmt. Guckt mal
her. Ist zwar übelst dämlich, aber ganz tief im dunklen, ekligen
Gefühlsmorast tickt man halt so.«

Pauline schüttelt heftig den Kopf: »Ganz ehrlich: Nee!« Und
dabei wirkt sie so rotzig, dass das »ee« von »nee« wie ein ge-
pfeffertes »äh« klingt. Rike ist ein bisschen verdutzt und zieht
die Stirn kraus, als hätte sie unter gar keinen Umständen damit
gerechnet, dass ihr auch nur ein Weibchen widersprechen würde.

»Ganz ehrlich, das ist einfach nur großer Bockmist, der aus
einem einzigen Grund existiert, und das ist Langeweile. So einen
Scheiß brauchen nur irgendwelche Ollen, die in ihrem Leben
sonst kein Excitement mehr auftreiben können. Der schwierige
Problemmann als gefühlsintensives Hobby im Meer der Belanglosigkeit. In Wahrheit sucht jede Frau was ganz anderes, kein
Mensch braucht so einen Hickhack, wenn man mit seinem Leben

sonst zufrieden ist. Ich brauche jedenfalls keinen Freund mehr, bei dem ich auf so einen Quatsch komme wie den, ihn überwachen zu wollen, und wo ich Magengeschwüre kriege, weil ich weiß, er ist gerade mit seinen Kumpels unterwegs. Ich brauch einen, den ich gerne losziehen lasse, weil ich ihm vertrauen kann. Aber das ist wohl ein Erfahrungswert.« Pauline macht schmale Lippen und zieht sich nach ihrem Ausbruch wieder zurück in die linke Couchecke und lehnt sich lässig an.

»Ich glaube, du siehst das zu eng. Natürlich möchte man über kurz oder lang einen Mann, auf den man sich verlassen kann, der den Müll runter- und sein Herz auf der Zunge trägt. Aber bei der Frage geht es ja nicht um die perfekte Beziehung, sondern um die Anziehungskraft, und die haben böse Problemmänner auf jeden Fall. Meistens ist man mit denen ja auch nicht zusammen, das sind mehr so Fälle für Affären, Abenteuer, Quasi-Beziehungen und vor allem Sex!« Rike guckt in die Runde. »Ne?«, fragt sie und nickt Zustimmung erheischend.

»Du meinst, der Problemmann ist das männliche Gegenstück zum blonden, blöden Bückstück?«, frage ich. Rike guckt mich leicht verwirrt an, bevor sie antwortet:

»Ich glaube eigentlich schon, dass man mit den Problemmännern im Grunde auch zusammen sein will. Das ist diese typische Sache: Man will ihn ändern, weil es die größte Bestätigung ist, wenn ein harter, wilder Kerl zu Wachs in den eigenen Händen wird. Aber ich glaube, generell passiert das eher selten, dass es so kommt und er sich tatsächlich ändert. Die Begeisterung für so ein Problem-Exemplar Mann verläuft sich, wenn man merkt, dass er einfach nicht zu ändern ist...«

»Es gibt aber auch genug Uschis, die ihr ganzes Leben lang immer wieder solchen Idioten hinterherlaufen. Ich kann das genauso wenig nachvollziehen.« Christina beugt sich vor, greift nach ihrem Weinglas und fügt mit Kleinmädchenstimme hinzu:

»Robin ist ein ganz Lieber.«

Pauline sieht ernst aus: »Rike, ganz ehrlich, hinterfrag doch mal, woher das kommt: *Es ist die größtmögliche Bestätigung, wenn man einen bösen Typen verändert.* Bestätigung zu suchen hat doch nix mit Liebe zu tun. Man gleicht nur irgendein Defizit damit aus, weil: Warum soll es weniger wert sein, wenn man Liebe von einem Typen erfährt, der auch sonst ganz umgänglich ist? Das ist ja fast so wie dieses Sprichwort: Ein Club, der mich als Mitglied will, kann nur Kacke sein. Besser ist es, wenn man sich erst bewähren muss. So eine Aussage zeugt eher davon, dass man anscheinend nicht wirklich viel von sich selbst hält.«

»Ich weiß auch, dass das im Grunde Quatsch ist, hab ich ja schon gesagt. Aber trotzdem funktioniert man unbewusst so. Das ist nix, um stolz drauf zu sein, aber trotzdem läuft der Hase oft so. Ich bin nur ehrlich.« Rike rutscht auf ihrem Stuhl vor und wieder zurück.

Ich lenke ein: »Na ja, Pauline hat ja auch ihre Erfahrungen mit solchen Problemmännern gemacht …«

»Mmh, allerdings.« Pauline trinkt ihr Weinglas aus, sieht kurzzeitig ein bisschen bockig aus, schiebt die Lippen vor, fixiert irgendeinen Punkt in meinem Zimmer und meint dann:

»Ich brauche das einfach nicht mehr. Ich hab mir genügend Gedanken darüber gemacht und ich weiß, was ich in meinem Leben erreichen möchte, an Aufregendem, Spannendem, Neuem. Aber was ich in einer Beziehung suche, sind ja andere Sachen als die, die ich in der Welt suche. Eine Beziehung ist für mich ein Nest, die Spannung fürs Leben muss man sich in anderen Bereichen suchen. Beziehungen, Liebe – diese Dinge sind eh immer nur am Anfang spannend: Kommt man zusammen oder kommt man nicht zusammen? Dann der Verknalltheitscocktail. Alles, was danach kommt, ist für mich eine Basis, eine Grundlage, auf der ich alle anderen Sachen gut erleben kann, das ist das, was ich in einer Beziehung suche und was ich im Moment bei Jonas auch gefunden habe ...«

»Aber du hast vorher andere Erfahrungen gemacht?« Evi ist neugierig.

»Das kann man so sagen.« Pauline atmet hörbar aus: »Ich weiß nicht, inwiefern Jule euch das erzählt hat, aber ich war drei Jahre mit einem ziemlichen Problemmann zusammen.« Sie lacht kurz auf: »Ich finds übrigens auch gut, dass wir uns entschieden haben, statt ›böse‹ ›Problemmann‹ zu sagen, das trifft den Nagel auf den Kopf. ›Böse‹ klingt ja fast noch ein bisschen sexy, aber in Wahrheit ist das nicht sexy, diese Typen haben einfach nur ein riesiges Problem oder gleich mehrere davon, so wie ...«, Pauline seufzt, »Boldt.«

»Boldt?«, fragt Christina, die sich wohl sicher ist, diesen Namen noch nie in irgendeinem Namensverzeichnis gelesen zu haben.

»Ja, Jan Boldt. Wie auch immer.« Pauline guckt kurz auf den Boden: »Das ist so eine Witzfigur. Was ich mit dem alles durchgemacht habe.« Stille. Pauline wird klar, was jetzt von ihr erwartet wird: auszupacken.

»Wenn ihrs genau wissen wollt: Er hat mich belogen, betrogen und beschissen nach Strich und Faden. Er hat meine Gefühle ausgenutzt, er hat gesehen, dass ich immer an das Gute im Menschen glaube und hat das schön für seine Zwecke ausgenutzt. Als ich mit ihm zusammen war, hab ich auch gedacht, ich sei genau das, was er braucht. Ich hab geglaubt, ich könne ihm helfen, und hab nicht gemerkt, dass er mich manipuliert hat, wo er konnte.« Pauline geht sich durch die dunkelbraunen Haare:

»Dazu kommt, dass er psychisch krank ist, und das sag ich nicht nur so, das ist ärztlich attestiert. Er hat eine Art Depression, er kann sich selbst nicht lieben ...«, Pauline atmet durch. »Ich hab keine Ahnung, was das genau ist, ich hab mich nicht weiter damit beschäftigt. Ich wollte es gar nicht mehr.«

»Mmh, aber ist das nicht gerade toxisch, wenn du weißt, dass jemand psychisch arm dran ist und leidet; kriegt man da nicht noch viel mehr so ein Gefühl der Fürsorge?« Evi spricht jetzt ein bisschen leiser.

»Klar, man erträgt viel mehr damit, weil man sich sagt: Der ist krank, der kann nichts dafür! Und man vergisst sich selbst darüber.« Pauline geht sich wieder durch die Haare: »Aber man muss sich klarmachen, dass man so einem nicht helfen kann. Und es hilft keinem was, es hilft weder ihm noch mir was, wenn ich ertrage, was seine Krankheit ausmacht, das ist sinnlos. Ich meine, ich weiß von dreißig Frauen, mit denen er mich betrogen hat. Dreißig!«

Die Zahl fällt in den Raum und sorgt für »Baffheit« auf den Gesichtern.

»Dreißig?«, wiederholt Christina ungläubig.

»Ja, das war eine riesige Liste. Beim ersten Mal, als mir eine seiner Bekannten gesagt hat, dass er mit der und der rumgeknutscht hat, da hab ich es nicht geglaubt. Dann passierte so was immer wieder, und er hat es auch zugegeben, unter Tränen: Er sei doch noch so jung, er könne darauf nicht verzichten. Dann wieder, er wisse nicht, warum er mir das antue, er wisse manchmal nicht, was er mache. Er sei wie schizophren, ohne mich könne er nicht leben. Er würde mich brauchen, würde ohne mich zugrunde gehen.« Pauline lacht auf. »Ich war so jung und dumm. Aber er war so geschickt, hat mich immer wieder um den Finger gewickelt. Am Anfang hab ich noch geheult, wenn ich es erfahren habe, später nicht mehr, hab mir dann schon gedacht: *Ja, ist ja normal.* Dazwischen waren auch Phasen, in denen nichts vorgefallen ist. Hab ich zumindest gedacht. Dann hab ich irgendwann eine Namensliste gefunden, im Handy gespeichert. Als SMS. Frauennamen. Darunter die Namen von fünf Frauen, von denen ich wusste, dass er mit ihnen geschlafen hat, vier weitere, bei denen ich es vermutet habe und … ja … viele mehr.«

»Wie alt warst du da?« Rike guckt Pauline forschend an.

»Ich bin seit zwei Jahren nicht mehr mit ihm zusammen. Ach, damals kam eins zum anderen, warum ich in diese Beziehung reingeschlittert bin: die Situation, in der ich damals war, Boldts Siuation, die unendlich schöne Zeit, die ich zwischendrin mit ihm hatte. Es war wie ein Paralleluniversum, in dem Treue nicht gelten konnte, weil … «, Pauline seufzt. »Ach, ich hab Gründe gefunden für alles. Konnte ihn nicht aufgeben, war wie ein Alki.« Sie lächelt ein bisschen bitter.

»Ich hab den verteidigt, vor meiner Mutter, vor meinen Freunden, immer schön Partei ergriffen gegen mich, ohne es zu merken. War schwer, aus der ganzen Sache rauszukommen, das alles zu begreifen. Aber irgendwann hat er es so übertrieben, dass selbst mein Gehirn aus seiner Vernebelung aufgewacht ist. Aber …«, Pauline lacht auf, »ihr braucht nicht so mitleidig zu gucken. Das ist vorbei. Hat mich letztlich zu der gemacht, die jetzt hier sitzt. Ich hab jetzt ein anderes Leben.«

»Als du gesagt hast, du warst in einer besonderen Situation, als du ihn kennengelernt hast, was meinst du damit genau?«, forscht Rike nach.

»Ich war ein Teenager, und mein altes Umfeld – na ja, das muss ich jetzt hier ja nicht alles wieder aufrollen – hat sich damals in Wohlgefallen aufgelöst und ich wusste halt nicht so genau, wer ich war, ich war jung und …«, Pauline grinst zu mir rüber, »weißte noch damals, als ich mit Vanessa bei dir geschlafen habe?«

»Du hast mal mit Vanessa bei mir übernachtet?« Ich habe keinerlei Erinnerung, dass jemals eine meiner Freundinnen im Hause meiner Eltern übernachtet hätte.

»Deine Eltern waren im Urlaub, das war im Sommer. Vanessa hatte ein weißes, hippiemäßiges Nachthemd an und wir saßen bei dir auf der Terrasse und haben geraucht.«

»Hab ich null Erinnerung dran.« Ich bin fasziniert, es ist, als würde mir jemand aus einem anderen Leben von mir erzählen.

»Ich hab euch damals jedenfalls damit konfrontiert, dass ich euch beide für so cool halte und dass ich mir gar nicht vorstellen kann, mit euch befreundet zu sein, egal wie nett ihr seid, dass ich niemals gleichwertig mit euch sein kann und so weiter ...«

»Ach du Scheiße.« Irgendwie dämmert es mir, aber ich kann mir trotzdem nicht mehr vorstellen, dass Pauline jemals einen solchen Unfug zu mir gesagt haben soll. »In so einem Zustand war ich damals jedenfalls. Ich wusste nicht, wo ich hingehöre, es waren Sachen vorgefallen, wegen denen ich mit meinem alten Freundeskreis gebrochen hatte, ich war unsicher und dann kam ich da in diese Szene um Boldt rein. Das war mal ein ganz anderes Umfeld als das, was ich bisher kannte. Das war eine Gruppe! Alle hatten Biographien, dagegen war mein Leben das reinste Märchen. Ich meine, du kommst samstagmittags am Treffpunkt in der Innenstadt an und erfährst erst mal: Ja, Rebecca hat sich heute Morgen mit 17 im Badezimmer erhängt. Solche Geschichten. Boldt selbst hat eine Zeitlang auf der Straße gewohnt, und jede Scheiße, die man eigentlich machen oder erleben kann, durchgehabt in seinem zarten Alter, und damit meine ich jede Scheiße. Wirklich alles.«

»Okay, das mit dir und Boldt war wohl wirklich eine Extremsituation. Aber wenn man generell von ›bösen Jungs‹ spricht, muss das nicht bedeuten, dreißigmal betrogen zu werden«, meint Evi, und die Dreißig klingt wie eine Übertreibung aus Stilgründen. Unvorstellbar, dass das keine ist.

»Wie auch immer. Ich war jedenfalls orientierungslos und hab mich komplett in dieser Beziehung verloren. Hatte keine Kraft mehr für andere Sachen, jeden Tag gab es ein neues Drama. So eine Kindergartenscheiße brauche ich nicht mehr. Was so was angeht, hab ich für alle Zeiten meinen Anteil vom Kuchen gehabt. Ich hab jetzt eine ruhige, erfüllte und warme Beziehung. Ein Nest. Nix anderes sucht man letztlich. Alles andere ist nur so eine Frauenmanie, um Spannung in den Alltag zu bringen, damit man mit den Mädels was zu quatschen hat.«

»Ich hab auch schon mal so gedacht wie du«, gebe ich zu. »Ich hatte auch schon mal dieses Gefühl, diese Beziehung, die ich jetzt hier habe, die ist reif, die ist das, was man im Duden unter ›Liebesbeziehung zwischen zwei Menschen‹ finden sollte. Ich muss auch ganz ehrlich sagen, wenn mich zu der Zeit jemand angerufen hat und wieder von irgendeinem Heckmeck erzählt hat, dann hatte ich immer diesen milden Blick drauf: ja, ja die Kinder. Die spielen noch. Anstrengend, und wie gut, dass ich das für alle Zeiten hinter mir habe. Bis meine Lust auf Drama und Heckmeck mich wieder in den Hintern gebissen hat.«

Rike lacht, sie weiß genauso gut wie alle anderen, von welcher Geschichte ich spreche. Zu oft habe ich ihnen in den Ohren gelegen, als es mit Lars und mir zu Ende ging. »Tja, wir werden wohl älter und können unsere Fehler erklären und treffsicher benennen, aber richtig was dagegen machen können wir irgendwie nicht, ne?«, sagt Rike und guckt mich spitzbübisch grinsend an.

»Nee, machste nix!«

5. Flirten, angraben, rübergucken

Wie macht man eigentlich einen Mann an?
(Wir sollten das mittlerweile können, oder?)

Christina guckt ein bisschen perplex: »Ja, wie? Indem man ihm offensichtlich zeigt, dass man bereit ist, begattet zu werden. Ganz einfach!«

Ich muss schmunzeln: »Das sollte wohl in den meisten Fällen funktionieren. Aber ich meinte mit meiner Frage, wie man jemanden nicht nur für Sex anflirtet, sondern fürs Kennenlernen und den ganzen Rattenschwanz, der sich daraus ergeben kann.«

»Meine Flirtstrategie ist auf jeden Fall erst mal, dass ich versuche, witzig zu sein. Ich gucke dem anderen viel in die Augen und versuche, Körperkontakt herzustellen. Also ihn immer wie zufällig zu berühren, wenn ich lache, die Hand auf den Arm zu legen zum Beispiel. Man kann auch viel über Körpersprache machen, also sich deutlich in die Richtung des Auserwählten drehen ...«

Rike rutscht auf ihrem Stuhl in meine Richtung und guckt mich erwartungsvoll an: »So irgendwie.« Evi ist unschlüssig:

»Jule, meinst du damit, wie wir das machen, oder wie wir glauben, dass es richtig wäre?« Sie kriegt keine Antwort, denn Christina plappert währenddessen los:

»Also ich versuche immer, Interesse zu signalisieren und mich dabei aber trotzdem nicht zu krass anzubieten. Das ist irgendwie schäbig, als hätte man es nötig.«

»Ob das aber nicht vielleicht nur falscher Anstand ist?« Pauline zieht die Augenbrauen hoch: »Manchmal hat man es halt nötig. Na und?«

»Kinder, ihr seid alle schon einen halben Schritt zu weit!«, unterbreche ich das Ganze. »Irgendwie scheint ihr davon auszugehen, dass ihr denjenigen, den ihr anflirtet, schon kennt oder sowieso schon mit ihm im Gespräch seid, aber meistens gehört da noch ein Schritt vor.« Ich blicke in ratlose Gesichter: »Wenn ihr zum Beispiel auf einer Party seid und ihr seht ein interessantes Exemplar Mann, das ihr nicht kennt – ich weiß, das ist selten, kommt aber vor –, was macht ihr?«

»Das ist eine schwierige Frage, in der Situation war ich noch nie!« Evi guckt an mir vorbei.

»Du warst noch nie auf einer Party, auf der du irgendwen gut fandest?!«, wiederhole ich langsam und bin mir fast sicher, dass sie sich nur unglücklich ausgedrückt hat.

»Nö, niemand, den ich dann auch kennenlernen wollte. Das lief immer anders. Man kam immer irgendwie von alleine ins Gespräch, weil man irgendwen kannte. Das war nie so, dass ich direkt auf jemanden zugegangen wäre und gesagt hätte«, Evi holt den berüchtigten Checker-Tonfall aus den Backentaschen, »›Yo, yo! Ich bin Evi. Wer bist du? Was geht?‹« Christina stimmt grinsend zu:

›Direkt angesprochen habe ich auch noch niemanden. Aber was man gut machen kann, ist Blickkontakt suchen. Sich tendenziell in die Nähe des Objekts stellen oder ein, zwei Mal öfter an ihm vorbeilaufen, als nötig wäre. Aber dann nicht zuzwinkern oder so was.« Christina lacht kurz auf und mir fallen schlagartig bierbäuchige ältere Männer ein, hochroter Kopf und ein Maß Bier in der Hand, die einem, sobald sie einen erspäht haben, leicht anrüchig zuprosten und zuzwinkern. Oktoberfestromantik.

»Meistens ist mit dieser Hinguck- und Vorbeilaufmethode schon alles geritzt. Das Mannvolk ist doch sehr verlässlich. Die kommen dann auf mich zu und so hat sich schon oft was ergeben ...«, fährt Christina fort und Rike ergänzt:

»Ein super Trick für einen Gesprächseinstieg ist auch immer: vor der Toilette warten.«

Ich verstehe das erst mal nicht und gucke Rike so an, dass sie innerhalb von Bruchteilen von Sekunden versteht, dass diese Taktik näherer Erläuterung bedarf, und sie schiebt hinterher: »Da kann man super Männer kennenlernen ...«

»Aber ich verstehe nicht: Gehst du aufs Männerklo, oder was? Und außerdem: Männer müssen vor dem Klo doch meistens gar nicht warten.« Trotz meiner Verwirrung wittere ich völlig neue, nie geahnte Optionen für mein Flirtverhalten. Spannend.

»Ich red von Privatpartys, da gibt es meistens nur eine Toilette. Und im Club sind die Toiletten ja auch oft nebeneinander. Ich hatte das schon oft, dass ich auf Partys beim Anstehen mit Männern ins Gespräch gekommen bin, genauso wie beim Anstehen an der Bar. Überall dort, wo man eher alleine hingeht und wo man warten muss.« Rike hält kurz inne, meint aber dann:

»Auch wenn man das von mir nicht erwarten würde: Ich bin eher ein zurückhaltender Flirter, weil ich immer Angst vor einer Abfuhr habe. Und eine Abfuhr wäre für mein Ego der Horror. Nur wenn ich mir sehr sicher bin, dass der andere Interesse hat, kann ich was investieren. Und ich bin auch niemand, der im Club Männer antanzt.«

»Ich auch nicht«, sagt Christina und fängt für ein paar kurze Takte an zu lachen und schiebt unter »Hahah«'s hinterher:

»Juleska, aber!«

Es folgen einvernehmliches Gelächter und ein paar kurze Sätze, die mich als männermordende Flirtmaschine anprangern. Alles, was mir letztlich bleibt, ist Kopfschütteln. Dass Selbstbild und Außenwahrnehmung aber auch immer so weit auseinanderliegen können. Fatal.

»Eine andere Freundin von mir, Nora, macht das auch oft. Die Männer steigen auch immer gerne darauf ein. Das ist eine

Methode, die ich nie anwenden würde. Genau wie es mir nie in den Sinn käme, jemanden einfach so anzusprechen«, betont Evi noch mal.

Scheinbar automatisch gucken alle mich an: »Ja, ja. Mir schon«, gestehe ich ein und füge im Kopf hinzu, dass mir das aber keinesfalls so leichtfällt, wie man es mir hier unglaublicherweise zuschreibt. Manchmal habe ich einfach nur den fixen Gedanken, dass ich das jetzt doch mal machen könnte, und bin für ein kurzes, kleines Zeitfenster mutiger als ich selbst.

»Jule hat auch für mich schon mal nen Kerl angesprochen.« Pauline grinst.

»Ach, die Silvesterparty!« Rike erinnert sich und holt sofort den Kracher aus der Tasche:

»Und dann hast du gekotzt. Das hat Jule mir schon erzählt.«

»Ja, hat sie das??« Ich ernte einen angedeuteten Nackenschlag von Pauline, die trotzdem weitererzählt.

»Na ja, jedenfalls hat ihn das nicht sonderlich abgeschreckt. Er hat sich danach eine ganze Zeit lang immer wieder über studiVZ bei mir gemeldet, obwohl ich null Reaktion und Interesse gezeigt habe. Irgendwann krieg ich dann die Nachricht, dass er sein Handy verloren habe, dass er genau wüsste, in welchem Park, sogar mit Link zu Google Maps, und dass er jetzt natürlich gerne meine Nummer wiederhätte. Und ich hab mir nur so gedacht: *Bürschchen, du hattest meine Nummer nie …*«

Alle lachen. »Oh Gott, der hat sich ja was überlegt!«

»War aber auch 'n leckeres Dingen, bin an Silvester gut mit dem abgestartet, bevor ich dann …«, Pauline zieht ein gezwungenes Grinsen auf, »… abgelegt habe!«

»Schön belanglos über die Schulter gebrochen hast du! Vor seinen Augen, du feine Dame.« Ich lache. »Wie wir sehen, machen wir uns immer viel zu viele Gedanken, was unserer Attraktivität alles Abbruch tun könnte. Männer lassen sich noch nicht mal von Spontankotzen auf der Tanzfläche irritieren, geschweige denn abschrecken.«

Pauline winkt grinsend ab: »Wir kommen schon wieder vom Thema ab.«

»Ich finde, beim Anflirten kommt es sehr darauf an, was für ein Typ Frau man ist. Es gibt Frauen, zu denen passt das, die können sich das leisten, einen Mann gezielt anzumachen, und die wirken trotzdem nicht billig. Das hat auch gar nicht so unbedingt etwas mit dem Aussehen zu tun. Ich kann nicht genau festmachen, woran das liegt, dass das bei manchen nicht peinlich ist. Nora ist zum Beispiel so eine Person, die bringt aber teilweise auch Klamotten ...« Evi spricht ein bisschen wie eine Mutter über das verzogene Nachbarskind.

»Was macht die denn?«

»Erst letzte Woche wollte ein Typ was von ihr, und sie hat ihn erst mal total abgeblockt. Irgendwann saßen wir abends bei mir rum, und es war ein bisschen langweilig. Da meinte sie: ›Ach, ich hab ja noch die Nummer von Dings, dann rufe ich den mal eben an und dann bums ich mit dem heute Abend.‹«

Vier mal zwei Mundwinkel ziehen sich belustigt nach oben, während Evi weitererzählt:

»Dann ist sie dahin, er hat sie gefragt: ›Ja, was machen wir denn dann jetzt?‹ Und sie dann ja so: ›Lass doch nen Film gucken.‹ Und er darauf: ›Was für einen Film denn?‹ Und sie haut knallhart raus: ›Eigentlich können wir uns das auch sparen, ich bin nämlich gekommen, um das hier zu machen ...‹ Zack. Ganz platt. Aber sie ist so eine ganz natürliche Frau. Sie kann sich das erlauben.«

»Eigentlich sollten wir alle genug Eier haben, uns das sowieso zu erlauben. Piepegal, ob wir jetzt eher so der natürliche Typ, der unnatürliche Typ, der Herbsttyp oder der Sonstwas-Typ sind. Warum müssen wir immer so ein Geheimnis daraus machen, dass wir irgendjemanden gut finden, Lust haben, gepflegt zu kopulieren, zu flirten oder was auch immer. Ist jegliche Attraktivität der Frau immer an den Umstand gekoppelt, dass man bloß darauf achtet so zu tun, als wäre man ganz schwer einfangbare Beute, als wären Sex und Flirts Sachen, die wir sowieso im Überfluss haben, als dass wir uns auf gar keinen Fall selbst darum kümmern müssten?! Was soll dieses Drückebergertum à la ›Ich lass mein Taschentuch fallen und warte, wer es aufhebt, aber ich kann es ganz diskret so fallen lassen, dass es auch ja der Richtige aufhebt‹?!« Ich rede mich in Rage, und während ich rede, finde ich meine Frage berechtigt, obwohl ich die Reaktion der anderen schon während des Sprechens erahne.

»Das ist zwar so gesehen alles richtig, was du sagst, klar sollten wir das eigentlich machen können. Ich sehe das eigentlich auch so. Aber es gibt halt Grundverhaltensmuster des Menschen, die sind wie Hunger und Durst, die kann man auch mit den logischsten Argumenten nicht einfach beiseite schieben. Der Antrieb des Menschen ist immer das ›mehr‹: mehr erreichen, mehr rausholen, mehr erleben, mehr wollen. Und man will immer das, was schwer zu haben ist. Der Aufwand, um etwas zu bekommen, bestimmt den Wert. Das stimmt zwar nicht immer, aber so empfindet man das unterbewusst. Und ich glaube, dass ein Mann eine Frau, um die er kämpfen musste, auch ganz unbewusst als ›wertvoller‹ einordnet als eine, die sich ihm vor die Füße geworfen hat.« Rike gibt mir die Antwort, die ich bereits erwartet hatte, und deswegen hab ich schon ein weiteres Gegenargument vorbereitet:

»Macht Sinn. Aber der Wert bleibt ja nicht immer derselbe. Vielleicht war mein Marktwert beim Kauf nicht so hoch, aber wenn man mich kennenlernt, können meine Aktien ja immer noch ins Unermessliche steigen, oder nicht?« Christina guckt mich mit einem freundschaftlich tadelnden Blick an, der wohl besagen soll, dass sie findet, dass ich ein übersteigertes Selbstwertgefühl habe.

»Es ist doch so: Du kaufst zwei Pullis: einen vom Wühltisch, reduziert mit neonfarbenem Preisschild, den du mitnimmst, weil er billig ist. Es war kein aufregender Kauf, du hast nicht das Gefühl, wer weiß was gekauft zu haben, weil es dem Portemonnaie nicht wehgetan hat und keine Überwindung war. Danach kaufst du einen zweiten Pulli, der ist irrsinnig teuer, aber du kaufst ihn, weil du dir denkst, dass du dir so was mal leisten musst. Dann bringst du deine Beute nach Hause und ziehst sie an. Der teure Pulli verliert mit der Zeit seinen Glanz, weil er jetzt deiner ist. Das Unerreichbare an dem Pulli ist auf einmal weg. Der billige Pulli wiederum sitzt fantastisch und du ziehst ihn supergerne an, während der teure Pulli derweil im Schrank der Errungenschaften vergammelt ...« Ich hole Luft, weil ich mal wieder viel zu schnell gesprochen habe.

»Wahnsinnsgleichnis«, grinst Evi süffisant.

»Unterm Strich: Der billige Pulli gewinnt an Wert, der andere verliert. Es geht mir einfach nur darum, dass man den wahren Wert einer Sache nicht am Einkaufspreis festmachen kann«, schließe ich.

»Und was ist mit so wichtigen Faktoren wie: Der erste Eindruck zählt?«, fragt Evi.

»Find ich die totale Quatschaussage. Ich fand bislang fast ausnahmslos jeden Typen, in den ich mich hinterher fatalst verliebt hatte, am Anfang irgendwie bescheuert. Echt.« Ich genehmige mir einen Schluck Weißwein.

»Ich bin für Jules These. Man macht sich zu viele Gedanken, wenn man meint, dass man gegenüber Männern nicht zu offensichtlich sein darf, um sie von sich zu überzeugen. Manchmal braucht man ja auch erst Offensichtlichkeit, um sich über das Thema ›Wie wäre es mit XY‹ überhaupt Gedanken zu machen. Gerade wenn man ziemlich gut aussieht, gibts doch auch häufig Typen, die in ihrer Unsicherheit überhaupt nie auf den Gedanken kämen, dass Frau was von ihnen wollen könnte.« Pauline hat wohl schon so ihre Erfahrungen gemacht.

»Der Schlüssel ist wahrscheinlich, wie man seine Annäherungsversuche rüberbringt: Man darf nicht angestrengt wirken. Das macht jedes Auftreten und jedes Ansinnen verzweifelt.«

»Das stimmt.« Christina legt die Hände in den Schoß und meint: »Ich kenne da von Brinn mehrere Situationen. Die geht einfach auf die Männer zu, auf ihre typische unverfängliche Art, und sagt immer irgendwie so was wie ›Ach, du bist doch der und der!‹ Oder: ›Kennst du nicht auch den und den?‹ Und zack ist sie ins Gespräch verwickelt. Und das macht sie auf eine so putzige Art, dass der Typ gar nicht denkt, ›Die ist mit Sicherheit scharf auf mich‹, sondern ›Ach, die ist ja süß!‹. Und ...«, Christina haut sich auf die bestrumpfhosten Oberschenkel, »... trotzdem hat sie natürlich Hintergedanken. Und wie!«

»Also, was lernen wir: Lockerheit und Unschuldsmiene sind der Weg zum Erfolg«, fasst Evi zusammen. »Und wenn man nicht locker sein kann, lässt man das Ansprechen lieber sein.«

»Ach Blödsinn.« Pauline ist trotzig. »Die Sache ist doch die: Es liegt alles an deiner eigenen Einstellung. Wenn es für dich eine lockere Sache ist, den Typ anzusprechen, und du selbst nicht glaubst, dir damit einen Zacken aus dem Krönchen zu brechen, dann bist du auch locker. Du musst nur in dir selbst mit der Angst aufräumen, dass du das nicht bringen kannst oder solltest. Und schon ist alles leicht.«

Christina schüttelt den Kopf: »Ich werds trotzdem nie machen.«

Ich richte meinen Blick gen Zimmerdecke: »So viele wunderschöne Lovestorys, die nie zustande kamen, weil sich keiner traute. Tragisch.«

»So viele Babys, die nie geboren werden«, ergänzt Pauline. »Und was das für die Renten heißt, wisst ihr ja ...« Es ist Zeit für ein neues Thema.

6. »Freitag, 20 Uhr. Selber Ort«

Was wir alles schon so weggedatet haben!

Das Thema ist verlesen, aber keine der Damen plappert sofort los. »Kinder, was habt ihr schon so alles an Dates gehabt? Tolle? Absurde? Romantische? Aufregende? Blinde?«, frage ich mit bis zum Ansatz hochgezogenen Augenbrauen in die Runde, die Damen zum Reden auffordernd.

Pauline grinst: »Na, das ist ja eher dein Thema. Du solltest erzählen, du bist hier der klassische Dating-Typ.« Sie guckt mich ein bisschen belustigt an und fügt dann in einer Tonlage, die vermitteln soll, dass sie uns zitiert, hinzu:

»Kannste Freitag? – Nee, da hab ich ein Date.«

Ich grinse: »*Friday I'm In Love*, aber die Phase ist schon lange her.« Pauline schüttelt den Kopf:

»So richtig offizielle Dates hatte ich noch nie, also so dass man gesagt hat: Wir sehen das jetzt als Date. Oder: Darf ich dich um ein Date bitten?«

Christina macht einen schmalen Mund und meint spöttisch: »Unsere Juleska hat einfach zu viele amerikanische Teenie-Serien gesehen.« »Ach!« Ich winke ab und versuche aus der Schublade, in die die Mädels mich gerade mit aller Kraft schieben wollen, wieder rauszukrabbeln, indem ich erläutere: »Wenn ich mich mit einem Mann treffe, privat, den ich vorher nicht kannte, bei dem es keinen anderen Grund für das Treffen gibt als das bloße Kennenlernen an sich, und wenn man sich idealerweise auch noch abends auf ein Bier, einen Kaffee oder sonst ein Alibi-Getränk trifft, in einer Kneipe, einem Restaurant oder einer Bar, dann ist das für mich ein Date. Basta. Seid doch froh, dass ich das Ganze nicht Rendezvous nenne.«

»Fragst du denn dann auch explizit so was wie: Ist das jetzt 'n Date? Oder hast du Lust auf ein Date? So nach dem Motto, wenn man Ja sagt, wird irgendwo ein Gong geschlagen, und das Ganze steht jetzt offiziell unter dem Stern, dass auch was gehen könnte?« Pauline macht sich offensichtlich über mich lustig.

»Es gab schon mal die Situation, dass mich jemand explizit nach einem Date gefragt hat, ja. Und dieser Jemand hat auch Tatsache den Terminus ›Date‹ verwendet. Also: ja«, gebe ich zu Protokoll.

»Dating ist einfach Teil der amerikanischen Kultur«, höre ich aus Christinas Mund, und ich gebe auf und fange selbst an zu erzählen:

»Als Teenie hatte ich so eine Phase, da bin ich jedes Wochenende auf Partys gegangen mit der Intention, irgendwen kennenzulernen, Nummern auszutauschen und dann zu daten. Und das hat auch echt oft geklappt. Es war auch nicht so, dass ich mit denen dann was hatte, das war eher selten bis fast nie so. War auch gar nicht Ziel der Geschichte, ich hatte einfach Spaß daran, Menschen kennenzulernen und natürlich Aufmerksamkeit abzugrasen. Denn ohne jetzt allzu hochnäsig daherkommen zu wollen: Die meisten Herrschaften waren auch an mir interessiert, was für mich meistens der Grund war, die Sache einzustellen. War wohl irgendwie so eine Wegwerf-Zeit. Ich meine, man nimmt sich Zeit, jemanden kennenzulernen, fängt an, sich ein Bild von der anderen Person zu malen, und wenns den Charakter der Unverfänglichkeit verliert, knüllt man das Bild zusammen, sagt: ›Sorry, du bist nicht so mein Typ‹ und schmeißt das Bild mit allen gesammelten Informationen und Anekdoten in die Alt-Date-Tonne. Oft hab ich mich aber auch einfach nicht mehr gemeldet. So etwas fällt leichter, wenn man so Standard-Dates hat, wo man sich auf neutralem Boden hinsetzt und redet und nicht wirklich was zusammen erlebt. Na ja, war trotzdem eine komische Phase.«

»Stimmt ja, damals haste dich doch mit diesem einen komischen Typen getroffen, mit dem ich mich davor auch mal getroffen hatte«, erinnert sich Christina, sorgsam das Verb »daten« durch »treffen« ersetzend.

»Ja, stimmt. Da waren wir noch gar nicht so dicke befreundet, kannten uns nur aus der Schule, und er meinte so: ›Wenn du auf dem St.-Elisabeth-Gymnasium bist, dann kennst du ja mit Sicherheit auch die Fischer, das ist eine total eingebildete Kuh.‹ Wie der über dich abgelästert hat! Und im letzten Satz erfuhr ich dann, dass du ihm mal eine anständige Abfuhr verpasst hattest.«

»Und dann hat er von dir gleich die nächste kassiert. Zack!« Christina grinst ein bisschen boshaft: »Der Typ hatte eh voll den Schatten. Hat mir mindestens vier Mal erzählt, dass seine Exfreundin schon mal auf dem Cover der *Cosmopolitan* war.« Ich nicke.

»Mir auch. War ja auch sinnvoll, man sollte gleich wissen, in was für eine hochkarätige Reihe von weiblichen Errungenschaften man sich da einreihen könnte«, ergänze ich.

»Und …«, Christina hebt den Zeigefinger, »du hast dich mit dem Vollpfosten von Osterhold getroffen, ha ha!« Christinas Lachen klingt böse.

»Ach ja, stimmt ja!«, erinnere ich mich und ein Grinsen beschleicht mich: »Aber von dem hab ich mich damals eigentlich immer nur durch die Gegend kutschieren lassen, was man halt so macht, wenn man in einer sehr kleinen Großstadt wohnt, in der Busse immer nur zu Ostern und Neujahr fahren. Das waren mehr die Kategorien ›vorgetäuschte Dates aus Langeweile‹ und ›vorgetäuschtes Dating auf Grund von praktikablem Nutzen‹. Oh Gott, man ist nie wieder so offensichtlich grausam, wie man als Teenie war, oder?«

Ich ernte keine Antworten. Keine Absolution für mich.

»Aber das waren auch eher unspannende Dates. Mit Mr. Meine-Ex-ist-Model war ich ein paar Mal weg. Wir haben eigentlich ganz nette Sachen gemacht, waren auf einem Konzert, im Kino. Aber es ist trotzdem nichts hängen geblieben, was ich noch erzählen könnte. Bei Osterhold war es genauso unspektakulär. Aber dann war da noch dieser eine, und – Schande über mein Haupt – ich weiß gar nicht mehr, wie der hieß; jedenfalls fand ich den äußerlich sehr ansprechend, war tierisch aufgeregt vor dem ersten Treffen, und dann erzählt der mir gleich in der ersten Viertelstunde – ich hatte gerade meinen Kaffee auf dem Tisch –, dass er hobbymäßig mit seinen Kumpels Videos im Stil von *Jackass* dreht und dass sie erst letzte Nacht Einkaufswagen auf parkende Autos geschmissen haben. Wie er das erzählt hat, voller Stolz und sich meiner Bewunderung so sicher …«

Rike wiederholt noch mal langsam: »Er hat Einkaufswagen auf parkende Autos geschmissen?!«

»Interessantes Hobby, oder? Vor allem wenn man das Beweisvideo gleich selbst mitdreht, um es auf YouTube hochzuladen – obwohl: Gabs das damals schon? Ich weiß es nicht.«

Rike schüttelt den Kopf: »Oh Mann.«

»Na, jedenfalls hab ich erst mal mehrere Baffheitsminuten dort rumgesessen und überlegt, was ich jetzt mache. Option eins: live Fernsehgucken. Also sich mental darauf einstimmen, ab jetzt quasi nicht mehr aktiv an dem Date teilzunehmen, stattdessen die Beobachterrolle einzunehmen und ihn nach weiteren absurden Geschichten aus seinem Leben auszufragen. Option zwei: lächeln und winken, ergo ganz plötzlich nach Hause müssen. Option drei: ihn aufklären, dass seine coolen Aktionen das Dämlichste sind, was ich je gehört habe, und filmreif mit einem verächtlichen Kopfschütteln gehen, oder Option vier: kurz aufs Klo gehen, die Polizei anrufen, sagen, dass ich den Randalierer von letzter Nacht gestellt habe, und mich wieder zu ihm setzen und bei Laune halten, bis die Bullen kommen.«

»Und was haste gemacht?« Rike findet Gefallen an der Story, die sie anscheinend noch nicht kannte, was mich überrascht, weil ich sie schon öfter erzählt habe.

»Na ja, ich war noch sehr jung und hab mich für ›lächeln und winken‹ entschieden, hab meinen Kaffee ausgetrunken und gesagt, dass ich leider schon in einer Stunde da und da sein muss. Man sieht sich. Adieu.« Rike scheint enttäuscht.

»Heute hätte ich ne Kombi aus drei und vier gemacht. Ich versteh keinen Spaß mehr«, sage ich und überlege, ob ich wirklich den Mumm gehabt hätte, die Polizei zu rufen, oder ob ich nicht Angst gehabt hätte, auf ewig bei jemandem mit einer gewissen kriminellen Energie auf der schwarzen Liste zu stehen. Ein wohl weitverbreitetes Dilemma.

»Ich hatte das auch schon, dass ich aus einem Date dringend weg wollte. Ich war vorher aber klug genug gewesen, den absoluten Klassiker aller Date-Werkzeuge zu verabreden. Und zwar: Freundin Bescheid sagen, dass sie um die und die Uhrzeit anrufen soll, um einem im Fall der Fälle ein Alibi zur Flucht geben zu können. So weit, so gut, nur als sie aufgelegt hat, ist mir siedend heiß eingefallen, dass wir uns überhaupt nichts zurechtgelegt hatten, aus welchem Grund ich jetzt unbedingt zu ihr musste. Als er mich gefragt hat, fiel mir ad hoc nichts Plausibleres ein als: Ihre Mutter ist gestorben«, beichtet Rike trocken und Gelächter bricht aus.

»Das hat er dir bestimmt abgekauft«, versichert Pauline ironisch. »Na, ja, offiziell schon, wäre ja übelst unhöflich – gerade wenn man sich nicht kennt – eine so sensible Sache infrage zu stellen. Aber inoffiziell wird er sich wahrscheinlich schon Gedanken gemacht haben, vor allem weil ich danach nicht mehr auf seine Nachrichten eingegangen bin.«

»Würden wir heute auch nicht mehr machen, oder? Ohne Erklärung einfach nicht zurückschreiben? Es ist zwar immer hart, dann jemandem so ein finales ›Du bist leider nichts für mich‹-Zeugnis auszustellen, aber das Fairste und Beste ist es eigentlich doch«, schwafel ich so daher.

»Ach, das ist doch alles anstrengend.« Pauline schüttelt das Haupt.

»Was?«

»Euer Dating-Quatsch.«

»Frollein«, sage ich gespielt mütterlich, »dann erzähl du uns doch mal, wie du Jonas kennengelernt hast.«

»Ach, ich war bei einer Freundin zu Besuch, und als ich bei ihr ankam, saßen bereits andere Freunde von ihr auf der Couch. Einer von ihnen war …«, Pauline macht den Trommelwirbel, »ihr Füchse ahnt es mit Sicherheit schon: Jonas. Dann haben wir da Späßchen gehabt, getrunken, rumgealbert und uns gut verstanden. Ein paar Tage später war ich noch mal mit der Freundin unterwegs und er war wieder dabei. Und irgendwann, nachdem wir alle zusammen weg waren, hat es sich halt so ergeben, dass er noch mit zu mir nach Hause gekommen ist. Tja, und dann …«

»Habt ihr geknutscht und danach beschlossen zusammen zu sein«, will Christina die Story zu Ende erzählen, aber Pauline lenkt ein: »Nee, nee. Das war alles nicht so einfach. Ihr wisst ja, die Boldt-Geschichte …

Ich hab mich ganz schön gewehrt, das wirklich an mich ranzulassen. Obwohl er dann irgendwann fast täglich bei mir war und wir einfach nur so rumgehangen haben. Aber steter Tropfen …« Pauline führt das Sprichwort nicht zu Ende.

»Um jetzt mal den Definier-Dschungel etwas zu lichten: Ich finde, dass das, was du mit Jonas hattest, auch Dates sind, auch wenn ihr euch bei einer gemeinsamen Freundin kennengelernt habt. Treffen mit Optionen sind halt Dates. Mal klassischer, mal

weniger klassisch!«, breche ich meine Lanze für Schubladisie-
rung, Etikettierung und amerikanische Kulturgüter.

Christina schmunzelt: »Ja, wenn das so ist, hatte ich sogar
schon mal einen ganzen Dating-Urlaub.«

»Uhhh, Barcelona mit Robin, stimmts?« Evi grinst übers ganze Gesicht, und ein aufmerksamer Beobachter weiß schon jetzt,
dass eine Geschichte mit viel Wärme fürs Herz folgen wird.

»Ja, Barcelona mit Robin. Ich hatte gerade frisch angefangen
zu studieren. Es war saukalt, trüb und ätzend in Berlin. Wir
kannten uns gut einen Monat; nachdem wir uns auf einer Party
kennengelernt hatten, hatten wir uns so ungefähr vier Mal gesehen. Irgendwann haben wir telefoniert, haben uns beide über
die menschenunwürdigen Temperaturen und Umstände in Berlin
echauffiert und sind beim Reden beiläufig auf die Schnapsidee
gekommen, Last-Minute-mäßig fix wegzufliegen. Normaler-
weise verwirft man so was ja dann nach zehn schwärmerischen
Sätzen wieder, aber wir haben es einfach gemacht. Am gleichen
Tag vier Tage Barcelona gebucht. Und weg. Spontan.«

Ein Seufzen macht sich breit. All diese Freiheiten, die man
uns jungen Leuten so gerne unterstellt, nehmen wir im Grunde – pflichtbewusst wie wir sind – nie wahr. Und wenn es dann
doch Geschichten gibt, die mit dem regelkonformen Alltagstrott
brechen, gehen unsere Herzchen auf wie Knospen im Frühjahr.

»Und es war, na ja, um nicht zu sagen: der Hammer. Eigentlich
war es ja wahnwitzig, wenn man sich erst so kurz kennt, gleich
miteinander in den Urlaub zu fahren. Wir hätten uns da auch
nach den ersten 24 Stunden total ankotzen können. Aber dazu
ist es nicht gekommen. Es war einfach durch und durch perfekt.
Unser kleines Zimmer direkt unten am Hafen, unser gemütliches
Bett mit nur einer Decke, der kleine Balkon, auf dem wir gegessen
und getrunken haben ...« Christina schwelgt in Erinnerungen:
»Und dann nach drei Tagen meinte er so zu mir: ›Ey Christina, es

reicht mir jetzt ...!‹ Hat mich an sich rangezogen und geküsst.«
Obwohl Teile der Mädchenmeute die Geschichte schon kennen,
ist ein deutliches, schwärmerisches: »Ooooh!« zu vernehmen.

Eins ist klar: Egal was wir behaupten, wir sind auf jeden Fall
Romantik-hungrig.

»Später sind wir durch die Straßen gelaufen, sind feiern gegangen ... Das war schon eine idyllische Sache, wir hatten da so
unsere eigene Welt.«

»Ich will so was auch haben«, meint Evi und klingt ein bisschen wie ein kleines bezopftes Mädchen vorm Puppenregal im
Spielzeugladen.

»Du hast doch gerade auch deine kleine Romanze laufen«,
merke ich an, aber Evi winkt ab.

»Wollt ihr noch was Romantisches hören?« Christina gerät in
Fahrt und erntet einiges Nicken.

»Ich hatte auch schon mal ein Date auf einem Dach.«

»Der Klassiker!« Christina grinst:

»Ja, es war auch voll die Masche. Ich wette, der hat das gleiche Programm auch schon mit ner ganzen Latterie von Damen
durchgehabt – zumindest hab ich mir das so gedacht ...«

»Und schon wieder zerstört man sich durch die Analysiererei
jegliche Schönheit und Fabelhaftigkeit des Alltags«, seufze ich
theatralisch.

»Das war ganz sicher ne Masche. Erst hat er schön Latte
Macchiato gemacht und dann ging es ab aufs Dach. Der war
auch Amerikaner, also die Dating-Kultur hat der schon mit Mut-
termilch und Grundwasser aufgenommen.«

»Mit mir wollte auch mal einer aufs Dach. Aufs Parkhausdach.« Ich muss schlagartig grinsen, weil mir ein schlechter
Witz einfällt, den ich wenige Sekunden später dann auch bringe:
»Aber der Typ hatte einen Dachschaden.« Keiner lacht. Ich hab
die Pointe anscheinend völlig verrissen. Vielleicht gabs auch

gar keine Pointe. Na ja, ich lasse mir nichts anmerken und rede weiter: »Das war in der Bar, in der ich damals hinter der Theke gearbeitet habe. Er kommt auf mich zu und sülzt, wie gerne er sich gleich mit mir den Sonnenuntergang auf dem Parkhaus in der Dingsstraße angucken würde. Ich, auf mein Trinkgeld bedacht, hab mehr oder weniger charmant und höflich gesagt, dass ich jetzt leider keine Zeit dafür habe. Dann geht er mit seinem Bier zu seinem Platz, kommt ne Viertelstunde später wieder und fragt, ob ich Lust hätte, mit ihm auf dem Parkhausdach zu ficken.«

Evi grinst von einem Ohr zum anderen.

»Das war dann die Kategorie ›Dates, die ich bedauerlicherweise nie eingegangen bin‹.«

»Wann erzählst du uns denn endlich was aus der Kategorie ›Dating, das über Jahre kein Ende nimmt‹?«, fragt mich Christina spitzbübisch.

»Ich glaube, die Geschichte, die du meinst, würde unter diesem Thema den Rahmen sprengen«, sage ich. Dann halte ich inne: »Wollt ihr die Story wirklich noch mal hören?«

»Wir können es kaum erwarten!«, sagt Evi feierlich, und obwohl ich ahne, dass sie das ironisch meint, weiß ich auch, dass ich es ihnen nicht ersparen werde.

7. Taktik statt Tacheles

Taktieren beim Daten:
Ist das eigentlich ein notwendiges Übel?

»Das Thema erinnert mich sofort an das, das wir gerade schon hatten: Sollen Frauen Männer direkt ansprechen oder sinkt der eigene Marktwert, sobald man es tut?«, will Rike uns stolz zeigen, dass sie Zusammenhänge herstellen kann.

»Ja, richtig«, lobe ich sie anständig und erläutere weiter: »Das ist ein großer Komplex, der letztlich in der Frage gipfelt, ob Liebe oder das Erlangen von Liebe ein natürlicher und unumgänglicher Prozess ist, der sich entweder einstellt oder nicht, oder ob man Liebe mit gezielten Strategien erlangen oder abverlangen kann.« Selbstverständlich höre ich mir auch selbst beim Reden zu und merke, wie merkwürdig das klingt, Liebe durch strategisches Vorgehen erreichen zu wollen. Aber es ist wohl oft so, dass Dinge, an die man glaubt, solange sie unausgesprochen sind, ausgesprochen eher verwerflich klingen.

»In Frauenzeitschriften, Männerzeitschriften, Ratgebern und Paartherapien wird ja immer die Philosophie vertreten, dass man fürs Geliebtwerden aktiv was tun muss. Stimmt ihr damit überein? Taktiert ihr? Oder wartet ihr, bis Amor ihm in den Hintern schießt?«

»Na, ich glaube wenn wir ›Nein, wir taktieren nie‹ sagen, lügen wir«, brummelt Rike. »Ich bin eigentlich eine sehr offene Person, aber wenn man sich in jemanden verliebt, ist man rohes Fleisch, und zu taktieren ist dann die einzige Haut, der einzige Pelz, um sich zu schützen.«

»Hä? Ich kann euch nicht mehr folgen.« Evi wirkt ein bisschen müde, greift in die knisternde Marshmellow-Tüte, fischt einen weißen Marshmellow raus und verspeist ihn genüsslich: »Was meint ihr mit ›taktieren‹? Dass man immer die Wahrheit sagt oder dass man extra nicht anruft, um sich rar zu machen oder so was …«

»Genau so was.«

»Ich glaube, es ist dann nicht mehr notwendig zu taktieren, wenn beide großes Interesse aneinander haben und klar ist, was aus der Trefferei werden soll. Dann kann man sich ja auch ganz natürlich verhalten. Obwohl, wenn alles von beiden Seiten klar ist, dann ist man wahrscheinlich schon längst drin im Beziehungsmodus, oder?« Evi grübelt und fummelt mal wieder an ihrem Zopfende herum.

»Nicht unbedingt. Aber das stimmt schon, man muss vor allem dann taktieren, wenn man in jemanden verliebt ist, der einen nicht zurückliebt. Man sollte denjenigen besser nicht alle drei Minuten anrufen und mit Liebesschwüren überhäufen, auch wenn einem danach ist.« Christina grinst.

»Aber das kann man ja nicht in dem Sinne als taktieren bezeichnen. Es ist eher ein sich an die Regeln sozialer Erwünschtheit halten wie in allen anderen zwischenmenschlichen Beziehungen auch. Von daher …« Pauline zwirbelt jetzt ebenfalls ihre Haarsträhnen.

»Klar muss man taktieren.« Rike schüttelt energisch den Kopf: »Allein um sein Gesicht zu wahren. Stell dir mal vor, du triffst dich mit einem Typen, findest den toll und alles, hast was mit dem und dann meldet der sich nicht mehr und dir ist zum Heulen zumute. Welcher Volldepp ruft denn dann bei dem an und sagt: ›Oh Mann, ich würde dich aber doch so gerne wiedersehen! Bitte, bitte, lass uns was zusammen machen.‹ Das macht ja wohl keiner. Sondern man heckt sich einen schicken Plan aus.

Man guckt, wo am nächsten Wochenende das Mega-Event geht, man trommelt Leute zusammen, die mit einem dahin gehen, und dann lädt man *ihn* im Vorbeilaufen zufällig und völlig belanglos ebenfalls dazu sein. Man lässt halt nicht raushängen, dass man vom Zuneigungs-Laster überfahren im Straßengraben liegt, sondern spielt schön so, als hätte man den Unfall nie gehabt. Keiner will ein Opfer. Und ich glaube auch, dass Männer gerne jagen ...«

»Die These halten wir uns mal für die Männerklischeefragerunde zurück. Ich glaube nämlich nicht, dass per se alle Männer jagen wollen, oder sagen wir mal so, ich weiß es«, meine ich wichtig, als hätte ich auf meinen weiten Reisen über den Globus wichtige Erkenntnisse aus aller Herren Länder gesammelt.

»Du Fuchs.« Christinas Worte triefen vor Geringschätzigkeit.

»Ich glaube, das Thema können wir ganz schnell abhaken: Ja, wir müssen von Zeit zu Zeit taktieren, um uns zu schützen oder um uns interessant zu machen. Aber ich glaube nicht, dass man jemanden nach Plan dazu bringen kann, sich in einen zu verlieben.«

»Das glaube ich auch nicht. Obwohl ich früher mal gedacht habe, dass man jeden Menschen dazu bringen kann, wenn ein Minimum an äußeren Faktoren stimmt«, höre ich mich sagen.

Evis glatte Stirn legt sich in Falten: »Hä? Was für äußere Faktoren? Trink nicht so viel Weißwein. Hör mal auf, so kryptisch zu sein.«

»Mit übereinstimmenden äußeren Faktoren meine ich doch einfach nur: Klar kriegt man die irisch aussehende, zwei Meter große Model-Frau mit den grünen mysteriösen Augen, die in einem Pariser Loft wohnt, nicht dazu, sich in den 42-jährigen übergewichtigen, Hackbraten essenden und Diddl-Mäuse sammelnden Truckfahrer aus Essen-Kray zu verlieben. Aber ich war mir mal sicher, dass man Menschen, die sich nach äußeren und somit auch inneren Faktoren ähnlich sind, auf jeden Fall ineinander verliebt machen kann. Also wenn sie aus der gleichen sozialen Gruppe kommen, ein ähnliches Alter, das gleiche Attraktivitäts-Level und ähnliche bis gleiche Interessen haben, sich gegenseitig sympathisch sind und generell Liebe wollen und nicht bereits vergeben sind. Ich hab gedacht, dass diese beiden ähnlichen Exemplare dann eigentlich nur ausreichend Zeit miteinander verbringen müssen, und dass dann auf jeden Fall der Groschen fallen kann und auch fallen wird.« Ich gucke in eine Runde ausdrucksloser Gesichter:

»Ums einfacher zu machen: Im Grunde will ich damit nur sagen: Männer und Frauen können nicht ausschließlich miteinander befreundet sein, wenn sie sich gegenseitig attraktiv finden und nicht vergeben sind, weil immer irgendwann was dazwischenfunken wird und sei es nur einmalig und kurz.«

»Spielst du damit eigentlich auf eine bestimmte Geschichte an, wenn wir schon so weit vom Themenhafen wegsegeln?«, fragt Rike mit hochgezogenen Augenbrauen.

»Ich finde nicht, dass wir so weit weggesegelt sind …«, sage ich nur in der Hoffnung, dass jemand anders das Wort ergreift.

»Ich glaube auch, dass bei zwei Menschen, die sich gegenseitig sympathisch und attraktiv finden, immer ein Risiko besteht, dass sie sich ineinander verlieben. Und dass die Wahrscheinlichkeit auch sehr hoch ist, dass mal was geht. Auch wenn es natürlich Königskinder gibt, denen so etwas nie passiert.« Rike guckt mich grinsend an und fährt fort:

»Letztlich führt das zu der Frage, warum man sich in den einen verliebt und in den anderen nicht. Ich glaub schon, dass Zeitschriften und Ratgeber recht haben, wenn sie sagen: Wenn du dich so und so verhältst, hast du bessere Chancen! Aber ob man sich verliebt oder nicht, ist letztlich höhere Macht. Keine Ahnung, wovon das abhängt, aber man kann sich eben nicht in jeden verlieben, auch nicht, wenn man ihn noch so hübsch und sympathisch findet.« Rike hustet kurz in ihre Faust, obwohl sie keinen Husten hat, und erzählt: »Ich war mal kurz mit jemandem zusammen, der vorher urlange was von mir wollte: Oliver. Ich fand den auch hübsch und nett und im Zuge jugendlicher Belanglosigkeit bin ich einfach mal mit dem zusammengekommen. Aber ich hab das nach zwei Monaten wieder beendet, weil ich einfach nichts Herzmäßiges für den übrig hatte. Anfangs war ich nicht verknallt, und auch nach dieser Gewöhnungszeit von zwei Monaten hatte ich kein Verliebtheitsgefühl, er war einfach entbehrlich für mich.«

»Entbehrlich«, seufze ich, »ein tolles Wort.«

»So, jetzt reichts.« Obwohl ich keinen weiteren Schluck getrunken habe, nimmt Evi mir das Weißweinglas weg.

»Wieso? Das ist doch genau das, worum es geht: Man taktiert, um nicht entbehrlich zu sein, um gebraucht zu werden, um wichtig für denjenigen zu sein, der einem selbst wichtig ist. Wichtigkeit stellt sich leider nicht immer einfach so ein, aber sie stellt sich noch weniger ein, wenn jemand einen sicher hat, quasi fertig zum Kauf im Warenkorb. Deswegen entwirft man ja eine Taktik, um wichtig zu werden ...«

»Obwohl man auch wichtig für jemanden werden kann, der nichts von einem will. Wenn man allzu deutlich um jemanden herumscharwenzelt und seine Bewunderung allzu sehr zeigt, ist das wie Zuckerstangen austeilen. Und nach denen kann man auch süchtig werden. Gerade wenn die umschwärmte Person eher unsicher oder wenig selbstbewusst ist. Dann wird die arme ungeliebte Person verdammt wichtig, wie eine Droge.« Pauline macht ein merkwürdiges Gesicht und fügt in Biene-Maja-Stimme hinzu: »Schmeichel mir. Schmeichel mir. Schmeichel mir.« Wahrscheinlich spricht sie aus Erfahrung.

»Um aufs Thema zurückzukommen: Ich würde einfach mal die Behauptung aufstellen, dass ...«, Christina macht die Gänsefüßchenzeichen mit den Händen, »… erfolgreiches Daten ohne großartiges Taktieren verläuft. Weil Taktieren ja auch immer falsche Vorgabe ist. Und wenn die wegfällt, kann es ja eigentlich dann nur noch nach hinten losgehen.«

Pauline sieht aus, als wäre sie in Gedanken versunken, dann wacht sie abrupt auf und lässt verlauten: »Diese Taktiererei – zum Beispiel ihn mit Absicht erst ein paar Stunden später zurückzurufen oder ihn zu versetzen, damit man wichtiger und beschäftigter erscheint, obwohl man eigentlich zu Hause die Tapete von der Wand knibbelt – ist doch einfach nur dämliche Scheiße. So ein Langeweile-Ding. Ich kenne Mädels, die bringen Männer dazu, sich in sie zu verlieben, auch wenn sie von denen eigentlich gar nichts wollen. Die machen das als Hobby oder weil sie ihn einer anderen nicht gönnen oder weil sie gucken wollen, wie unwiderstehlich sie sind. Da wird der arme Mann mit Plänen und Taktiken gewaltsam an Land gezogen – oder eben auch nicht –, Hauptsache es ergeben sich Probleme und Gesprächsstoff wie in der besten amerikanischen ›Wir sind so reich und so schön und haben nichts anderes zu tun‹-Serie. Und dann sind diese Hühner zufrieden. Ansonsten müssten sie sich ja über ihr restliches Leben unterhalten, wie zum Beispiel über die kleine Stelle abgeblätterten Nagellackes am kleinen Finger, die sie morgens bei ihrem Kopier-Praktikum an Kopierer 2 entdeckt haben.« Pauline guckt mich an und ihr Gesicht zeigt deutlich, dass sie dieses Thema gefressen hat. »Nächstes Thema!«, ruft sie energisch, und es fehlt nur noch die Klingel, um dieses anzukündigen.

8. Der Mr.-Big-Effekt

Der Eine, mit dem es nie klappt –
Der Eine, den ich nicht vergessen kann

»Gibt es in eurem Leben so eine komplizierte Geschichte? Mit einem, den ihr nie vergessen konntet? Über Jahre? Mit dem es aber nie geklappt hat?«, frage ich in die Runde. Rike antwortet als Erste:

»Bei mir ist das Sven ... Aber wie gesagt, seitdem ich ihn vor Kurzem getroffen habe, weiß ich, dass der Ofen aus ist.«

»Du hast dich mit ihm getroffen, während du mit Stefan zusammen warst?«, fragt Pauline ein bisschen ungläubig.

Rike nickt: »Ja, klar. Ich hab Stefan auch erzählt, dass ich Sven getroffen habe, das war kein Problem. Die Beziehung mit Sven hat schließlich angefangen, als ich 14 war. Das ist Jahrhunderte her, und Stefan konnte ja nicht ahnen, dass ich manchmal noch so ein bisschen wehmütig daran gedacht habe.« Rike lächelt, als würde sie ihre gerade an der Realität erkalteten Gefühle jetzt selbst niedlich finden:

»Damals war er der Coolste in der Clique, mit der ich damals immer rumgehangen habe. Natürlich hing mein Kleinmädchenherz an ihm, und ich hatte Glück, er fand mich auch dufte-prima und wir kamen kurz und schmerzlos zusammen. Am Anfang war es ganz fantastisch: Teenagerglück vom Feinsten. Aber er hat sich über die Jahre immer mehr zum Sonderling entwickelt. Er hat damals viel gekifft, und ich weiß nicht, ob es daran lag, aber irgendwie hat er so eine Art soziale Phobie entwickelt. Er wollte nirgendwo mehr hingehen, wo viele Menschen waren, sprich: Er ist nie auf Partys gegangen, auch nicht auf meine eigene Geburtstagsparty, auch nicht nach Bitten und Betteln, und als Teenie bedeutet dir so etwas noch die Welt.« Rike grinst milde.

»Er ist nicht mehr auf Konzerte gegangen, ist nicht mehr mit großen Gruppen weggegangen, völlig egal, was anstand. Die meiste Zeit saß er zu Hause, war breit, depressiv und unkommunikativ und hat mich damit nicht selten zum hinterletzten Baumwipfel der Verzweiflung gebracht. Wir waren dann öfter auseinander. Schlussmachen war damals oft so eine Art Druckmittel oder harte Bestrafung nach einem Streit, danach hat er sich immer wieder bei mir gemeldet, und ich hatte – gegen jede Logik – krasse Gefühle für ihn. Hab mich immer wieder drauf eingelassen, obwohl ich längst gemerkt hatte, dass ein Alltag mit ihm einfach nicht möglich ist. Ich hab gedacht, ich wäre die Person, die das ändern könnte, wenn ich nur den richtigen Dreh finden würde. Aber es hat natürlich nie geklappt, was ganz schön frustrierend war. Auch die Einsicht: Ich werde bei ihm nie an erster Stelle stehen, nie Priorität haben und zwar nicht, weil ich nicht reiche oder weil er mich nicht genug liebt, sondern weil er auf Grund seiner Spleens niemanden diesen Platz einräumen kann. Ich hab damals viel mit meiner Mama darüber gesprochen und immer wieder hieß es: ›Rike – ganz klar –, du musst da einen Schlussstrich drunter ziehen, das bringt alles nichts. Dieser Mensch ist nicht fähig, eine Beziehung zu führen. Ganz egal was ihr für tolle Momente geteilt habt, ganz egal welche Chemie hochgeht, während ihr miteinander schlaft, ganz egal wie sehr dein Herz auch noch nach Jahren hämmert, wenn er dich umarmt und dir in die Halsbeuge atmet. Du kannst an der Situation nichts ändern. Räume das Feld!‹ Also hab ich mich aus Vernunftsgründen von ihm getrennt und nicht, weil keine Gefühle mehr da waren. Das ist natürlich gefährlich, denn ich hab noch Jahre später gedacht: Was wäre, wenn der auf einmal wieder vor mir stehen würde? Und ich war mir sicher, dass ich trotz Stefan, trotz all der Jahre dazwischen, trotz seiner Probleme, trotz allem auf jeden Fall wieder schwach werden würde. Weil ich immer noch diese krassen Gefühle in Erinnerung hatte, die ich damals für ihn hatte.« Rike nimmt einen Schluck aus ihrem Glas.

»Echt, ich konnte an Szenen mit Sven denken, wie an ein Foto oder Standbild und habe immer noch Gänsehaut gekriegt. Nach vier Jahren.« Rike presst kurz die Lippen aufeinander und meint dann: »Dass du jemanden nie ganz haben kannst – das ist das, was daran süchtig macht. Wenn er dich nicht abweist, sondern dir immer wieder ein Stöckchen hinschmeißt, um dann zehn Meter wegzurennen, wenn du gerade das Gefühl hast, die Mauer durchbrochen zu haben. Er hätte mich nie betrogen, oder so was, aber ich wusste halt, er würde nie alles für mich machen, er würde nie versuchen, seine komischen Phobien für mich zu bekämpfen, nur um mit mir glücklich zu sein. Und obwohl er mich auch geliebt hat: Ein richtiges ›Wir‹ wäre nie aus uns geworden.« Rike nestelt am Saum ihres schwarzen, kurzen Rockes herum:

»Als ich ihn letztens getroffen hab, kam er mir auf einmal so dumm vor. Was der teilweise für Sprüche gerissen hat, ist unglaublich. Die Krönung war: ›Ey, ich finds voll krass, dass du studierst. Hätte ja nie gedacht, dass ich mich mit einer Studentin verstehen würde.‹« Rike macht die »Wie bitte?«-Geste mit nach oben gerichteten Handflächen, weit aufgerissenen Augen und offenem Mund:

»Ich meine, das muss man ja eigentlich nicht mehr kommentieren, oder? Ich hätte mich gar nicht mit ihm treffen sollen. Dann hätte ich es immer noch als *die* tolle Geschichte im Kopf gehabt, ich hätte meinen Enkeln noch von meinen Bonnie-und-Clyde-Gefühlen erzählen können. Jetzt ist diese Erinnerung für immer zerstört.«

»Ach, das siehst du zu schwarz. Damals hat es für dich doch Sinn gemacht. Du hast versucht, den alten Tee noch mal aufzuwärmen, und gemerkt, dass er dir heute nicht mehr schmecken würde. Na und? Nur weil dir die Geschichte aus heutiger Perspektive dumm vorkommt, ist es doch damals keine dumme Geschichte gewesen. Du warst blutjung, und natürlich handelt man aus Gefühlsgründen oftmals irrational. Aber das ist es doch, was das Leben ausmacht, oder? Das ist doch die Sahne auf dem trockenen Kuchen. Ich würde die Geschichte an deiner Stelle nicht so verteufeln. Warum auch?«, sage ich.

Evi stimmt mir zu: »Dummheiten machen nicht selten den meisten Spaß. Ich hatte leider nie so ein Erlebnis, dass ich jemanden über Jahre nicht hätte vergessen können.« Sie zuckt mit den Achseln.

»Ich glaube auch, dass die Phase, in der man einer Person hinterherhängt, vorbeigeht, und dann widmet man sich Neuem und neuen Männern. Wenn man über Jahre ein und derselben Person hinterherhängt, finde ich, bleibt man irgendwie auf der Stelle stehen, ist mit dem Kopf in der Vergangenheit geblieben, weil einen in der Gegenwart noch nix Neues mitgerissen hat, was ähnlich intensiv war. Ich hatte das auch mal, dass ich jemanden einfach nicht gekriegt habe. Aber das hat sich sehr schnell von alleine erledigt«, sagt Christina. Ich gucke ihr in die Augen, beiße mir auf die Unterlippe und höre mich dann sagen:

»Mmh, ich glaube schon, dass man auch über Jahre an jemandem hängen kann, ohne dass man ein ›Ich hänge an der Vergangenheit und bin nicht in meiner Gegenwart angekommen‹-Freak ist. Es muss halt immer wieder kleine Handlungsstrang-Häppchen geben, die den großen Plot anfüttern.« Ich muss grinsen, Bilder kommen vor meinem inneren Auge hoch.

»Wahrscheinlich kennt das jeder, dass man in seinem Leben gerne Zusammenhänge sucht, dass man gerne sinnlose Handlungsstänge zu einer Art Plot zusammenwebt. Und wenn du so eine Story hast mit einem, mit dem es nie klappen wird, obwohl du es gerne willst, dann wird beim Erzählen so was wie dein eigener kleiner Schnulzenroman daraus, dein eigener Rosamunde-Pilcher-Roman. Eine Story, die besser ist als jede Beziehungs-Story. Ich meine, über eine Beziehung kann man vielleicht noch erzählen, wie man zusammengekommen ist, warum man sich letzte Woche in der Getränkeabteilung im Supermarkt in die Haare gekriegt hat oder warum er jetzt von Bottrop-Boy nach Untertupfingen am Bach versetzt wurde oder so. Aber das sind ja alles keine Schmachtfetzen-Storys, die man den Mädchen erzählen kann, wenn eine Übernachtung mit gegenseitigem Fußnägellackieren und zarten Kissenschlachten in himmelblauen Seiden-Pyjamas ansteht.«

»Du kannst den Mädchen deine selbst zusammengestrickten, epischen Liebesgeschichten aber auch nur dann erzählen, wenn du sie noch nicht so lange kennst«, stichelt Christina. »Irgendwann ist alles erzählt!«

»Ach, wenn ich es mir recht überlege, ist das Publikum vielleicht auch gar nicht so wichtig. Es ist mehr so eine Fortsetzungsgeschichte für einen selbst. Im stressigen Alltag, zwischen zwei U-Bahnstationen, den Kopf mit den iPod-Stöpseln im Ohr an die zerkratzte Scheibe legen und daran denken, was war, was getan und gesagt wurde und wie es wohl weitergeht. Dein Kopf übernimmt irgendwann alleine die Regie, richtet sich nach der Stimmung und dem Text der Musik und – zack – da ist er, dein Traumurlaub mitten im Alltag.« Ich atme hörbar ein und wieder aus:

»Aber eigentlich hasse ich es, mir dieses Nachhängen und alles, was damit verbunden ist, so kleinzureden, so kaputt zu machen. Wenn wir uns unbedingt erklären müssen, warum genau wir an irgendwelchen Sachen hängen, welche Bedürfnisse wir einfach nur tiermäßig befriedigen, dann verliert alles, aber wirklich alles seine Bedeutung. Scheißegal, warum genau man manchmal in solch eine nicht enden wollende Geschichte gerät, es passiert eben. Ich denke nicht, dass man vorhersagen kann, wie sie ausgeht, also ob sie doch ein gutes Ende findet und man in schönster Zweisamkeit in den Sonnenuntergang reitet oder ob tatsächlich nie etwas daraus wird, und sie keinen anderen Sinn oder Zweck hatte, als eine Zeitlang leckere Gehirn-Zuckerwatte zu liefern.«

Pauline schüttelt ein bisschen zu heftig den Kopf: »Wie ich immer sage: pure Langeweile.« Sie betont jedes Wort einzeln und nachhaltig und erläutert leicht nassforsch weiter:

»Aus purer Langeweile gibt es so einen Dreck. Wenn es mit jemandem klappt, dann klappt es sofort. Dann braucht es keine 592 Akte, keinen Plot. Man sieht sich ein paar Mal, meinetwegen datet man sich auch, aber dann kommt man auch schon zusammen und guckt, ob man das Kind zusammen schaukeln kann. Das ist der gesunde und einzig funktionierende Weg der Dinge. Was du da im Kopf hast, ist nur die Sehnsucht nach Hollywood-Leben, die Projektion von unerfüllten Wünschen und die Folge von Langeweile zum Quadrat.«

»Wahrscheinlich hast du sogar teilweise recht. Klar, verpassen solche Endlos-Geschichten unserem Alltag einen prickelnden Anstrich: Man ist nicht mehr nur Lisa und Angestellte. Sondern man ist Lisa, Angestellte und weiblicher Part einer endlosen *Amour fou*. Ich hab ja schon gesagt, dass es auch Halt gibt, wenn man in einer sinnlosen Welt, in seinem eigenen kleinen Leben einen Handlungsstrang auftut. Und so ein Handlungsstrang muss ja nicht zwingend etwas mit diesem Mr.-Big-Thema zu tun haben.« Ich beuge mich auf meinem Stuhl vor und füge hinzu:

»Ich glaube, dass du einen Fehler machst, wenn du meinst, dass jede komplizierte Liebesgeschichte partout scheiße und zum Scheitern verurteilt ist. Das glaub ich einfach nicht. Macht auch keinen Sinn: Warum sollte das so sein? Warum sollte alles immer nach dem Schema eitel Sonnenschein verlaufen? Natürlich spielt in so eine Endlos-Geschichte auch Projektion mit rein, ein bisschen verklärt ist so was wohl auf jeden Fall, hab ich ja schon zugegeben, aber Projektionen gibts am Anfang jeder normalen Beziehung doch auch. Erst der Alltag, nach einem halben Jahr oder so, zeigt doch die abgeschminkte Variante vom fröhlichen Pärchen-Stelldichein.«

Dann hört man mich kurz auflachen und leicht melodramatisch verkünden: »Außerdem: Machen wir in unserem Leben nicht letztlich alles, weil uns langweilig wäre, wenn wir es nicht täten? Weil es eigentlich gar nichts Essenzielles zu tun gibt?« Offensichtlich habe ich tatsächlich ein paar Weißwein zu viel intus.

»Du warst damals einfach verletzt, dass ›er‹ dich abgewiesen hat«, sagt Pauline scheinbar zusammenhangslos: »Das ist einfach nur ein pubertäres Trauma, das du jetzt als halbwegs – na ja – Erwachsene versuchst geradezubiegen. Du wolltest oder du willst dir doch nur beweisen, dass du ihn heute haben könntest. Du willst dein gekränktes Ego wieder aufpäppeln. Wenn du ›ihn‹ je gekriegt hättest, würden wir jetzt nicht darüber reden.«

Ich weiß natürlich, von wem Pauline redet, wen ich nicht gekriegt habe, aber für ihre Thesen habe ich nur ein »Ach Quatsch!« übrig. Mein Blick schweift ab und ich höre mich sagen: »Nein, wirklich. Natürlich gibt es mir einen Ehrgeiz-Kick, wenn ich etwas oder jemanden nicht kriege. Ihr könnt meine Eltern fragen, wenn mir etwas wichtig ist, akzeptiere ich ›Nein‹ als endgültige Antwort nicht.« Ich halte inne und muss grinsen, weil ich Pauline mit dieser Bemerkung eigentlich indirekt bestätigt habe, und spreche weiter: »Aber das ich ›ihn‹ damals nicht bekommen habe, ist wirklich nicht mehr der Grund. Die Macke, die das in mein herrliches Selbstbildnis reingerissen hat, haben andere in all den Jahren längst gekittet. Das hat ganz andere Gründe, warum er mich nie losgelassen hat. Ich meine, ›er‹ ist ja nicht der Einzige, mit dem es nicht geklappt hat, aber der Einzige, bei dem mich das nachhaltig gestört hat. Der Einzige, an den ich auch Jahre später noch Gedanken verschwendet habe. Und klar kann ich nach Erklärungen dafür suchen, ich habe da auch einen bunten Strauß anzubieten, aber ich glaube daran, dass es letztlich auch zu einem großen Teil Zufall und Willkür ist, wo mein Herz hinfällt und kaputtgeht.«

»Was haste denn für einen *bunten Strauß* an Erklärungen, warum die Sache mit ›ihm‹ dich nie losgelassen hat?«, fragt Evi, und *bunten Strauß* betont sie mit einer tieferen Stimme, die mich wohl nachmachen soll. Ich ziehe die Augenbrauen hoch, während ich überlege, und atme laut, als würde das helfen, alle alten Analyse-Ergebnisse zu der Geschichte aus den tiefen Tiefen des Gedächtnisses – schwupps – direkt hinter meine Stirn zu befördern.

»Ich glaub, wenn wir bei Adam und Eva anfangen, dann ist als Erstes wichtig, dass ich mich nicht besonders leicht verliebe. Ich kann dir ...«, ich zähle kurz nach, »... vier Namen nennen von Männern, in die ich wirklich verliebt war, und das von 1997 bis heute. Alles andere dazwischen hat mich nicht wirklich berührt, das waren Schwärmereien oder so. Das schon mal als Ausgangssituation. Hinzu kommt, dass ich, als ich ihn kennengelernt habe – und das ist so ähnlich wie bei Pauline und Boldt –, die Kaulquappe der Version war, die ich jetzt bin. Man ist ja immer irgendwie formbare Masse, aber da war ich halt echt noch sehr weich. Mädchenknete. Und ich hab ja schon erzählt, dass ich echt viele Dates hatte, als Hobby. Damals hab ich blutjunge Mädchenknete immer Oberwasser gehabt. Ich habe aus diesen sämtlichen Treffen nichts mitgenommen. Meine Knetform hat sich nicht verändert. Das war bei ihm anders, er war nicht austauschbar, hat von Anfang an irgendwie einen Eindruck auf mich gemacht. Am Anfang sogar einen ziemlich üblen, aber eben auch einen faszinierend üblen.« Ich lache.

»Jetzt laufen wir zu großer Form auf«, meint Rike und dann sagt sie noch: »Das ist doch das Köstliche an Mädchengesprächen! Gedanken scheinen so wichtig und richtig zu sein und wenn man sie ausspricht, merkt man erst mal, dass man eigentlich einen an der Klatsche hat.«

»Aber das Tröstliche ist ja, dass wir alle einen an der Klatsche haben. Und dass es wohl normal ist, einen an der Klatsche zu haben, solange man es weiß und dazu noch weiß, wie man sich ›unklatschig‹ zu verhalten hat in der Öffentlichkeit da draußen!«, sage ich und nicke bestimmt, als hätte ich etwas Wichtiges gesagt.

»Was war denn *faszinierend übel*?«, fragt Christina mit einer in Wellen gelegten Stirn, ohne auf den Exkurs »Wir spinnen und das mit Fug und Recht« einzugehen.

»Ach, er hat halt eine Menge komischer Dinge erzählt. Sachen, die ich so noch nicht gehört hatte. Politisch Inkorrektes, Absurdes, Provokatives und lauter wirklich eigenartige Aussagen über sich selbst. Ich glaube aber heute, dass er damals vieles einfach nur des Erzählens willen erzählt hat, weil ich ein prima kulleräugiges Publikum war, das – zumindest verbal – nicht besonders viel hinterfragt hat.«

»Was hat er denn gesagt?« »Ach ...«, ich mache eine wegwerfende Geste, »Exzentrisches. Ich sag mal: Ich mag kein warmes oder heißes Wasser. Das habe ich noch nie an meine Haut gelassen und das werde ich auch nicht.« Ich lache und keiner mit mir, also räume ich ein:

»Okay, das hat er nicht gesagt, aber ähnliche Aussagen von diesem Kaliber.« Ich gieße mir noch mal Weißwein ein und erläutere:

»Erst fand ich ihn und seine Show voll ätzend. Auf eine Art. Wirklich. Im Grunde wollte ich mich ja auch gar nicht mit ihm treffen. Dass ich es doch getan habe, war damals alles auf Annas Mist gewachsen. Ich weiß noch ganz genau, wie ich ihr von dem ersten Treffen erzählt habe und ihr die Charts meiner liebsten Aussagen dieses Abends zum Besten gegeben habe, weil ich mich mit ihr darüber lustig machen wollte, aber Anna hat einfach nicht mitgezogen. Sie hat die ganzen Stilblüten der Schwachsinnigkeit schön abgewiegelt und meinte: ›Ach egal, triff dich noch mal mit dem.‹ Und ich habs gemacht. Damals hatte ich wirklich Langeweile.«

»Und wie ist dann diese lange Rosamunde-Pilcher-Story daraus geworden, wenn du ihn doch so ätzend fandest?«

»Ich fands halt unterhaltsam und irgendwie interessant, mich mit ihm zu treffen. Außerdem hatte ich auch das Gefühl, dass hinter der Show und seiner Fassade noch etwas ganz anderes steckt, und – ja! – ich fand ihn auch plötzlich attraktiv.«

»Wie meinst du das ›plötzlich‹?« Rike runzelt die Stirn.

»Dass wir uns überhaupt getroffen haben, ging von ihm aus, ich wollte ihn eigentlich gar nicht treffen, weil er optisch nicht mein Fall war und ich deswegen kein wirkliches Interesse hatte. Anna, die damals dabei war, als ich ihn kennengelernt hab, fand ihn toll und hat mich die ganze Zeit bequatscht. Wie gesagt, ich war Mädchenknete. Ich hab mich von ihr überreden lassen. Ich glaube, sie wollte, dass ich mich mit ihm treffe, weil sie selbst seit hundert Jahren eine Beziehung hatte und Lust darauf, so eine Dating-Geschichte durch mich mitzuerleben. Oder aus Sympathie. Oder warum auch immer sie es wollte, ich habe keine Ahnung. Jedenfalls hat sie mich dazu gebracht, dass ich noch mal auf ihn zugegangen bin, um ihm meine Nummer zu geben, nachdem ich ihn das erste Mal hatte abblitzen lassen. Unabsichtlich, weil ich gar nicht gemerkt hatte, dass das von seiner Seite überhaupt eine Anmache hatte sein sollen. Jedenfalls gabs nach den ersten eher komischen Treffen dann welche, die einfach …«, ich suche kurz nach dem richtigen Wort, »… toll waren. Er hat so in seiner eigenen Welt gelebt und es hat Spaß gemacht, darin einzutauchen. Er hat der Mädchenknete von vielen Dingen erzählt, die sie nicht kannte, was wahrscheinlich auch eine Altersfrage war, denn ›er‹ war damals so alt wie wir heute.«

Ich schüttle den Kopf. Ich weiß noch sehr genau, dass ich mir still und heimlich gedacht hatte, dass er uralt ist, als er mir sagte, dass er 23 Lenze auf dem Buckel habe. Bin ich heute aus der Sicht von 18-Jährigen auch steinalt? Oh Gott. Ich kämme mir eine schwarze Strähne hinter das Ohr und erzähle weiter:

»Na, jedenfalls hat sich die Mädchenknete mit den Sachen, von denen er erzählt hat, also Bücher, Filme, Künstler, Musik, auseinandergesetzt und hat das meiste davon gemocht. Überraschenderweise sehr gemocht. Das war schon bereichernd irgendwie.« Ich halte inne.

»Obwohl ich mich erst mit all diesen Sachen auseinandergesetzt hab, als nach dem ersten Eklat zwischen uns erst mal Funkstille war.« Ich mache eine Geste, die zeigen soll, dass jetzt etwas Pathetisches folgt:

»Ich bin quasi ohne ihn in seine Welt eingetaucht.« Es schüttelt mich. »Wenn ich das Glas hier auch noch austrinke, erzähle ich euch was von glitzernden, sprechenden, blauen Delfinen, äh, die aus dem Wasser auftauchen und wieder eintauchen …«

Christinas Stirn legt sich erneut in Wellen.

»… im Mondschein«, höre ich mich noch ergänzen.

»Wie kams denn zu dem Eklat?« Evi ist am wenigsten im Bilde. »Ach, ich hatte ihm angedeutet, dass ich mir vorstellen könnte, mit ihm zusammen zu sein, und er hat mir daraufhin eröffnet, dass er sich das wohl eher nicht vorstellen könnte. Ich kann euch nicht sagen warum, aber das hat mich damals unverhältnismäßig mitgenommen. Ein halbes Jahr vorher hatte mein damaliger Freund mit mir Schluss gemacht. Klassisch am Telefon. Und nach diesem Telefonat hab ich ungefähr zwölf Sekunden einen Starrblick gehabt. Hab mir nur gedacht: *Okay*. Und bin dann im Kopf durchgegangen, was das für Konsequenzen nach sich zieht, also was ab jetzt wieder anders sein wird in meinem Leben. Das hat nicht lange gedauert, danach hab ich geduscht, hab mich in der Stadt mit einer Freundin getroffen, hab mir noch am selben Tag einen neuen Nebenjob besorgt und keinen Gedanken mehr an die Sache verschwendet. Zack. Nächstes Programm. Einfach umgeschaltet. Wohl bemerkt nach einer Beziehung. Und dann erzählt ›er‹ mir nach fünf, sechs Treffen, dass er sich mit uns beiden nichts vorstellen kann und ich breche in Tränen aus. Bin erst mal zerstört. Völlig irrational.« Ich schüttele den Kopf.

»Kleines Mädchen sitzt mitten in der Nacht in einer gottverlassenen Straße auf einer Bank, neben ihr eine Laterne, und weint einsam vor sich hin. Er hat zwar nicht in unserer Heimatstadt gewohnt, sondern in einer Nachbarstadt, aber trotzdem ist man sich dann und wann über den Weg gelaufen, ich hab ihn aber tunlichst ignoriert. Obwohl er sich dann doch immer mal wieder per SMS gemeldet hat. Fadenscheinig. Hab ich alles nicht verstanden. Warum hat er mir trotzdem noch geschrieben? Das ist auch so ein Aspekt, der süchtig macht: Er ist das ewige Mysterium.« Ich gucke im Raum herum: »Vielleicht liegt das aber auch daran, dass ich die einfachsten, banalsten Erklärungen für sein Verhalten wie ›Er mag dich einfach nur so‹, ›Er hat gerade nichts anderes, ist alkoholisiert und einsam‹, ›Er will mit dir spielen‹, ›Es ist eine super Selbstbestätigung, eine schon ganz schön tolle Frau als Hinterherrenn-Wesen im Schlepptau zu haben‹ oder ›Warmhalten, hinhalten für schlechte Zeiten‹ nie habe gelten lassen. Ich hab immer irgendetwas dahinter vermutet, was ich nicht verstehen kann, irgendetwas, in das ich mich eben gerade nicht reindenken kann, so was Bizarres wie seine anderen verrückten Credos …«

»Was man nicht wahrhaben will, gesteht man sich nicht ein. So ist das nun mal.« Evi macht einen breiten Mund. »Und dann? Wie seid ihr danach wieder in Kontakt gekommen?«

»Irgendwann hab ich feierlich beschlossen, dass ich darüber hinweg bin. Wenn man sich dann zufällig getroffen hat, hat man halt wieder miteinander geredet. Das war auch klassisch: Ich treff ihn voll wie eine Haubitze in einem Club an der Bar sitzend, will eigentlich nur grüßen, drei lockere Sätze wechseln und weitergehen, da fängt er damit an, dass er gerade riesigen Stress mit seiner neuen Freundin hat. Kaum hatte er das ausgesprochen, ging ein Blitz durch meinen Körper und mit einem Knall fiel meine sorgfältig aufgebaute Selbsttäuschung von wegen ›Ich bin ja so was von drüber hinweg‹ in sich zusammen. Danach brizzelte es noch etwas in mir und ich hab nur wie betäubt dagesessen und gedacht: *Lieber Gott, bitte möge ein Greifarm kommen und mich von oben aus dieser Situation heben.* Alter Lachs! Aber ich bin viel zu kumpelhaft, als dass ich sagen würde, dass ich vielleicht nicht unbedingt die beste Ansprechpartnerin für das Thema bin. Obwohl …, ach, keine Ahnung …« Ich trinke das Weinglas in einem Zug leer.

»Später hab ich eine SMS gekriegt, in der stand, dass es ja unglaublich wäre, wie gut ich ihn verstehen würde. Das sind so Momente, in denen kommste dir vor wie eine Comicfigur. Wie in …«, ich schnipse mit dem Finger, weil mir der Name der TV-Serie erst nicht einfällt, dann doch, »… *Berlin, Berlin.* Da gab es immer so tragikomische Comic-Einblendungen wie die, in der Hauptfigur Lolle schön mit einem Partyhütchen auf dem Kopf an einem Tisch sitzt und in so eine Tröte mit Papieraufsatz bläst. Sie macht ein völlig unmotiviertes Gesicht, die Tröte macht einen schiefen Ton und der Papieraufsatz fällt in sich zusammen … Yeah!« Ich muss grinsen, habe *Berlin, Berlin* aber anscheinend als Einzige der anwesenden Damen gesehen. Also erzähle ich weiter: »Tja, und dann hat man sich halt freundschaftlich getroffen. Zumindest von seiner Seite aus.« Ich grinse beschämt: »Und dann kam Lars. Währenddessen hatten wir auch ein bisschen Kontakt, aber nicht viel, und als sich das mit Lars langsam selbst demontiert hat, nahm er auf einmal wie eingefädelt von einer höheren Macht wieder Kontakt auf. Und nach Lars hab ich gedacht, dass ich das mittlerweile wirklich alles verdaut hätte. Ich meine, Lars und ich, das war ja eine richtig reife Geschichte, eine Beziehung wie im Lehrbuch. Ich hab gedacht, meine Antennen für Heckmeck hätte ich bei der Verwandlung von Graupe-Raupe zum Schmetterling in Liebesdingen endlich verloren, aber, na ja, meine emotionale Intelligenz ist wohl eher ein emotionaler Einzeller und liebt es, immer wieder auf die gleiche Herdplatte zu robben, um zu gucken, obs jetzt auch noch wehtut, irgendwann muss die Platte ja aus sein.«

»Oder deine Haut verhornt«, schlägt Pauline vor und ich mache ein gequältes Gesicht.

»Ist die Platte denn jetzt aus?«, fragt Evi ein bisschen schelmisch.

»Mein Glas ist leer. Und die Flasche Wein auch. Soll ich in die Küche gehen und eine neue holen?«, frage ich, als hätte Evi nie etwas gesagt.

»Packst du das alles eigentlich genau so ins Buch?«, fragt Christina plötzlich. »Ich meine, wenn dein Name draufsteht, ist ja jedem klar, dass du das bist …«

»Mmh«, ich überlege kurz, stehe auf, greife nach dem Zettel mit den Fragen und denke laut: »Ach, wir sind doch schon bei Thema acht, so weit liest der sowieso nicht.« Hoffe ich und hole neuen Wein.

9. Reinsteigern & Raussteigern

Kann man sich Gefühle aufzwingen?
Kann man Gefühle wegignorieren?

Ich lese das nächste Thema vor, während ich den Wein entkorke. »Was meint ihr, kann man sich in eine Liebesgeschichte rein- oder raussteigern?«

»Wenn man sich aus Gefühlen raussteigern kann, sollten wir dir bezüglich Mister Herdplatte wohl Bescheid sagen.« Evi grinst mich an, und es ist ein herausforderndes Grinsen. Sie will noch mehr Aussagen aus mir herausprügeln oder eben herausgrinsen.

»Lars ist sich sicher, dass er sich aus Gefühlen raussteigern kann.« Ich gieße den frischen, kühlen Weißwein in die leeren und fast leeren Gläser meiner Freundinnen. »Er meinte, als wir uns damals getrennt haben, aber nicht auseinander gezogen sind, hätte er sich auf all das konzentriert, was er an mir scheiße findet. Meine Launen, meine zeitweilige Einigelung, meine Spleens: dass ich nicht für mich alleine kochen kann, dass ich es hasse, wenn er innerhalb einer halben Stunde öfter als zwei Mal mit irgendeinem Belang in mein Zimmer platzt, meine Unfähigkeit, kurz zu duschen, meine Unfähigkeit, rechtzeitig einkaufen zu gehen. All diese Kleinig- und auch Großigkeiten hat er sich vor Augen geführt, sich drauf konzentriert und mich gezielt gehasst. Mit dem Ergebnis, dass er in den Wochen nach unserer Trennung ständig total überreagiert hat, unfair zu mir war und wir uns im Vier-Minuten-Takt gezofft haben. Aber dafür wohnen wir bis heute zusammen und sind Freunde, und dass wir mal zusammen waren, ist so weit weg wie Silvester von Neujahr ...«

95

Pauline zieht die Augenbrauen hoch. Ich ergänze: »So weit entfernt wie Silvester von Neujahr in ein und demselben Jahr, meine ich.« Paulines Augenbrauen sinken wieder auf ihren angestammten Platz.

»Und du bist dir sicher, dass er gar keine Gefühle mehr für dich hat?«, fragt Christina und es klingt von der Satzmelodie her eher wie »Du willst uns doch jetzt nicht erzählen, dass er keine Gefühle mehr für dich hat?!«

»Klar haben wir Gefühle füreinander: extremes Vertrauen, extreme Geborgenheit. Freundschaftliche Gefühle halt. Den anderen lieb haben ohne jegliche sexuelle Spannung.« Und obwohl ich es so meine, schüttelt es mich in dem Moment, in dem »lieb haben« über meine Lippen kommt: Klang dieser eigentlich sehr nette Umstand schon immer so dämlich oder liegt es an Klingelton-Werbungen mit ihren Hasis, Teddybärchis, Hamsterleinis und Mäusis, die allesamt vom Liebhaben und Knuddeln singen? Haben diese Unarten der Fernsehwerbung »lieb haben« mit ihren unerträglichen Schlumpfenstimmen-Liedchen in dieses Kirmesmilieu gepresst? Waren es die H.d.l.-Abkürzung unter Schulmädchen-Briefen? Oder war »lieb haben« schon immer irgendwie Bussi-Bär-esk ekelig?

»Von deiner Seite glaube ich ja, dass da keine Gefühle mehr sind«, meint Christina, und schon wieder schwingt ein ungesagter Satz in ihrem Gesagten quasi geisterhaft mit: »Aber von seiner Seite aus wohl kaum.«

»Das ist zwar eigentlich nicht Thema, aber ihr solltet aufhören, Lars so darzustellen, als wäre er mir bis Sankt Martin 2080 unwiderruflich verfallen.« Ich schüttle, eine leicht verzweifelte Hilflosigkeit widerspiegelnd, den Kopf.

»Reinsteigern kann man sich auf jeden Fall, aber beim Raussteigern wirds schon schwieriger«, meint Evi auf die Ausgangsfrage zurückkommend. Rike schließt sich an:

»Wenn ich das höre, würd ich auch sagen: Klar kann man sich in etwas reinsteigern, aber ich überlege, ob das wirklich Sinn macht? Ich meine, wozu sollte man sich in Gefühle mit Absicht reinsteigern wollen?« Rike guckt sehr fragend in die Runde.

»Zum Beispiel wenn jemand in dich verliebt ist und du hast eigentlich auch Lust auf eine Beziehung, bist aber noch nicht ganz Feuer und Flamme«, schlägt Evi als Beispiel vor.

»Ach, das klappt doch nicht!« Rike ist sich sicher und hat auch gleich ein Beispiel.

»Hab ich das mit Oliver nicht vorhin schon mal erzählt?« Wir können uns nicht mehr recht entsinnen, deswegen legt Rike los: »Der war jahrzehntelang in mich verknallt, hat das auch immer wieder durchblicken lassen, und obwohl der echt nett war und obendrein auch noch verdammt gut aussah, wollte ich ihn nicht, überhaupt nicht. Dann bin ich aber trotzdem mal mit ihm abgestürzt und am nächsten Morgen lagen wir dann gemeinsam im Bett, und mir wurde durch das, was er sagte, und auf die Art, wie er mich anguckte, klar, dass er dachte, dass er endlich am Ziel seiner Träume sei, dass er den Eimer Gold am Ende des Regenbogens endlich gefunden habe und dass wir jetzt endgültig zusammen wären. Irgendwie hab ich mir damals dann gesagt – jugendlich leichtsinnig –, versuch es doch einfach mal. Es ist ja oft so, dass man erst dann richtige Gefühle für eine Person entwickelt, wenn man schon längst mit ihr zusammen ist. Und ich war einen Monat mit ihm zusammen, zwei Monate, und es ist einfach nichts passiert. Ich hab wirklich versucht, was für ihn zu empfinden, aber das geht eben nicht einfach so. Da war nix, kein zartes Gefühlspflänzchen, das ich hätte gießen können. Dann haben wir uns getrennt, und ich hab letztens von Wenke gehört, dass er immer noch nachfragt: ›Und wie geht es meiner Exfreundin? Ich vermisse sie!‹«

Rike hält kurz inne und fährt in ihrer dreckigsten Tonlage fort:

»Exfreundin?! Obwohl es ungefähr vierhundert Jahre her ist und die Beziehung ungefähr vier Sekunden dauerte?!«

»Ich glaube nicht, dass man sich Gefühle aufzwingen kann. Man kann nur Gefühle, die man sowieso schon hat, stärker machen oder abschwächen. Aber du …«, Pauline zeigt mit einem Marshmellow auf Rike, »… hattest eben gar keine Gefühle für diesen Oliver, deswegen hat es auch nicht funktioniert.«

»Aber ist das nicht auch irgendwie tragisch?«, frage ich, in Gedanken versunken.

»Was ist daran tragisch?«

»Wenn man sich wirklich in Gefühle reinsteigern kann, das, na ja, macht das Theater mit der Liebe doch noch komplizierter. Denn in Phasen, in denen man sich besonders nach Nähe, nach einer Beziehung und nach einem Mann sehnt, sind wir doch doppelt so empfänglich für Zuneigung und weniger kritisch, sehen vielleicht über seine Macken hinweg und steigern uns in seine positiven Eigenschaften hinein, weil wir verliebt sein wollen, um mit ihm zusammenkommen zu können, um nicht alleine zu sein. Wenn es richtige Liebe und eingebildete, forcierte Liebe gibt, wie unterscheidet man zwischen den beiden Sorten, wenn man gerade meint, verliebt zu sein? Woher weiß man, ob die eigenen Gefühle echt sind? Muss man sich selbst die ganze Zeit genau beobachten, um herauszufinden, aus welchen Gründen man was tut und will? Hängt es von der jeweiligen Situation ab, in der wir uns gerade befinden, ob wir uns verlieben oder nicht?« Ich hab das Gefühl, die Antwort auf diese Frage selbst zu kennen, aber es fühlt sich an, als hätte sie sich in den nebligen Tiefen meines Denkapparates verkrochen und als hätte sie auch nicht vor, so schnell wieder aufzutauchen. »Macht euch das keine Angst, dass ihr die größten Gefühle, die ihr je für eine Person empfunden habt, vielleicht nur deswegen hattet, weil ihr euch aus einem momentanen Bedürfnis heraus in sie hineingesteigert habt?«

»Eine Beziehung zeigt dir ja nach ein paar Monaten, wie der Mensch wirklich ist, da dürfte das Bild von ihm, in das man sich hineingesteigert hat, irgendwann nicht mehr mithalten können.«

»Diese Ehen, die nach wenigen Monaten geschieden werden, sind doch genau so was: reingesteigerte Ehen. Jemand möchte in seinem Leben unbedingt heiraten und steigert sich deswegen in seine Gefühle rein, um jemanden lieben zu können, was er letztlich aber gar nicht tut und durch die Steigerei auch nicht erlangen kann. Gefühle sind das Einzige, was man nicht einfach so abgreifen kann, das Unberechenbarste überhaupt. Kleine Mistviecher!« Pauline knüllt die mittlerweile leere Marshmellow-Tüte zusammen, holt aus, sucht mit einem Späh-Blick in meinem Zimmer nach einem Papierkorb, findet keinen und lässt den Wurfarm wieder sinken.

»Aber was ist, wenn man gar nicht erst mit einer Person zusammengekommen ist? Das macht mir viel mehr Angst. Wenn man quasi Gefühle für eine Person hat, die es so gar nicht gibt. Weil man nur die Eigenschaften in den Personen-Lichtkegel lässt, die man dort haben will. Eine Projektion …« Ich beiße mir auf die Unterlippe und rede weiter.

»Ach Quatsch!«, höre ich mich sagen, »jedes Bild, das wir von unseren Mitmenschen haben, spiegelt ja immer die spezielle Art, in der wir diese Menschen sehen, und nicht, wie sie unbedingt sind, oder?« Ich bin mir nicht mehr sicher, ob ich nur noch Unsinn von mir gebe oder altbekanntes Wissen widerkäue wie Kühe ihren Nahrungsbrei.

»Was magst du eigentlich genau an ›ihm‹?«, fragt Pauline mit Forscher-Betonung und dehnt dabei jeden einzelnen Buchstaben des Wortes g e n a u.

»Ach, das ist eine bunte Akkumulation von Erinnerungen, Eigenschaften, Situationen, Bildern, Eindrücken, Gefühlen, sogar Liedern.« Ich grinse, kann natürlich mal wieder nicht weh-

mütig werden, ohne mich selbst dabei hochzunehmen: »Soll ich
dir eine Collage basteln?« (Zumindest versuche ich, mich hochzunehmen.)

»Ja, bastel mir eine, aber nicht mit Pritt-Stift und Bastelschere,
sondern mach es verbal.«

»Ach.« Ich will erst abwinken, doch nicht schon wieder darüber reden, ändere dann aber meine Haltung in nur wenigen
Sekunden.

»Wenn ich bei ihm bin, fühle ich mich wohl. Ich hab dann das
Gefühl, nichts zu verpassen. Ich meine, das Gefühl, was zu verpassen, hat man ja oft. Man glaubt, für den einen Tag, für den
einen Abend mal wieder nicht das Beste rausgeholt zu haben.
Aber man tut auch nichts dagegen, weil man sich denkt: Ach
nee, heute geht ja nicht, weil …, aber es kommen ja auch noch
andere Tage, und dann mache ich das und das …«, setze ich an,
und Rike pflichtet mir bei:

»Oh ja, so dieses Typische: Der Hauptfilm deines Lebens
kommt noch, du bist gerade noch im Trailer, in der Werbepause,
im Vorspann oder in der Stellprobe, aber – man glaubt es nicht –
das Leben ist vor allem immer genau jetzt und nicht später.«
Christina fängt an zu lachen:

»Ja, genau Ladys, was machen wir eigentlich?! Los, lasst uns
rausgehen und was erleben, statt bei Jule und ihren Fragen auf
der Couch zu versauern!« Es folgt eine Christina-typische Salve
»Hahahahas«, aber sie erntet nur milde Grinser und von mir
einen leicht genervten Blick, irgendwie bin ich gerade in einem
anderen Modus.

»Wenn ich bei ihm bin, hab ich das Gefühl, mein Hauptfilm
läuft und ich fühle mich wohl. Aber deswegen achte ich auch
manchmal sehr auf die Handlung. Ich kann mich nicht immer
ganz gehen lassen, weil ich wohl manchmal Angst hab, dass ich
das empfindliche Drehbuch aus Versehen in die falsche Richtung

lenken und alles versauen könnte, deswegen bin ich bei ihm nicht so direkt wie sonst. Das klingt nicht so positiv, aber generell mag ich halt dieses wichtige und auch wohlige Gefühl seiner Gegenwart. Ich mag, wie er sich bewegt, so bedacht, akkurat, ruhig. Ich mag seine Stimme, er hat echt eine verdammt schöne Stimme. Haben wir das vorhin bei dem Thema ›Was brauchen Männer dringend, um attraktiv zu sein?‹ eigentlich erwähnt? Eine schöne Stimme ist wichtig. Eine Kack-Stimme kann alles kaputt machen. Die Stimme ist so ein wichtiges Puzzleteil, das entscheidend dazu beiträgt, wie du einen Charakter wahrnimmst.« Mädchenköpfe nicken.

»Ich mag natürlich auch, *was* er mit der Stimme sagt.« Ich grinse: »Er versteht meinen Humor, kann über meine Witze lachen in den meisten Fällen und mich mit neuen Argumenten, an die ich vorher nicht gedacht hatte, im Gesprächsmatch hinterm Netz hervorholen.« Ich halte inne, bevor ich weiterspreche:

»Das ist es doch, was ein interessantes Gespräch ausmacht, wenn jemand dir neue Aspekte und Sichtweisen aufzeigen kann. Es ist ja so: Bei fast allem, was ich sage, hab ich so Mind-Map-mäßig noch ein paar Ästchen im Kopf, auf denen steht, wie man die Sache alternativ noch sehen oder bewerten könnte. Und wenn jemand das sagt, was man selbst schon im Hinterkopf hat, dann ist es – logisch – nicht so interessant, als wenn gänzlich unbekannte Ideen-Ästchen dazukommen, an die man vorher nicht gedacht hat …«

»Mmh«, kommt von Pauline, und sie meint es wohl gleichzeitig zustimmend als auch nachdenklich.

»Du meinst, er sagt nicht immer nur das Naheliegendste?«, fragt Christina. Ich nicke.

»Er kann stundenlang Schwachsinn erzählen und wirkt dabei so, als würde er hinter allem, was er sagt, unumstößlich stehen, auch wenn er es nächste Woche schon wieder ganz anders erzählt.

Weiß der Teufel, was ich daran mag, aber wenn man jemanden mag, dann entschließt man sich wohl irgendwie, auch die beklopptesten Eigenheiten zu mögen.« Ich gebe etwas von mir, das man wohl als ausatmendes Auflachen bezeichnen könnte:

»Ich weiß auch nicht, was das für ein Produktionsfehler an mir selbst ist, aber ich mag es, dass er diese Eigenheiten hat; ich mag es, dass er exzentrisch ist und ein bisschen einen an der Klatsche hat. Und ich mag auch, dass er intelligent, aber auch faul ist, dass er sich zwar um sein Leben kümmert, aber nicht versessen ehrgeizig ist, ich mag, dass er immer so stark und unumstößlich wirkt, aber hinter seiner Fassade so zerbrechlich und wegpustbar ist. Ich mag sogar, dass er manchmal eine ausgemachte Zicke ist und dass er wegen nix eingeschnappt ist. Weil das dem Charakter, den er eigentlich verkörpern möchte, aber so widerstrebt, gibt er das in der Regel natürlich nicht zu. Er ist ein Nerd, im positiven Sinne. Und das mag ich auch. Nerds sind die besten Menschen«, verkünde ich nicht ohne Theatralik und geh mir durch die Haare, bevor ich weiterrede: »Ich erinnere mich auch gerne an Situationen, die ich mit ihm und durch ihn hatte: absurde, tolle, witzige und auch romantische Situationen. In meinen Augen.«

»Und deine Augen sind blau. Sehr blau.« Pauline hat den Kopf auf der Hand aufgestützt und guckt mich ein bisschen verzweifelt an.

»Was sind das denn für Situationen?«, fragt Evi.

»Irgendwann – keine Ahnung warum mir das jetzt als Erstes einfällt – bin ich mal wieder mit dem Zug unserer Heimatstadt entflohen, um in einer Nachbarstadt schön gepflegt zu shoppen. Es war Frühjahr, noch vor unserem ersten Eklat, und ich hatte ein weißes Stoffkleid an. Ich war übelst bepackt mit tausend Tüten und gerade als ich das letzte Geschäft verlassen hatte, fing es an zu regnen. Da ich aber meinen Zug kriegen musste, hab ich den Regen Regen sein lassen und bin quer durch die Innenstadt zum

Bahnhof gerannt, mit wehenden Tüten. Aber natürlich fährt mir die Kack-Regionalbahn genau vor der Nasenspitze weg. Ich steh also am Gleis, umringt von x Tüten, und alles glotzt mich an. Ich guck an mir runter und klar, bei Regen und weißem Stoffkleid ist passiert, was passieren musste: Mein Kleid klebte durchsichtig an meinem Körper und bot eine fantastische Aussicht auf meine schwarze Unterwäsche.«

»Wet Skirt Contest.« Rike lacht, ich erzähle weiter.

»Kurz bevor meine schlechte Laune sich mit einem Start-schuss einläuten wollte, kommt dieser typische SMS-Piepton aus meinem Tütenberg, ich wurschtel da rum, suche nach meinem Handy und les dann seine Nachricht, irgendwie so was wie: ›Hallo schöne Frau, wollte mich nur mal in Erinnerung rufen‹ oder so. Ich stehe zu diesem Zeitpunkt zwar immer noch klatsch-nass in schönster See-through-Optik mit zig nassen Tüten um mich rum da, aber dafür grinsend. Aus seinem Mund, oder in dem Fall aus seinen Fingern fand ich das schon …«, ich grinse, »… er war ja eher immer sparsam mit schönen Worten. Und ich weiß, was ihr sagen werdet: Nacherzählt klingt es wenig spekta-kulär, wahrscheinlich hat er den Text auch betont over the top gehalten, um einerseits was Nettes zu sagen und sich gleichzeitig vom Geschriebenen zu distanzieren, aber für mich wars halt …«, ich suche das richtige Wort, grinse wieder ein bisschen unsicher, bevor ich weiterrede, »… eine sehr nette Situation. Es war wie in einer Hollywoodkomödie, da fallen Leute auch erst mal in die Suppendosen-Pyramiden, die frecherweise immer mitten im Supermarktgang stehen, um dann in die Augen von George Clooneys bodenständigem Sohn zu gucken.«

»Genau das ist und genau das war auch immer schon dein Problem!« Pauline zeigt mit nacktem Finger auf mich: »Du hast zu viel Fantasie und du denkst dir dein Leben schön. Wie ei-nen Film. Setz dich hin und schreib dir deinen Film. Aber verabschiede dich von dem Gedanken, dass dein Leben so ist. Du bist die Queen des Reinsteigerns, glaub mir!« Pauline guckt mich tadelnd an. Und ich kapiere schon: Sprich über die kleinen Schönheiten des Alltags und sie fallen mit Krach, Krawumm zu Staub in sich zusammen.

»Ihr habt mich nach meinen Erinnerungen gefragt, und das war eine – warum auch immer mir die jetzt als erste eingefallen ist –, in der er im Grunde gar nicht vorkam. Es gibt einen ganzen Berg absurder Situationen: Gemeinsame Videoabende wie der, wo ich mich mit Absicht genau in die Mitte der Couch setze und hoffe, dass er sich zu mir setzen wird, also direkt neben mich, stattdessen lässt er sich fast angeekelt am allerletzten Ende der Couch nieder, und genau so verharrten wir dann auch, vier Stunden und zwei Filme lang.« Ich grinse. »Das passiert dir einfach mit keinem anderen Mann.«

»Wie schade!«, meint Christina sarkastisch, aber ich überhöre sie. »Ein anderes Mal standen wir auf einem Parkplatz, haben uns verabschiedet und ich gehe ein Stück auf ihn zu, lege meinen Kopf schief, gucke ihm in die Augen und er sagt: ›Was legst du deinen Kopf so schief? Was soll das?‹« Ich lache. »In dem Moment war es echt eine Ohrfeige, aber so im Nachhinein: Klassiker. Ich meine, habt ihr mal so schön eine Abfuhr bekommen? Und ich bin mir noch nicht mal hundertpro sicher, ob es wirklich als Abfuhr gemeint war oder ob er es wirklich nicht geschnallt hat, was ich da im Mondschein auf dem Parkplatz wollte. Ihm ist es zuzutrauen.«

»Du hättest Stehgeiger bestellen sollen, vielleicht hätte er es dann gecheckt«, lässt Pauline verlauten, ohne die Miene zu verziehen.

»Freak«, kommt von einer auf ihre Schuhspitzen guckenden Christina und: »Was zum Henker findest du an diesen ganzen Situationen gut?«

»Keine Ahnung. Es sind einfach Klassiker. Absurd. Ich finds herrlich. Bei allen anderen Dates ist man als Frau anfangs ja immer so ein bisschen damit beschäftigt, sich den Tiger vom Leib zu halten. Da kommen Komplimente, Blicke und Gesten und du weißt, das ist alles Teil eines Programms namens ›Ich versuche die Olle gerade mal klarzufahren!‹ Bei ihm war es nie so, angenehm nie so. Eher als hätte er gar keine Ahnung, was er da macht, warum er sich überhaupt mit mir trifft.«

»Ist dir jemals in den Sinn gekommen, dass er einfach überhaupt NICHTS von dir will, und dass er sich ganz anders verhalten würde, wenn er wollen würde?« Ich gucke die Mädchen an, gucke weg und höre meinen Restverstand antworten:

»Natürlich will er nichts von mir, auch wenn er das heute in der Deutlichkeit nicht mehr sagt oder zugibt. Ich glaub auch nicht, dass er, was mich angeht, überhaupt einen Plan hat. Er lebt einfach. Er versteht sich ja ganz gut mit mir, manchmal bin ich unterhaltsam und obendrauf gibt es bei den Treffen ja auch immer eine ganz angenehme Option auf Beischlaf. Warum sollte man ein solches Umsonst-Abo freiwillig abbestellen?« Ich überlege.

»Und ich weiß auch, dass es für mich das Gesündeste wäre, mich einfach nicht mehr zu melden, mich einfach nicht mehr mit ihm zu treffen und auch auf seine Kontaktversuche einfach nicht mehr einzugehen. Ich kann es nur nicht, weil ich ihn einfach auch so mag. Ich bilde mir ja sogar manchmal ein, tatsächlich mit ihm befreundet sein zu können. Aber dafür hab ich einfach zu viel Datenmüll auf meiner Festplatte, als dass ich dieses Programm ernsthaft installieren könnte. Ich mach mir mit all dieser Unverbindlichkeit hübsch was vor. Ich treffe mich mit ihm, vielleicht schlafe ich auch mit ihm, ich habe das Gefühl, eine gute Zeit zu haben, und kaum bin ich aus der Situation raus, ist in mir die universale Leere. Ohne einen bestimmten Grund nennen zu können, ist danach alles, was man so empfinden könnte, wie mit einer Saugglocke aus mir rausgesogen und es kommt eine matte Traurigkeit und der helle Moment, in dem mir aufgeht, dass ich ein absoluter Vollidiot bin. Ich meine, warum mache ich das? Warum suche ich Liebe da, wo ich sie wissentlich auf keinen Fall kriegen kann?«

»Du bist auch ein Freak«, meint Christina, die immer noch auf ihre Schuhe guckt. Ich nicke: »Was diese Sache angeht, wäre da wohl jeder Widerspruch zwecklos. Ja, Gefühle machen aus mir einen Freak. Aber damit bin ich vermutlich nicht einzigartig. Obwohl der Grad meiner Freakigkeit in dieser Sache von außen betrachtet schon enorm ist.« Ich lache, auch wenn es für mich an dieser Stelle eigentlich nichts zu lachen gibt.

Christina guckt von ihren Schuhen hoch und mich milde lächelnd an: »Du wirst dich eines Tages dafür hassen, wenn du das alles so in dein Buch packst«, sagt sie mit fester Stimme und unumstößlicher Gewissheit.

»Ich weiß«, sage ich und zucke mit den Schultern.

»Ich will das Ganze irgendwie verstehen, aber noch kann ich es nicht«, sagt Evi und guckt mich an wie ein seltsames Tier, das sie versucht zu kategorisieren.

Ich atme durch und bemühe mich um mehr Anschauungs-material für die Collage: »Er sagt Dinge oder schreibt Dinge, die ich gerade gedacht hatte; er kommt mit Musik um die Ecke, die keine Sau kennt, die ich aber seit Wochen höre und liebe, weil ich sie beim Stöbern im iTunes-Store zufällig gefunden habe. Es gab Situationen, in denen ich gesagt habe: ›Ich kann das alles mit uns nicht mehr, wenn es für dich nicht mehr ist als nur Freundschaft mit zeitweiligem Rummachen!‹ Und bin dann unter Tränen und mit Trara und Tamtam *Dawsons Creek*-mäßig gegangen und er schreibt mir danach eine seitenlange Mail, in der er mich bittet, dass das jetzt nicht alles gewesen ist. Und ich weiß, ich kann euch dieses Gefühl, das ich bei diesen Sachen habe, die für euch belanglos klingen, nicht vermitteln, egal wie sehr ich es versuche. Es ist halt alles …«, ich lasse den Satz in der Luft hängen, weiß nicht, wie ich ihn beenden soll, und sage dann:

»Wenn er, der sonst so betont nüchtern ist, etwas Nettes macht, dann bedeutet mir das einfach von vornherein mehr als bei jemandem, der ständig die Welt umarmend durch die Gegend läuft. Ich steh halt mehr auf Reserviertheit, weil ich das Gefühl habe, dass es echter ist.«

Ich gucke auf meine Hände in meinem Schoß: »Aber trotzdem macht es mir natürlich auch Angst, wenn ich daran denke, was er antworten würde, wenn ihn jemand fragen würde: *Was bedeutet eigentlich Juleska für dich?* Und er würde antworten: *Ach ja, die ist ganz nett, eine alte Bekannte, sieht auch ganz süß aus, aber mehr ist da nicht, obwohl ich weiß, dass sie auf mich steht, und ich genieß es, es gibt mir ein gutes Gefühl.* Und wenn das seine ehrliche Antwort ist, ist es ja auch in dem Sinne nicht schlimm, weil es dann ja wahrscheinlich auch von seiner Seite aus die Wahrheit ist … Aber was daran so wehtut, ist, dass meine Wahrheit sich so anders anfühlt als seine.«

Ich gucke ein Loch in die Luft. »Wahrscheinlich habe ich dieses intensivere Bild, weil ich mich so in die Sache reingesteigert habe, und das ist doch das Mieseste, wenn du merkst, dass du dich in einer Situation in deinen Gefühlen geirrt hast. Man betrügt sich quasi selbst, ohne es richtig mitzubekommen.« Mir ist ein bisschen schwindelig.

»Ich glaub, dass das gerade ein wichtiger Satz und eine wichtige Einsicht waren.« Pauline legt mir kumpelhaft eine Hand auf die Schulter: »Klar tut das weh einzusehen, dass man die Realität übersteigert wahrgenommen hat, dass man sich so in eine Sache reingesteigert hat, dass man an etwas geglaubt hat, was es eigentlich gar nicht gibt – vielleicht weil man sich nach einer Beziehung sehnt, die so intensiv ist. Aber die Story, die du da hast, Jule, die ist es nicht. Die ist echt nichts. Vielleicht hast du es ja jetzt geschnallt.« Pauline fährt sich mit der Zunge über die Lippen. »Oder zumindest gerade deine Mind-Map zu dem Thema um ein neues Ästchen erweitert!« Sie grinst. Ich nicke und schränke ein:

»Zu dieser Erkenntnis bin ich nicht gerade eben gekommen. Es ist ja nicht so, als wüsste ich das alles nicht. Ich bin ja kein ahnungsloses Opfer. Ich gehe ja freiwillig in den Wald und lass mich vom Jäger anschießen, weil es mich wohl unterhält. Oder so. Aber auch das Spiel wird langweilig. Man darf es nicht überreizen.«

Rike guckt mich aus müden Augen an und meint:

»Du gehst in einen Wald, in dem mehr Gewehre als Bäume sind, und hoffst jedes Mal aufs Neue, doch nicht erschossen zu werden, sondern den Jäger zu erlegen ... Du bist einfach verliebt in schwierige Aufgaben.«

»Alles andere ist für Anfänger!«, sage ich noch so vor mir her, Pauline zieht eine Schnute und zischt irgendwas durch die geschlossene Kauleiste. Ich bin mir nicht hundertprozentig sicher, was sie gesagt hat, tippe aber schwer drauf, dass es mal wieder etwas war wie: »Alles aus Langeweile!«

Und an diesem Punkt haben wir wohl alle zu viel Wein intus. Noch eine letzte Frage, dann werde ich die Damen nach Hause schicken. Wir brauchen frische Köpfe und frische Gedanken.

10. One-Night-Stand

Mal Butter bei die Fische:
Können wir damit wirklich umgehen?

»Einen One-Night-Stand hab ich noch nie gehabt«, lässt Rike verlauten. »Ich schon«, meint Evi. »Ich auch«, gibt Christina zu Protokoll.

»So richtig? Also, du hast einen Fremden in der Disse kennengelernt und nach ein paar Sätzen und ein paar Hüftschwüngen ›Zu mir oder zu dir?‹ gehaucht?« Rike scheint ein bisschen ungläubig.

»Na ja, der Typ hat in einem Laden gearbeitet, in dem ich öfter war. Wenn ich ihn gesehen hab, hab ich mir schon immer gedacht: ›Joa, der ist ja ganz nett.‹ Dann war ich auf einer Privatparty, er war auch da und sah wie gewohnt extrem gut aus. Er spricht mich an, wir haben uns ein bisschen unterhalten und mir wurde währenddessen klar: *Gut, schön bist du ja. Aber viel mehr auch nicht.* Aber dann ging halt trotzdem was.«

Christina grinst wie ein kleines Mädchen, das gerade keck zugibt, dass es die große Sandburg malträtiert hat, als sie weiterspricht:

»Und dann ging auch richtig was. Er hat mich danach noch mal angerufen und meinte: ›Ich hoffe, du hast das nicht falsch verstanden.‹ Er würde keine Beziehung wollen. Und wenn es für mich okay wäre, könnten wir uns gerne noch mal treffen. Ich dachte mir nur so: *Wie gütig von ihm.* Und obwohl ich erst 17 war, hab ich ihm gesagt: ›Junge, wir brauchen uns nicht noch mal zu treffen. Es war, was es war, du hättest auch nicht noch mal anrufen müssen.‹ Fand ich nämlich ganz schön frech, dass er mir unterstellt, dass es mir als Mädchen mit Sicherheit was bedeutet hat und dass ich jetzt mit Sicherheit total in ihn verliebt bin. So ein Quatsch.«

»Typisch. Aber Jules Frage impliziert das ja auch ein bisschen, dass Frauen nicht einfach nur so Sex haben können, ohne gleich an Nest- und Kobelbau zu denken.« Pauline schüttelt den Kopf und Rike plappert los: »Also, ich hatte das nie, dass ich die Männer nicht kannte, mit denen ich geschlafen habe. Ich hatte aber trotzdem schon öfter Spontansex mit irgendwelchen Männern, die ich aber kannte, die ich danach auch wiedergesehen habe, weil es Schulkollegen oder Kumpels oder so waren. Also, klar kann ich damit umgehen, kann sogar noch nachts abhauen …« Rike lacht ihre unverkennbare, niedliche »Ich lache über meine eigene Wirschheit«-Lache. »Sex und Gefühle zu trennen, das geht auf jeden Fall. Ich meine, mit wie vielen Männern hab ich bis jetzt außerhalb meiner Beziehungen geschlafen? Acht oder so?!«

»Du zählst das?« Evi guckt leicht verwirrt.

»Ja, klar. Ich hab das auch irgendwo aufgeschrieben. Nicht weil das so viele sind, sondern damit ich die Namen nicht vergesse.« Rike lacht wieder: »Das klingt hart, oder?«

Christina zuckt mit den Achseln: »Ein oder zwei Namen würde ich mit Sicherheit auch vergessen. Wenn ich jetzt mal so spontan durchzähle, glaube ich, dass acht bei mir auch ungefähr hinkommt.«

»Dann bin ich wohl noch sehr jungfräulich. Aber ich hätte mit Sicherheit eine lange Küssliste!«, sage ich und finds furchtbar mädchenmäßig. Pinkfarbene Tagebücher mit Namenslisten, ein Herzchen daneben: geküsst, zwei Herzchen daneben: gebumst. – Das ist die rührende Poesie, die in Mädchentagebüchern festgehalten wird, das sind die zuckersüßen Geheimnisse, die wohl niemanden interessieren.

Rike überlegt kurz: »Also, ich glaub nicht, dass meine Küssliste so viel länger wäre als meine Sexliste.« Es folgt allgemeines Gelächter. »Wenn schon, denn schon, was?« Pauline trinkt ihr Glas leer. Ich sage: »Obwohl mir letztens aufgefallen ist, dass meine Küssliste, wenn ich denn eine hätte, mittlerweile ganz schön ins Stocken gekommen ist. Ich glaube, ich kann das nicht mehr: einfach so mit jemandem rummachen oder einen One-Night-Stand mit jemandem haben, den ich kaum kenne. Ich bin echt alt und langweilig geworden. Vielleicht ist das ja auch nur eine Phase, ich weiß es nicht. Aber wozu solch bedeutungslosen Kram anfangen? Ich war erst vor Kurzem noch in einer Situation, in der was hätte gehen können, und ich hab mir gedacht: *Ach nee. Warum? Wozu? Ich kenn dich nicht, lass mich in Ruhe.*« Ich überlege:

»Es ist fast schon so, als wäre es mir zu anstrengend, Sex mit jemandem zu haben, den ich nicht kenne. Vor allem weil diese Person mich ja dann nur so kennt, als Kopulier-Tier quasi. Wenn überhaupt, dann will ich irgendwie, dass man mit der kompletten Packung von mir schläft und nicht nur mit meinem Körper. Ist das Quatsch?« Ich entdecke keine Antwort in den Gesichtern meiner Freundinnen, rede aber trotzdem weiter:

»Ich finds auch voll widerlich, wenn man erst mit jemandem schläft, denjenigen dann im Nachhinein kennenlernt und feststellt, dass man ihn jetzt, wo man ihn kennt, unter gar keinen Umständen an seinen heiligen Körpertempel gelassen hätte …«

»Dabei könnte man sich ja gerade in Berlin total austoben. Anonymität total. Nicht so wie zu Hause, wo jeder gleich unken würde …« Christina wackelt ein bisschen mit dem Kopf, was uns wohl den Fortlauf des Satzes ersetzen soll.

»Ach, diese Anonymität ist auch trügerisch. Das hat mein Bruder schon allzu oft festgestellt«, lässt Evi in den Raum fallen.

»Anonymität hin oder her. Wenn man dabei Single ist und viel Sex mit vielen verschiedenen Männern hat, wen störts? Von diesem Ding, dass man deswegen eine Schlampe ist, sollte man ja eigentlich weg sein. Das ist ja mehr so ein Spaßbremsen-Ammen-märchen. Oder eine Weisung, die Männer erfunden haben, die unheimlich gerne eine Jungfrau heiraten würden. Völliger Mist. Darum geht es mir auch gar nicht. Es geht mir nicht darum, was andere über mich denken könnten, sondern einfach um die Tat-sache, dass ich keinen Bock darauf habe. Aber vielleicht liegt es auch daran, dass mich kaum einer umwirft. Und das liegt wahr-scheinlich daran, dass ich mittlerweile viel zu selten weggehe.«

»Du willst doch nur was Besonderes sein, für die, denen du dich hingibst«, unterstellt mir Pauline mit einer schwülstigen Betonung.

»Das Klischee.« Ich zucke mit den Achseln. »Nee, ich will nur für die was Besonderes sein, die für mich etwas Besonderes sind. Ich hatte One-Night-Stands und kein Problem damit. Aber ich kenne eben auch Damen, bei denen das anders ist. Aber vielleicht habe ich mir gerade auch selbst die Antwort darauf gegeben: Dann war den betreffenden Damen der One-Night-Stand-Part-ner eben von vornherein nicht egal.«

»Oder man hat keinen Sex gesucht, sondern Selbstbestäti-gung.« Pauline schiebt die Unterlippe vor.

»Das ist Wahnsinn, wenn man einfach so mit jemandem schläft, der einem nicht egal ist oder von dem man was will, aber für den das Ganze nur ein One-Night-Stand ist. Das würde ich nie machen. Da ist das große Heulen ja schon vorprogrammiert.«

»Man braucht eben ne Menge Selbstbeherrschung«, meint Evi. »Es ist ja schon verlockend, wenigstens mit dem Mann zu schlafen, um überhaupt was vom ersehnten Speck abzubekom-men. Und man hat dabei ja auch die Hoffnung, dass beim Männ-chen möglichst viele Bindungshormone ausgeschüttet werden, die ihn so völlig umnebeln mit Zuneigung, dass er nach dem Akt unserem Charme völlig erlegen ist.«

»Ja, ja. Das ist eine der beliebtesten Fehlannahmen unserer Zeit kurz nach ›Vom Onanieren wird man blind‹ und ›Blumen geht es besser, wenn man ihnen etwas vorsingt‹.« Ich rede, als spräche ich aus Erfahrung.

»Man hats nicht leicht«, grinst Rike.

»Ich finde One-Night-Stands generell überschätzt«, meint Christina. »Klar hat es etwas Aufregendes, wenn man sich nicht kennt, das macht den Sex an sich spannend, und man hat später etwas vermeintlich Spannendes zu erzählen, aber richtig guten Sex hat man doch meistens erst, wenn man schon öfter miteinander geschlafen hat, wenn man ein eingespieltes, aber nicht routiniertes Team ist.«

»Find ich auch. Vor allem weil man beim One-Night-Stand ja auch immer angestrengt damit beschäftigt ist, ein möglichst gutes Bild abzugeben, man hat ja nur die eine Chance und der Typ soll einen ja nachhaltig für eine Bombe im Bett halten.« Rike guckt uns an: »Ne?«

Madame ist mal wieder gewohnt unverblümt und ehrlich. Manch ein Mädchengesicht guckt jetzt etwas betreten oder verlegen, und uns allen fallen viele Argumente gegen diese Ansage ein, aber wir wissen auch, dass uns ein ähnlicher Gedanke doch schon mal beschlichen hat: Wenn man nur eine Chance hat oder am Anfang einer Beziehung steht, dann möchte man Eindruck schinden. Das ist auch des Rätsels Lösung, warum Unterwäsche im Laufe einer Beziehung von super-sexy-winzig auf gemütliche Panty-Größe heranwachsen kann, das ist des Rätsels Lösung, warum passionierte Blow-Jobberinnen oftmals frühzeitig in Rente gehen und auch warum viele Frauen anfänglich total einfach kommen und später eher nicht mehr.

»Find ich Schwachsinn!«, urteilt Pauline. »Was hast du denn davon? Die Tatsache, dass er vielleicht denkt, dass du, Rike, total die Bettgranate bist, ohne dass du es je erfahren wirst? Ich finde, gerade beim One-Night-Stand kann man sich doch total gehen lassen, weil man den anderen nicht kennt und weil es doch piepegal ist, was er denkt. Außerdem ist es doch so: Wenn der Sex gut ist, dann ist er gut. Dann macht man sich währenddessen eh keine Gedanken um die eigene Performance …«

»Ja, aber was ist, wenn der Sex definitiv nicht gut ist? Meiner Erfahrung nach kommt das bei einmaligen Geschichten ja doch öfter vor, und dann will ich nicht, dass er hinterher denkt, dass das alles an mir lag. Auch wenn ich rein theoretisch daran nicht alleine die Schuld gehabt hätte, widerstrebt mir einfach der Gedanke, dass da draußen Männer rumlaufen, die mich für eine Bettniete halten.«

»Ich verstehe, was Rike meint«, kommt es ein bisschen gönnerhaft aus Christinas Richtung. Dann mache ich ein neues Eine-Nacht-Sachen-Fass auf:

»Ich finds immer total verwirrend, wenn das One-Night-Dings extrem zärtlich ist, also wenn Nasen aneinandergerieben werden, wenn sich tief in die Augen geguckt wird oder wenn der andere in den Schlaf gestreichelt wird. Wenn also quasi eine Art Verliebtheit vorgetäuscht wird. Wisst ihr, was ich meine?«

»Wieso?« Christina lacht dreckig: »Was erwartest du denn dann? Dass du erst hart rangenommen wirst, dann rollt man sich zur Seite, sagt ›Danke, Sportsfreund!‹ und Ende?« Christina hört nicht mehr auf zu lachen.

»Na ja, bei Beziehungssex geht es um Liebe, klar dass man dem anderen dabei romantische Blicke zuwirft, ihn an die Nase stubst oder ihm durch sonstige Gesten zeigt: Ich hab dich so gern, ich find dich so toll, es ist gerade so schön bei dir zu sein. Aber wenn man so etwas in einer One-Night-Stand-Situation macht, in der es nur um Sex geht, dann ist das doch voll …, ja was? Merkwürdig? Heuchlerisch? Das ist doch, als würde man etwas vortäuschen, damit man sich nicht komisch fühlt. Oder?«

»Ich glaube, dass man im Hormonrausch auch meint, was man in dem Moment macht«, erklärt Pauline, und:

»Ich glaube nicht, dass man mit Absicht etwas vortäuscht.«

»Ich muss sagen, dass ich schon One-Night-Stand-Geschichten hatte, die pärchenvertrautheitsmäßig zärtlich und andere, die eher kopulierungswild waren. Ich glaube, ob der Sex eher wild oder zart wird, hängt generell davon ab, was ihm und dir gerade fehlt. Ist man an einen Typ geraten, der endlich mal wieder ein bisschen Erbgut in der Gegend verteilen will, oder an einen, der sich schon lange mal wieder danach gesehnt hat, umarmt zu werden? So einfach ist die Kiste.« Rike zuckt mit den Achseln: »Ich bin auch schon mal mit einem One-Night-Stand aneinandergekuschelt eingeschlafen ...«

»Komisch, irgendwie: Man benutzt sich gegenseitig für etwas ...«, will ich gerade ansetzen, doch Pauline deutet mir einen Würgegriff auf Halshöhe an: »Du alte Zweiflerin!« Bevor die neckischen, halbwindigen Mädchenkebbeleien und Attacken ausarten, mache ich das Aufnahmegerät aus. Genug für heute. Wir quatschen noch locker über andere Themen und verabreden uns für den morgigen Tag; andere Zeit, neue Themen und vielleicht auch neue angedeutete Würgegriffopfer ...

11. Wir sind befreundet und wir haben auch was miteinander

Grauzone Halbbeziehung: Warum passiert so was so oft?

Frisch vereint sitzen wir Damen wieder auf meiner Couch und den zwei drumherum stehenden Stühlen, man nippt und trinkt erst mal fruchtigfrisch Orangensaft. Ich lese die neue Frage vor, und gleich fliegen aufgeweckte Rückfragen durch den Raum:

»Du meinst das Modell Freundschaft Plus?«

»Affäre mit Reden?«

»Beziehung ohne Verantwortung?«

Ich sage: »Ich will jetzt gar nicht die Trennlinie ziehen, um festzusetzen, was genau eine ›Halbbeziehung‹ ist, weil ich glaube, dass es sie ziemlich häufig und in den verschiedensten Schattierungen gibt. Ich hatte selbst schon ne Halbbeziehung und ich weiß auch von Damen in diesem Raum, dass sie schon mal so was hatten«, ich halte inne, »oder gerade sogar haben: eine Kiste mit einem Mann, von der andere sagen würden, dass man zusammen ist, weil man sich oft, manchmal sogar täglich sieht, miteinander schläft, auch miteinander spricht, miteinander ausgeht, man auch den Freunden des anderen bekannt ist, man nach ein paar Bier zu viel sogar in der Öffentlichkeit Händchen hält, aber immer schön unterstreicht: *Nee, zusammen sind wir nicht.*« Ich mache eine kurze Pause und erzähle dann:

»Ich bin einmal auf einem Sit-in in das unangenehme Fettnäpfchen getreten, dass ich ein wild rumknutschendes Grauzonen-Paar gefragt habe: ›Und wie lange seid ihr schon zusammen?‹ Von ihr kam Kichern und von ihm die knallharte Ansage, das man nicht zusammen sei, dass man das auch nicht vorhabe, und dann haben sie sich auf der Couch wieder auf- und ineinander verschlungen, sich gestreichelt, geküsst und ganz zärtlich zusammen rumgegluckst. Harter Stiefel eigentlich, aber wie kommt es zu so was? Was sind eure Erfahrungen?« Ich schaue gezielt Evi an, die sich erst vorbehält, nur zu grinsen, doch dann lässt sie uns an ihrem aktuellen Liebesleben teilhaben:

»Ich hab so eine Nicht-Beziehung momentan mit Tom. Wir verstehen uns gut, wir genießen die Zeit, die wir miteinander haben, aber wir möchten uns nicht festlegen, weil es bei uns auch gar nichts bringen würde, schließlich wohnt er in Berlin und ich …«, Evi seufzt, »ihr wisst ja, wo am anderen Ende der Welt ich wohne!« Sie nippt ein bisschen niedlich an ihrem O-Saft. Glauben wir ihr nun, dass sie wirklich glaubt, dass ein ernsthafter Beziehungsversuch nichts bringen würde?

»Aber ihr seht euch doch immer, wenn du hier bist, und ihr telefoniert auch miteinander, oder?«

»Ja, schon.«

»Warum ist es nicht mehr?«

»Ich weiß nicht. Man muss ja nichts überstürzen. So können wir ja auch alles haben, ohne zu sagen, dass man zusammen ist. Man lebt einfach so in den nächsten Tag rein.«

»So etwas wird dann schwierig, wenn eine dritte Person in die Geschichte tappt, oder wenn man mitkriegt, dass sich der Grauzonen-Partner auf Partys auch gerne mit anderen Damen verlustiert. Dann braucht man irgendwann eine bessere Definition, um sich nicht wehzutun. Meist ist es ja so: Je länger so was läuft, desto besser lernt man sich kennen, desto mehr gewöhnt man sich an den anderen, und einer verliebt sich doch sowieso …« Rike rutscht mit dem Stuhl ein Stückchen nach vorne Richtung Couchtisch.

»Genau das ist der Knackpunkt: die Liebe. Genau die fehlt einem, wenn man sich in diese Halbbeziehungen wirft«, meint

Christina. »Die Halbbeziehung verhält sich quasi zur Beziehung wie der One-Night-Stand zu Sex mit Liebe. Es ist die Fast-Food-Variante in einer Zeit, in der man sich nach Nähe sehnt, das Richtige aber nicht gefunden hat.«

»Muss nicht so sein«, meint Pauline. »Ich meine, ich hab das zwar nie als ›Grauzone Halbbeziehung‹ ...«, sie grinst, als sie meinen Ausdruck benutzt, »... definiert. Aber ich glaube schon, dass das mit Jonas und mir am Anfang auch so etwas war. Wir haben uns getroffen, beieinander übernachtet, alles. Das ging auch alles klar, aber diesen letzten Schritt zu gehen, sagen, dass ich jetzt mit ihm zusammen bin, konnte ich nicht. Nicht weil ich keine Gefühle für ihn hatte, sondern weil ich die Gefühle, die ich für ihn hatte, nicht zulassen wollte, mir nicht eingestehen wollte, weil ich einfach keine Beziehung wollte. Weil ich verdammt noch mal Angst hatte, dass wieder jemand daherkommt und in meinem Leben rumwurschtelt und mich aus meinem mühsam wiederhergestellten Gleichgewicht bringt.« Pauline kämmt sich den hellbraunen Pony zur Seite und sagt:

»Meine kleine, neue, mühsam zusammengeklaubte Ordnung nach Boldt. Die wollte ich bewahren. Deswegen habe ich ihn erst auf Herz, Leber, Niere und Galle geprüft, bis ich mich richtig auf ihn einlassen konnte. Und dafür brauchte ich diese Halb-beziehung. Ich musste ihn so oft sehen. Hätten wir uns immer nur wöchentlich gesehen, hätte es ewig gedauert. Vielleicht wäre es auch gar nicht zu einer Beziehung gekommen, weil ich jede Woche wieder bei null hätte anfangen müssen, Vertrauen zu ihm aufzubauen. Ich durfte damals einfach nicht zu viel Zeit zum Nachdenken, zum Zweifeln haben. Ich musste intensiv davon überzeugt werden, dass Jonas es gut meint.« Pauline trinkt einen Schluck, und ich stimme ihr zu.

»Das stimmt schon, nur die, die wir in unser Herz lassen, ha-ben auch die Macht, es zu schlachten.« Ich grinse: »Pauline hatte eine Halbbeziehung aus Angst vor einer Ganzbeziehung, war aber herzmäßig anscheinend zu involviert, als dass sie es einfach ganz hätte lassen können, und bei dir Evi? Hast du auch Angst, es ›ganz‹ zu machen? Oder hat Tom Angst?«

»Ich weiß nicht. Ich brauch jetzt erst mal keine Beziehung, glaube ich, und es fühlt sich jetzt auch noch nicht so an, als müsste ich jetzt unbedingt dieses Siegel drauf machen. Es ist okay so, wie es ist. Obwohl es natürlich schon manchmal komisch ist. Er wohnt ja mit diesen beiden Mädels in einer WG in Mitte, und wenn wir auf seinem Zimmer sind ...«, Evi guckt verschmitzt, »... gehts natürlich heiß her. Kaum verlassen wir sein Zimmer und die anderen Mädels sind da, dann sind wir wieder Tom und Evi, die alten Kumpel. Das ist schon komisch, immer so umzuschalten. Alle Zärtlichkeiten bleiben in seinem Zimmer.« Evi lässt die Augen kreisen: »Ja, es ist ein merkwürdiges Gefühl.«

Ich sage: »Bei mir und Lars war es anfangs ähnlich. Ich wollte auch keine Beziehung mit ihm, ich hab mich einfach so mit ihm getroffen, weil ich ihn mochte, weil ich seine ruhige Art irgendwie angenehm fand. Und außerdem ist es ja so: Wenn du jemanden noch nicht kennst, kannst du stundenlang mit der Person quatschen, Einstellungen, Erlebnisse abfragen ...« Ich grinse bei der Erinnerung und erzähle dann weiter:

»Wir haben einfach mal so aus dem Blauen heraus sechs Stunden miteinander telefoniert, sind wie blöd nachts spazieren gegangen, um Häuserblöcke rum, sind zusammen nach Hamburg gefahren und sind dann irgendwann miteinander im Bett gelandet. Es war mehr als eine Affäre, mehr als eine Art Freundschaft – na ja –, eigentlich war es eine Beziehung. Aber ich wollte ja keine. Ich wollte mich nicht an ihn binden, aber trotzdem wollte ich ihn jeden Tag sehen oder sprechen. Ich wollte seine Nähe, aber unverbindlich. Kein Ahnung wieso. Als hätte man Angst, dass man dann etwas weggibt, was man lieber behalten würde.

Oder als ob man auf etwas Besseres warten würde. Aber er hat mir gutgetan. Ich wusste, so wie er mich sieht, sehe ich mich gerne. Jedes Wort, was ich gesagt habe, hat er sich genau angehört. Wenn er da war, gings mir einfach gut, sonnenscheinig.«

Ich lache kurz und tonlos auf: »Wenn andere dabei waren, haben wir uns so verhalten, als wäre nichts, und dann eines Abends saßen wir im Auto an einem Teich, und er hat mir sein Herz ausgeschüttet. Er hat mir von Problemen erzählt, die er damals an der Backe hatte, und ich hab ihm zugehört, hab ihm Tipps gegeben, hab ihn aufgemuntert, und er war total baff, als wäre es nicht selbstverständlich, dass sich jemand den ganzen Kram einfach so anhören würde.« Ich mache eine Geste mit nach oben gedrehten Handflächen, die sagen soll: Hab ich kein Stück verstanden! Und rede dann weiter:

»Irgendwann meinte er dann: ›Ich würde schon gerne mal sagen können, dass du meine Freundin bist.‹ Und ich darauf so aus Jux: ›Ja, dann sag das doch einfach!‹ So nach dem Motto ›Ist doch egal, dass es nicht so ist‹, aber kaum hatte ich das ausgesprochen, dachte ich mir: *Auweia, Jule, du weißt ja schon, wie das jetzt geklungen hat?* Und dann kam ich aus der Nummer nicht mehr raus. Mir war echt unwohl zumute. Aber was hätte ich machen sollen? Hätte ich allen Ernstes sagen sollen: ›Ups! Wie blöd von mir, das war nur ein Missverständnis?‹« Ich halte einen Moment inne, um dann fortzufahren: »Ja, klar hätte ich das sagen sollen, aber irgendwie hab ich es nicht über die Lippen gekriegt. Er hat mich nach Hause gefahren und ich hab die ganze Fahrt lang über die neue Situation nachgedacht. Ich hab mir gedacht: *Gut, eigentlich ändert sich ja nichts, versuchen wir es mal, wenn es nicht klappt, klappts halt nicht.* Anfangs war ich echt skeptisch, war oft davor zu sagen: Okay, es klappt nicht. Schluss. Aus. Ende. Ich brauche meine Freiheit wieder. Muss Luft schnappen, obwohl ich alle Luft der Welt um mich habe. Aber irgendwann hat sich das Blatt in mir irgendwie gewendet. Plötzlich wollte ich die Beziehung. Das war so dieses Gefühl, dass es einem quasi Angst gemacht hätte, wenn der andere nicht als Teil von einem gesehen wird. Ich hab mich in ihn verliebt, während wir schon längst zusammen waren. Nicht dass vorher rein gar nichts da war, aber irgendwie sind meine Gefühle erst viel später an die Oberfläche gekrochen oder mit der Zeit gewachsen. Komisch eigentlich, oder?«

»Ich hab es damals jedenfalls nicht glauben können, als du plötzlich sagtest, dass du jetzt mit Lars zusammen bist. Ich hatte gedacht, dass das nur ein Zeitvertreib für dich ist.« Rike ist wie gewohnt unverblümt.

»Tja, so kann es gehen.« Ich zucke mit den Achseln, und Pauline, die die ganze Zeit auf irgendetwas rumgekaut hat, meint:

»Wir sind alle ganz schön spießig, glaube ich. Wenn etwas keine Beziehung ist, dann wollen wir es wenigstens Halbbeziehung nennen. Warum? Warum müssen wir immer alles etikettieren? So Altachtundsechziger-, Siebziger-Jahre-freie-Liebe-Kommste-heute-kommste-morgen-Blut fließt wohl gar nicht in unseren Adern, was?«

Christina zuckt mit den Achseln: »Und? Ist das so erstrebenswert? Der Mensch sehnt sich nach Beziehungen, da kann man mir viel von vogelfreier Liebe erzählen, das ist doch alles Quatsch. Die haben damals ihre Besitzansprüche doch auch nur heimlich runtergeschluckt, weil es nicht zu ihrer Idee von der sexuellen Befreiung passte. Dabei tickt der Mensch doch immer gleich.«

»Wenn es so ist, sind wir aus dem Schneider!«, meint Pauline mit hochgezogenen Augenbrauen: »Dann sind wir nicht spießig, sondern nur aufrichtig.«

So ein Glück aber auch.

12. Gemeinsames Klingelschild

Was passiert, wenn man mit ihm zusammenzieht?

Ich gucke gerade vom Zettel auf, nachdem ich das neue Thema verlesen habe, als Rike schon feixt: »Tja, da kannste uns ja gleich mal einweihen, wie du damals auf die Bombenidee gekommen bist, nach zwei Monaten Beziehung mit Lars zusammenzuziehen.« »Ach, so eine krasse Fehlentscheidung war das gar nicht«, verteidige ich meinen Pelz.

»Ich weiß noch, dass ich damals die Hände über dem Kopf zusammengeschlagen habe, als ich gehört habe, was du vorhast.« Rike guckt mich ein bisschen mütterlich-altklug an. Ich rechtfertige mich weiter:

»So falsch war die Entscheidung gar nicht. Wir wären jetzt wahrscheinlich auch nicht mehr zusammen, wenn wir nicht zusammengewohnt hätten. Vielleicht hätte die Beziehung etwas länger gehalten, weil eine Beziehung durch das Zusammenziehen doch beträchtlich altert, aber ansonsten? Was war daran so falsch? Ich wollte nach Berlin gehen. Nach den paar Grauzonen-Halbbeziehungsmonaten war ich frisch mit Lars zusammen. Ich hatte diesen Praktikumsplatz in Berlin, und er wusste nicht, wo es in seinem Leben hingehen sollte, und da klingt Berlin für den geneigten Bewohner einer sehr kleinen Großstadt nun mal nicht so gänzlich unverführerisch. Jedenfalls wenn man genug Flausen im Kopf hat. Während des Praktikums war ich in dieser WG zur Zwischenmiete und hab von morgens bis abends gearbeitet. Wie hätte ich mir in der Zeit eine Wohnung suchen sollen? Ich war total froh, dass Lars mich immer wieder besucht hat und mir angeboten hat, dass er tagsüber nach einer Wohnung für mich suchen würde, weil er ja sowieso nichts zu tun hatte. Und dabei ist ihm aufgefallen, dass er Lust hätte mitzukommen, um ein neues Kapitel in seinem Leben aufzuschlagen und um in Berlin zu studieren. Und irgendwie fanden wir es dann dämlich, nach zwei möglichst nah beieinanderliegenden Wohnungen zu suchen, und haben lieber gesagt: ›Gut, suchen wir eben nach einer gemeinsamen Wohnung.‹ Aber wir hatten uns das damals als WG gedacht, und nicht als endgültige Lösung. Mehr nach dem Motto, wenn es nicht klappt, dann kann ich ja immer noch ausziehen. Hauptsache wir haben erst mal ein Dach über dem Kopf!« Ich grinse:

»Ich hab mir damals nicht vorstellen können, dass das in einer Beziehung nicht geht: erst zusammenziehen und dann auseinanderziehen, aber sich dann immer noch erzählen, dass man sich kein Stück weniger dufte findet. Ist so ein bisschen ähnlich wie bei einer Scheidung, da kannste dann auch nicht sagen: ›Hey Baby, ich möchte wirklich nicht mehr mir dir verheiratet sein, lass uns die Scheidung einreichen, aber eine Beziehung möchte ich trotzdem noch mit dir.‹«

Rike lacht: »Das hab ich dir damals schon gesagt. Aber ich glaube, du warst einfach zu bequem, um das alles selbst in die Hand zu nehmen.«

Evi fügt noch hinzu: »Und es ist nicht so ein Kaltstart, wenn man gemeinsam mit jemandem in eine neue Stadt zieht.«

»Ja, das stimmt auf jeden Fall. Ohne Lars wäre ich vielleicht auch nicht so einfach nach Berlin gegangen. Er war mein Anker in Zeiten von Seenot. Ich hab in diesen Semesterferien damals zwei Praktika hintereinander gemacht, keine Woche freigehabt, bin umgezogen, hab mein Studium verlegt, hatte riesige Zweifel, ob das alles so richtig war mit dem Umzug, aber ich hatte immer jemanden zu Hause, auf den ich mich freuen konnte, jemand

Ruhiges, den Inbegriff von Bodenständigkeit und Wohlfühlen, das hat schon sehr gutgetan. Zusammenwohnen kann sich sehr flauschig und warm anfühlen. Nestig!« Mir laufen die Bilder von damals wie eine schnelle Diashow durch den Kopf, positive Bilder, ein bisschen wie die aus Maggi- und Karamellbonbon-Werbungen:

»Ich kam nach Hause, es gab dampfendes köstliches Essen, ich bekam einen sehnsüchtigen Kuss und dann konnte ich losbrabbeln, erzählen, was ich den ganzen Tag über gemacht habe, mich aufregen, Befürchtungen kundtun, hoffen, bangen, planen, alles. Ich hatte einen aufmerksamen und kompetenten Zuhörer, der mir noch übers Köpfchen gestreichelt hat, wenn ich mal wieder so weit war, dass ich dachte: *Ich kann und schaff das alles nicht!*«

»Ich fände es schon sehr nett, mal mit einem Mann zusammenzuwohnen. Würde ich gerne mal machen. Ich hab mal eine Zeitlang bei Hannes gewohnt, in den Ferien, aber – na ja – so richtig Zusammenwohnen ist es wohl erst, wenn alles unter der zementierten Gewissheit steht: Das gemeinsame Zuhause ist auch dein einziges Zuhause«, überlegt Evi laut, aber Christina ist noch bei dem vorangegangenen Punkt, bei Lars' und meinem Zusammenwohnen:

»Wenn ich wüsste, dass mein Freund nur halb so viel zu tun hat wie ich, dann wäre es mit dem Sex vorbei.«

Damit spielt sie auf eine Sache an, die ich während der Beziehung mit Lars oft zur Mädchengespräche-Klagemauer getragen habe:

Ich war immer unter Strom, wenn nicht für den Job, dann für die Uni, ich hatte immer irgendetwas, und Lars hatte neben seinem Studium, was er nicht allzu ernst nahm, überwiegend Freizeit. Und obwohl dieser Umstand zur Folge hatte, dass zu Hause ein ewig offenes Ohr und ein allabendliches warmes Mahl auf mich warteten, hat mich das gestört. Ganz schön dumm eigentlich, denn wenn man nicht zusammenwohnt, ist es total egal, ob der andere mit Kartoffelchips, 143 Folgen *Seinfeld* und schnöder Nichtstuerei auf dem Bett liegt, während man selbst haareraufend, neurotisch gestresst den Rechner bearbeitet und am Telefon mit Gott und der Welt um Termine streitet, weil man den anderen beim Nichtstun nicht sieht und miterlebt. Aber warum stört es einen, wenn man es sieht?

»Ganz ehrlich, Jule, du bist beschäftigt, kommst Tag für Tag abends nach Hause und siehst, dass er in der Zeit nichts gemacht hat, und willst ihn trotzdem nach Monaten immer noch genauso attraktiv finden. Das ist ein Plan, der danach schreit, nicht aufzugehen, und er ist ja auch nicht aufgegangen. Bei mir würde der Plan auch nicht aufgehen, und genau daran ist eure Beziehung gescheitert, da bin ich mir sicher.« Ich zucke mit den Achseln, so sicher bin ich mir nicht.

»Aber was zum Henker stört einen daran? Steckt da so etwas Ekliges wie Missgunst hinter? Oder findet man das Nichtstun einfach nur deshalb so unattraktiv, wenn man es live mitbekommt, weil Siechtum mit über den Pizzakartons kreisenden Fliegen und Donutskrümeln im Mundwinkel einfach nicht gesellschaftlich akzeptiert ist?«

»Wahrscheinlich ist der Killerfaktor am Zusammenwohnen einfach diese Gewissheit«, meint Rike. »In einer Beziehung mit getrennten Wohnungen ruft man den anderen an und erfährt, was er gerade macht oder gemacht hat, aber man kann sich trotzdem noch Illusionen machen. Man weiß nicht, was er gerade anhat, was er gerade liest, man ist nicht ständig nah beieinander. Man kann Sehnsucht entwickeln, Sehnsucht sich wiederzusehen.

Vielleicht hat man auch abenteuerliche Gedanken, was er noch alles anstellen könnte, während man nicht da ist. Ob das, was man sich vorstellt, und das, was er tatsächlich tut, übereinstimmen, ist nicht wichtig. Wichtig ist nur eines: Man weiß es nicht sicher. Gewissheit kann sich toll anfühlen und Sicherheit vermitteln. Aber Gewissheit und Sicherheit sind nicht unbedingt sexy, vor allem nicht wenn die Gewissheit Fernsehen und Chipskrümel heißt.«

Ich atme als Antwort einfach nur laut aus. Ich weiß es nicht. Man muss doch in der Lage sein, den normalen und auch langweiligen Alltag des anderen sehen zu können und sich trotzdem zu denken: Menschenskinder, das ist mein Freund! Was sind unsere Brunft-Gefühle denn für Glamour-verliebte Mistviecher, wenn sie Chipskrümel nicht akzeptieren? Was wollen wir? Wollen Frauen am Ende gar nicht, dass der Mann zu Hause ist und auf die lieben Kleinen aufpasst? Wollen Frauen das lieber selbst machen, weil sie den Mann sonst unattraktiv finden? Gedanken jagen durch meinen Kopf, aber ich sage nichts. Evi sieht auch nachdenklich aus und meint dann:

»Es ist ja auch so, dass viele sagen, dass sie nicht zusammenziehen, weil man keine Ausweichmöglichkeit hat, wenn man sich streitet. Man kann maximal aus dem Zimmer gehen, aber man begegnet sich zwangsläufig auf dem Flur, im Bad oder eben auch am Kühlschrank beim gemeinsamen Griff nach was Hochprozentigem. Dramatisches Türzuschmeißen und ›Ich gehe!‹-Gebrülle fällt aus. Als ich mit Hannes zusammen war, hatte er zum Schluss schon seine eigene Wohnung, und irgendwie war die irgendwann zu unserem kleinen Reich geworden, aber jeder hatte trotzdem seinen eigenen Schlüssel, sein eigenes Bett und sein eigenes Refugium, wenn mal Sturm war.« Evi kratzt sich unterm Kinn, dabei klappern die beiden eckigen schwarzen Hartplastikarmreifen an ihrem Arm aufeinander: »Wenn ich mal mit jemandem zusammenziehe, dann bräuchte ich auf jeden Fall mein eigenes Zimmer!«

»Das habe ich auch!«, gibt Christina euphorisch kund, und nach ihrer Mitteilung könnte eigentlich gleich ein Signal erklingen wie in einer Quizshow, wenn eine Antwort richtig war. *Pling!!*

»Die Möglichkeit, sich aus dem Weg zu gehen, ist doch echt wichtig, oder?« Evi guckt Christina an, die nur nickt.

»Aber ihr habt doch ein gemeinsames Schlafzimmer!«, wirft Evi dann ein: »Wie macht ihr das mit dem Schlafen, wenn ihr euch vorher mal gestritten habt?«

»Erst mal streiten wir uns nicht so oft, und falls es Streitigkeiten gibt, versucht man, die immer schön vor der heiligen Nachtruhe aus dem Weg zu räumen. Wir haben uns auch schon mal gestritten, während wir im Bett lagen. Und da hab ich meine Decke und mein Kissen genommen und bin ins Wohnzimmer auf die Couch gegangen, das ist nämlich eine ausziehbare Schlafcouch. Aber generell finde ich: Wenn du mit jemandem zusammenziehst, dann ist das in aller Regel eine reife Beziehung und kein postpubertäres Hickhack-Märchen und dann hat man auch keine Lust auf solche Dramen wie nach einem Streit mit Pauken und Trompeten abzuhauen. Wenn wir uns gestritten haben oder mal sauer aufeinander sind und danach in der Wohnung aufeinandertreffen, haben wir beide meist erst diese ernste Miene drauf, aber wenn sich dann unsere Blicke treffen, bröckelt die böse Fassade. Wir reißen noch ein paar halbbissige, halblustige Sprüche und danach ist alles wieder in Ordnung. Es ist ja auch Blödsinn, nach einem Streit ständig den bestrafenden Ritter mit dem runtergeklappten Kommunikationsvisier zu geben.«

Rike nickt die ganze Zeit enthusiastisch mit, während Christina redet, und sagt anschließend: »Ich würde aber trotzdem nicht mit Stefan zusammenziehen. Er würde das auch nicht machen, da haben wir schon mal drüber gesprochen. Warum soll man das jetzt schon machen? Ist ja wie heiraten im Grunde.«

Christina guckt verständnislos und gibt ein ablehnendes »Hä?« von sich, bevor sie weiterredet:

»Ich wohne jetzt seit zwei Jahren mit Robin zusammen und ich hab es in der ganzen Zeit nicht einmal bereut, im Gegenteil. Obwohl ich total Schiss hatte vorher, ehrlich. Ich hab es damals gemacht, weil ich in meiner WG an einem Punkt war, an dem ich es nicht mehr ausgehalten habe. Jeder hatte da sein eigenes Ding, das war ein ständiges Gezeter: ›Wer hat den scheiß Eimer in der Badewanne stehen lassen?‹, ›Wer hat den gottverdammten Kaffee leer gemacht?‹ Ätzend. Aber alleine wohnen wollte ich auch nicht. Was macht man, wenn man mal krank ist und keiner ist da? Oder was macht man hier in Berlin im Russland-Winter, wenn keiner Bock hat, das Haus zu verlassen? Quält man sich morgens zur Uni und abends sitzt man mutterseelenallein in seiner Küche und stochert in seinen Spaghetti herum, oder was?« Christina sieht bei dem Gedanken ans Alleinewohnen wenig begeistert aus:

»Jedenfalls hab ich damals mit Robin darüber gesprochen, und ein paar Tage später rief er mich an und meinte, dass eine Etage über seiner WG jetzt ne Wohnung frei wird und dass die genauso geschnitten ist wie seine damalige WG, dass sie also perfekt sei für zwei, und dann ließ er die Bombe platzen und meinte, dass er mit mir dort hochziehen würde.«

»Man hört oft, dass das Zusammenziehen von ihm ausgeht statt von ihr, stimmts?«, fragt Pauline in die Runde, aber Christina geht nicht drauf ein:

»Ich hatte sofort Schiss, dass wir damit unsere Beziehung aufs Spiel setzen. Ich hatte damals die Storys von Mai und Hendrik gehört, bei denen die gemeinsame Wohnung die Beziehung total eingeschläfert hat und – na gut – bei dir und Lars war das damals noch ganz frisch mit dem Zusammenwohnen, aber trotzdem hatte ich meine Bedenken. Robin war sich aber total sicher, dass wir das machen sollten. Unter einem Dach würde sich überhaupt erst zeigen, ob wir wirklich zusammenpassen oder nicht – und wenn wir uns aufgrund der Wohnung trennen würden, wäre es so oder so irgendwann auseinandergegangen. Er war echt überzeugend, und es hat gutgetan, dass er kein Stück davon ausging, dass wir damit alles in die Verderbnis reiten. Er glaubte sogar eher, dass die Beziehung dadurch noch viel besser werden würde und dass man viel häufiger die Chance hätte, miteinander zu schlafen.«

In der Damenrunde bricht Erheiterung aus. »Das war wahrscheinlich Robins Hauptargument«, geht es uns auf Spruchbändern durch die Köpfe, gefolgt von der unausweichlichen Frage: »Wenn man öfter die Chance hat, miteinander zu schlafen, macht man es dann auch?«

»Jedenfalls hat er mich überzeugt. Ich hätte vorher auch nie gedacht, dass ich mit jemandem so happy sein könnte, dass ich mich zum Zusammenwohnen hinreißen lassen würde, aber ich habs gemacht und voilà: Wir wohnen jetzt über zwei Jahre zusammen und es ist perfekt.« Christina scheint zufrieden mit ihrem flammenden Plädoyer zum Thema »Zusammenziehen rockt!«. Dann wird ihr Blick nachdenklicher:

»Obwohl ich dazu sagen muss, dass das mit Robin was Besonderes ist und ich mit jemand anderem wahrscheinlich nicht zusammengezogen wäre. Ich meine, schon damals, als ich ihn kennengelernt habe, hab ich plötzlich die ganzen alten Verhaltensweisen abgelegt.«

»Was denn für Verhaltensweisen?« Pauline hält ihr Orangensaftglas mit beiden Händen fest, als handele es sich um einen Hände wärmenden Tee, sie wirkt ein bisschen müde heute.

»Ich weiß nicht.« Christina hat einen leichten Starrblick, als sie dann fortfährt: »Vorher hatte ich in allen anderen Beziehungen das Gefühl, das Zepter in der Hand zu halten, vielleicht auch als Selbstschutz. Ich hab damals aber auch selbst gemerkt, dass diese Konstellation mich eher daran gehindert hat, die Beziehung innig zu führen, als dass es mir etwas gebracht hätte. Aber ich

konnte nie was dagegen machen. Bei Robin hab ich alle Gegen-
wehr aber irgendwie ganz automatisch fallen lassen.«

Pauline sieht nicht so aus, als sei sie mit der Antwort vollauf
zufrieden, Christina registriert das und erklärt weiter:

»Ich hatte vorher immer dieses Gefühl: Wenn einer von beiden
Schluss macht, dann bin ich das. Ich hatte immer ein bisschen
Oberwasser. Immer. Und ich weiß, hätte ich mich in einer an-
deren Beziehung zum Zusammenziehen überreden lassen, wäre
es nichts geworden, man braucht eine komplett reife Beziehung.
Man braucht unbedingt das Gefühl, dass man sich total in der
Beziehung fallen lassen kann, dann klappts auch, denke ich.«

Rike grinst: »Das Zepter in der Hand haben …«, wiederholt
sie und meint dann: »Ja, es ist immer schlecht, wenn man jemandem auf der Nase rumtanzen kann, und der andere merkt
es nicht mal.«

»Solche Fragen stelle ich mir nicht mehr, ich liebe Robin einfach mehr als alle anderen vorher.« Christina überlegt kurz und
meint dann: »So ganz stimmt das nicht, dass ich mich sofort in
der Beziehung fallen lassen konnte. Am Anfang hatte ich schon
noch diese Zepter-Momente. Ich weiß noch, wie ich damals Jule
angerufen habe, um ihr zu erzählen, dass ich Robin kennengelernt habe, und ich sag noch zu ihr: ›Der ist nett, aber der wird
jetzt nicht mein nächster Freund. Der ist gar nicht mein Typ.‹«
Christina lacht: »Der ist jetzt nicht mein nächster Freund«, wiederholt sie kopfschüttelnd ihren Satz von damals und überlegt
weiter: »Dabei ist er überhaupt *der* Freund. Meine Mutter hat
damals zu meiner Tante am Telefon gesagt: ›Ich glaub, Robin ist
Christinas große Liebe.‹ Als ich das mitgekriegt habe, hab ich
damals nur gedacht: *Wow, Mama, bleib mal auf dem Teppich, so
ein Quatsch!* Aber mittlerweile …« Sie guckt verschwörerisch in
die Runde:

»Kinder, Eltern haben manchmal doch recht!«

Pauline sieht ein bisschen gelangweilt aus: »Um das alles noch mal zusammenzufassen: Zusammenziehen kann klappen, wenn man als Paar harmoniert. Wenn die Beziehung nicht klappt, merkt man das Nicht-Klappen in einer gemeinsamen Wohnung schneller, als wenn man nicht zusammenwohnt!« Pauline ist fix durchgestiegen.

»Zusammenziehen ist eine Pärchen-Zeitmaschine.« Rike ist sich unumstößlich sicher: »Und ich finde, man sollte die Nicht-Zusammenwohn-Variante genießen, solange es geht, sonst kann man die Beziehung irgendwann nicht mehr steigern. Gerade wenn man plant, mit jemandem für dieses utopische ›immer‹ zusammen zu sein. Weil: Warum muss alles immer so schnell gehen?«

Pauline lenkt ein: »Ach, ich kann das schon verstehen, dass man Lust kriegt zusammenzuwohnen. Ich merk das ja auch bei Jonas und mir. Wir wohnen zwar nicht zusammen, aber man schläft häufig bei dem anderen, und manchmal ist es echt nervig, seinen ganzen Kram von A nach B zu schleppen. Das fängt schon bei Kleinigkeiten an, zum Beispiel möchte man etwas Bestimmtes anziehen, und es dämmert einem: *Mist, das habe ich beim Göttergatten vergessen.* Klingt lapidar, kann aber ätzend sein. Zusammenwohnen ist echt praktischer.«

»Aber der psychologische Effekt, dass man nicht zusammenwohnt, ist wichtig. Und ich finde, dafür kann man die Rumrödelei mit Anziehsachen, Bürste, Lockenstab und so ruhig in Kauf nehmen. Glaub mir, solange wir jung sind und nicht für unsere Singlehaushalte geächtet werden, sollten wir das nutzen. Ich finde, dass so viele tolle Sachen verloren gehen beim Zusammenwohnen. Man verabredet sich zum Beispiel nicht mehr richtig miteinander. Denn man hängt ja sowieso die ganze Zeit aufeinander rum. Damit verliert die geteilte Zeit das Besondere. Oder wenn man mal was Romantisches oder Abenteuerliches zusammen machen möchte, zum Beispiel ausgeflippt essen gehen, macht man sich gemeinsam fertig, geht gemeinsam zum Restaurant und alles, was man sich so erzählen wollte, hat man wahrscheinlich schon beim Haareondulieren vorm gemeinsamen Badezimmerspiegel diskutiert. Der Vorspeisen-Akt einer Verabredung rutscht damit ins Badezimmer. Ein heißes neues Outfit ist keine Überraschung mehr, denn er sieht ja bereits, wie du es anziehst. Wahrscheinlich hat er es vorher schon in den Tüten gesehen, die im Flur standen. Man kriegt kein aufregendes fertiges Produkt, das was Unbekanntes an und in sich hat, zum Treffen geliefert, sondern man ist mit einem Produkt da, dessen Entstehung man von der Initialzündung an miterlebt hat.« Aus mir spricht der nörgelnde Datingfreund: »Ist wie bei der *Sendung mit der Maus*: Wenn du weißt, wie die Birne in die Flasche kommt, ist das Wunder gegessen.«

»Ich kann nachvollziehen, was Juleska meint. Der Alltag im Zusammenleben begünstigt es, dass man Bock kriegt, was Neues zu wollen. Ist wohl ein Risiko in unseren jungen Jahren«, stimmt Rike mir zu.

»Ich werde in naher Zukunft nicht wieder mit jemandem zusammenziehen«, stelle ich klar.

Christina kann das nicht nachvollziehen: »Wenn man nach einem Jahr nicht zusammenwohnen kann, kann man es nach zehn Jahren auch nicht.«

»Richtig«, bekräftige ich sie. »Aber andersrum ist es doch genauso: Wenn ich mit jemandem nach zwei Jahren zusammenziehen kann, kann ich das nach zehn Jahren genauso gut, und man hat dann, nach so einer langen Zeit, noch mal etwas Neues, was man gemeinsam erlebt. Ich bin mir sicher, dass das einer Beziehung nicht schlechttut.«

»Dein Groll gegen das Zusammenwohnen basiert doch nur auf deinen eigenen Zusammenwohn-Erfahrungen mit Lars.«

»Klar basiert meine Meinung auf meinen Erfahrungen. Dabei: Das Zusammenwohnen mit Lars war und ist super. Gott weiß, dass ich mit Sicherheit keine einfache Mitbewohnerin bin, das hat meine alte WG festgestellt, das haben meine Eltern festgestellt und das hat auch Lars festgestellt. Aber trotzdem klappts hervorragend: Es gibt keinen Terz, wenn ich mitten in der Nacht zwei Stunden baden gehe, es gibt keinen Terz, wenn ich wieder mal nichts eingekauft, nichts geputzt und nichts gekocht habe. Auch meine Vorstellungen davon, wie ein Badezimmer oder eine Küche auszusehen haben, konnte ich ausleben ohne Verluste. Weils ihm egal ist. Wir haben Spaß, er respektiert meine Zeiten, in denen ich nicht gestört werden will, wir haben tolle Abende, lange Gespräche über alles und nichts. Kurzum, wir waren und sind ein absolut harmonisches Team. Aber eben zu harmonisch. Aus zwei Lovern sind zwei geschwisterähnliche Klüngelfreunde geworden und das ging durch das Zusammenwohnen einfach extrem schnell. Ich bilde mir ein, dass unsere Beziehung länger gehalten hätte, hätten wir nicht zusammengewohnt. Und ist doch klar, dass ich nach dieser Erfahrung denke, dass es das nächste Mal wieder so laufen könnte. Und ich glaube, dass ich mit dieser Einstellung nichts verlieren kann: Oder glaubst du, deine Beziehung wäre jetzt schlechter, wenn ihr in zwei getrennten Wohnungen wohnen würdet?«

»Ehrlich gesagt, fände ich es komisch. Dass Robin und ich zusammenwohnen, das gehört so. Ich kann mir das gar nicht mehr anders vorstellen, und wie gesagt: Bei dir war es irgendwann nicht mehr aufregend mit Lars und eurer gemeinsamen Wohnung. Aber das lag daran, weil ihr generell als Paar nicht zusammengepasst habt. Klar ist meine Beziehung zu Robin gereift, aber nicht auf Kosten der Leidenschaft, überhaupt nicht.« Christina gestikuliert wild. »Und wenn du mir nicht glaubst, kannste ja unsere Nachbarn fragen«, verkündet sie schließlich mit einer dunklen, ulkigen

Stimme, die die Aussage als Witz, der dennoch ernst gemeint ist, kennzeichnen soll.

Sie guckt mich neckisch und triumphierend an. Ich stoße nur ein »Tse!« aus, werfe einen Blick auf mein Fragenblatt und stelle hocherfreut fest, dass wir jetzt wenigstens bruchlos zum nächsten Thema übergegangen sind.

13. Ist eine lange Beziehung am Ende, wenn man keine Lust mehr hat, mit dem anderen zu schlafen?

Oder ist das normal und es geht immer so?

Nachdem die Frage im Raum steht, gucken fast alle Mädchen-augenpaare auf Rike – außer Paulines. Pauline ist erst verwirrt, weil sie realisiert hat, dass sie die Einzige ist, und guckt schließ-lich auch zu Rike rüber. Dann folgt eine kurze Stille.

»Das ist wohl mein Thema«, gesteht Rike und grinst dabei wie ein Rabaukenjunge, der vor Mama zugibt, dass er total cool, aber auch total blöd mit voller Absicht den Gartenzaun eingetreten hat.

»Und ich kann euch auch gleich gestehen: Stefan hat von ges-tern auf heute bei mir übernachtet, und wir hatten keinen Sex.«

»Kommt vor …«, meint Pauline, die noch nicht weiß, dass dieser eher öde Zustand mittlerweile normal im Beziehungshause Rike & Stefan ist.

»Ich muss dazu sagen, dass ich seit über drei Jahren mit Stefan zusammen bin. Stefan ist 29, dunkelhaarig, sportlich, witzig und eigentlich so mein kompletter Traummann. Er ist die perfekte Kombination aus Unspießigkeit und den Vorteilen von Spießig-keit, genau wie ich es mag.«

»Hä?«

»Also ich meine, er hört HipHop, er skatet, er hat Bock im Leben was zu erleben und er hat eine grüne Einstellung, sag ich mal so, aber trotz allem hat er auch einen extrem guten Job bei einer bekannten deutschen Firma, er verdient gutes Geld, aber würde es nicht für einen Urlaub in Aspen, St. Moritz oder für

Fünf-Sterne-Golfen in Marbella ausgeben, sondern eher für einen Rucksacktrip durch Skandinavien oder eine Reise nach Goa oder ...« Rike hält inne, in der Hoffnung, mit ihren leicht oberflächlichen Beschreibungen das von ihr präferierte Lebensgefühl eingefangen zu haben: »Versteht ihr, was ich meine? Er arbeitet, und das auch erfolgreich, aber das macht nicht sein Leben aus. Wir verstehen uns blendend, er ist meine erste Adresse, an die ich mich mit allem wenden kann, er liebt mich, er würde alles für mich tun, er bringt mich zum Lachen, bringt mich auf neue Ideen, er ist der perfekte Vater für die Kinder, die ich mal haben will, und ich weiß auch, dass ich die Zukunft, die ich mir erträume, mit ihm leben könnte.«

»Das klingt alles nach einem großen, großen ›Aber‹ ...«, kombiniert Pauline.

»Sehr scharfsinnig von dir«, witzelt Christina. »Wo wir jetzt doch beim Thema ›Lange Beziehungen und Sex-Probleme‹ sind.«

»Um es kurz zu machen: Eigentlich sind wir das perfekte Paar. Ich liebe ihn. Das steht gar nicht zur Debatte, das weiß ich einfach.« Rike macht eine Pause und erklärt uns, warum sie das so sicher weiß: »Wenn ich ihn manchmal angucke oder er irgendwas sagt, dann rutscht das aus mir raus: Ich liebe dich. Oder ich sitz nur irgendwo rum und denke an das, was er letztens gesagt oder gemacht hat, und wieder flattern mir dann die drei berühmten Worte in den Kopf. Es ist also ganz sicher nicht so, dass da keine Gefühle mehr sind, aber ...«, Rike hält inne, »ich habe einfach absolut keinen Bock mit ihm zu schlafen.«

»Hast du denn generell Lust auf Sex?«, fragt Pauline, begleitet von Gesten, wie Beckmann sie nicht besser draufhaben könnte.

Rike guckt zur Seite, als wäre sie kurzfristig beschämt: »Ich habe mir in den letzten Monaten gedacht, dass ich vielleicht einfach nicht so der sexuelle Typ bin. Andererseits: Damals bei Sven war ich es schon, wir haben extrem oft miteinander geschlafen.

Und auch dazwischen hatte ich ja die ein oder andere Kurzbezie-
hung oder mal eine Sache für eine Nacht oder so. Ich mag Sex
eigentlich schon.« Rike lacht:

»Wenn ich mich so höre! Was ist das für eine Aussage?! Klar
mag ich Sex. Verdammt, wer mag das nicht. Aber momentan hab
ich einfach keine Lust mehr drauf. Mit ihm wenigstens nicht.
Ich versteh es auch nicht. Wenn ich Stefan sehe, denke ich mir,
dass er ein attraktiver Mann ist. Natürlich sehe ich das. Es gibt
auch Momente, in denen ich ihn noch so richtig bewundere, zum
Beispiel wenn wir uns irgendwo treffen und er kommt um die
Ecke, dann stellt man sich ja manchmal so etwas vor wie: *Wie
wäre es, wenn man die Person nicht kennen würde?*« Rike verliert den Faden. »Ach …«, kommt nur noch, sie guckt auf ihre
Beine, dann wieder hoch:

»Ich hab gestern zum Beispiel gemerkt, dass er versucht hat,
dass es dazu kommt.«

»Und wenn du es einfach machst?«, fragt Evi: »Der Appetit
kommt ja manchmal auch erst, nachdem man schon längst in
den Braten gebissen hat.«

»Es ist ja nicht so, als hätte ich das nicht ab und zu zugelassen.
Sonst kann man so eine Beziehung ja auch nicht aufrecht erhalten. Wenn man monatelang nicht miteinander geschlafen hat,
was ist man denn dann noch? Befreundet? Ist man dann wieder
ein Grundschulpärchen? Zeitmaschine und – zack – zurück, oder
was? Gehen wir jetzt nächsten Freitagnachmittag in die Kinder-
disco und trinken Händchen haltend Fanta?«

»Wie war es denn, wenn du mit ihm geschlafen hast, obwohl
du eigentlich keine Lust hattest?«

»Technisch war das alles einwandfrei, ich hab sowieso nicht so
die Probleme zu kommen. Ich komme jedes Mal. Und Stefan versteht was von dem, was er da macht. Ich meine, ich höre oft Geschichten von Freundinnen, die sagen: ›Ach, wie orientierungslos

der da an mir rumdrückt und -sucht, das bringt überhaupt nix.‹ Dann denk ich mir schon manchmal: *Ich würd euch Stefan ja gerne mal für eine Nacht leihen. Dann merkt ihr mal, was bei der richtigen Tastenkombination so alles mit euch passieren kann.«* Rike lacht.

»Er hat einfachen einen guten Instinkt. Aber trotzdem kann ich den Sex mit ihm nicht mehr genießen. Nicht weil seine Hände, sein Zunge oder sein Geschlechtsorgan ihre Arbeit nicht zufriedenstellend bewältigen, sondern weil ich mich von ihm als Person nicht mehr angetörnt fühle. Es ist wie eine anstrengende Sportart, auf die man keine Lust hat.«

»Ihr seid also im Prinzip beide gut im Reckturnen, aber du turnst nur noch, weil du den Vertrag als regelmäßige Reckturnerin unterschrieben hast. Früher war das anders, da bist du kreischend in die Halle gestürzt, fühltest dich magisch vom Reck angezogen und wolltest es mit deinen mit Sportlerkreide beschmierten Händen unbedingt spüren«, bemühe ich mich um ein alltägliches Bild aus dem alltäglichen Leben, das wieder mal keine meiner Freundinnen nachvollziehen kann, wie ich aus ihren irritierten Blicken lesen kann. Sie gucken mich kopfschüttelnd an, denken sich ihren Teil und lauschen dann wieder Rikes Ausführungen:

»Dieses Wissen im Hinterkopf – *Ich schlafe jetzt nur mit dir, weil es sonst in unserer Beziehung ein offensichtliches Problem gibt* – ist auch so schäbig. Ich schlafe nur mit Stefan, weil ich weiß, dass man das von einem Pärchen erwartet. Die öffentliche Meinung liegt quasi mit im Bett und kuschelt sich schön an meinen Hintern.«

Christina guckt Rike mit Stirnrunzeln an.

»Und ich weiß auch, dass ich mit diesem Problem nicht allein bin. Ich hab von so vielen Mädchen gehört, dass im Bett nix mehr geht: Wenke, Lilli … Die sind seit Jahren mit ihren Freunden zusammen, und seit Monaten wird abends im Bett gelesen.

Ich hab mir eigentlich schon gedacht, dass das vielleicht normal ist. Aber wenn ich dann höre, wie es bei dir ist ...« Rike macht eine Kopfbewegung zu Christina rüber.

»Ach, die lügt doch. Ihr macht es doch auch nur einmal im Monat«, versucht Evi Christina lachend zu unterstellen.

»Von wegen«, verteidigt sich Christina und das nicht ohne Stolz: »Aber ich höre das heute Abend ja auch nicht zum ersten Mal, dass die Lust auf Sex bei vielen Paaren nach einer Weile nachlässt. Ich hab das bei Jule und Lars gehört und ich weiß es von einem anderen Pärchen, das schon lange zusammen ist. Alle unken, dass man irgendwann einfach nicht mehr heiß auf seinen Freund ist. Manche sagen, dass es dafür schon erste Anzeichen nach einem halben Jahr gibt, manche sagen, die ersten Ermüdungserscheinungen traten nach zwei Jahren auf. Egal wann, irgendeine Deadline scheint es wohl immer zu geben. Robin und ich sind jetzt drei Jahre zusammen, das ist nicht wahnsinnig viel, aber immerhin sind wir ungefähr genauso lange zusammen wie Rike und Stefan, und ich kann nicht mehr dazu sagen als: Es ist bisher einfach nicht so. Wenn ich ihn sehe, kommt mir immer noch sofort in den Sinn, dass ich ihn anfassen will, dass ich ihm die Kleider vom Leib reißen will, dass ich allen möglichen Kram mit ihm anstellen will. Mehr kann ich dazu einfach nicht sagen. Ich weiß nicht, was bei uns besser läuft als bei euch. Ich kann nur vermuten, dass Stefan vielleicht doch nicht ganz so richtig für dich ist, wenn die Luft jetzt schon raus ist. Wenn der Geschlechtsverkehr-Ofen einmal aus ist, dann ist er ein für alle Male aus. Ich kann mir beim besten Willen nicht vorstellen, dass ihr das Ding noch mal angeschmissen kriegt und du nächste Woche neben Stefan aufwachst und dir denkst: *Uh la la, was haben wir denn da? Dem fetz ich in nullkommanix mit den Zähnen die Boxershorts vom Leib.*« Christina lehnt sich nach ihrer Rede wieder zurück, und Rike wirkt plötzlich ein bisschen traurig.

»Meinst du wirklich, dass es ausgeschlossen ist, dass es nur eine Phase ist?« Dabei klingt sie, als würde sie selbst nicht daran glauben, dass dieser Zustand vorübergeht. Aber fragen muss sie wohl trotzdem. Um sicherzugehen. Um sich von allen Seiten noch mal die Realitätspeitsche abzuholen.

»Ganz ehrlich, Rike, wenn die Anziehungskraft weg ist, ist sie weg. Und ich finde, man muss sich unter den Umständen überlegen, ob man so noch länger zusammen sein will.« Pauline macht keinen Hehl aus dem, was sie denkt.

»Ich hab in letzter Zeit wirklich öfter darüber nachgedacht, ob ich Schluss machen muss. Schluss machen soll. Aber ist das nicht total beschmiert?« Rike gerät in Rage: »Dass man mit jemandem Schluss macht, den man liebt, mit dem man so viel teilt, der einem so übelst wichtig ist? Ich schieße meinen engsten Vertrauten und – platonisch gesehen – den besten Freund, den ich je hatte, einfach mal so in den Wind, nur weil ich keinen Bock mehr habe, wild und nackt auf ihm rumzurutschen? Mach ich dann nicht eigentlich Schluss, weil ich auf ein gemeinsames Hobby keine Lust mehr habe? Adieu für immer, nur weil ich mit dir nicht mehr reckturnen will?«

»Guter Punkt: Was ist Sex wert?«, frage ich. Es folgt Stille.

»Sex definiert den Unterschied zwischen Freunden und Liebespaaren«, meldet Evi sich auch mal wieder zu Wort.

»Stimmt nicht ganz«, finde ich. »Für Freunde empfindet man ganz anders. Dieses Mehr an Vertrautheit und Zusammengehörigkeit, das ist eben Liebe, die Frage ist nur, ob Sex ein Bestandteil von Liebe oder von Verliebtheit ist.« Ich trinke einen Schluck.

»Ich finde, das ist im Grunde egal«, meint Christina: »Wir sind 22 und 23 Jahre alt. Wenn man jetzt schon in einer Beziehung steckt, die der eines Beamtenpärchens um die sechzig ähnelt, dann ist das einfach Murks, von dem man sich trennen muss. Ganz ehrlich, Leute! Der Patient Beziehung ist tot, aber wir sind es wahrscheinlich noch lange nicht. Also warum jetzt schon solche krassen Kompromisse eingehen, und so etwas wie Sex ausklammern, weil man sich ja so gut versteht??«

»Das hab ich mir auch gesagt, als ich mich von Hannes getrennt habe«, hören wir von Evi. »Damals habe ich auch wie Rike gedacht: Vielleicht bin ich eben nicht der sexuelle Typ. Wir haben ja zum Schluss ein Jahr lang keinen Sex gehabt.«

Evis letzter Satz fällt mit Krach in den Raum und hinterlässt einen Krater.

Evi guckt Rike milde an: »Ich hab mich damals nur deswegen nicht von Hannes getrennt, weil ich Angst hatte, ihn zu verlieren. Weil er der wichtigste Mensch in meinem Leben war, mein Halt.«

»Es ist so witzig und doch so traurig, dass es uns allen dreien schon mal ähnlich gegangen ist. Bei mir und Lars war es genauso. Die Leidenschaft hat ihre Koffer gepackt und ging, und was blieb, war eine Freundschaft. Aber eine krasse. Ich hab für Lars auch nach wie vor andere Gefühle als für euch. Familiärer irgendwie.«

»Tja, und was fangen wir damit jetzt an?«, fragt Pauline.

Ich grinse: »Harmonische Beziehungen zu Partnern, die uns nicht jeden Tag vor ein neues Problem stellen, die keine sozialen Phobien haben, mit denen wir zusammenwohnen und denen wir alles erzählen können, bergen ein Problem: Die Anziehungskraft hat ein Verfallsdatum. Man muss sich anscheinend wie ein Affe von harmonischem Partner zu harmonischem Partner hangeln, und immer dann, wenn die Anziehungskraft aufgebraucht ist, muss man sich weiterhangeln. Zwischendrin findet man mal so einen Power-Partner, bei dem die Anziehungskraft länger hält, so dass man denkt, es sei die große Liebe, und den man heiratet. Da der Anziehungsspeicher irgendwann trotzdem leer ist, lässt man sich als Kind der Wegwerfgesellschaft scheiden und sucht sich eben einen neuen Partner. Wer eher nostalgisch veranlagt ist, bleibt bis zum Ableben mit dem Partner zusammen, weil man diesen ja aufgrund anderer Qualitäten schätzt. Wir sind aber noch ein bisschen zu jung zum Nicht-Weiterhangeln, von daher: Weiterhangeln, Rike!«, fasse ich in meiner schnodderigen Art zusammen und bin erschrocken: Ist das jetzt so etwas wie die Weltformel für die Liebe?

Pauline macht ein irgendwie leeres Gesicht, von meinen blumigen Zusammenfassungen ist mal wieder niemand begeistert. Und während ich so dasitze und uns angucke, dämmert es mir: »Kinder, wisst ihr, was mir da gerade mal auffällt?« Es folgt eine kurze angespannte Pause, dann kommt es über meine Lippen:

»Wir sind das Problem!« Der Groschen ist gefallen.

»Kinder, guckt doch mal: Diese ganzen langen Beziehungen mit beziehungswilligen, lieben, treuen Beste-Freunde-Männern, also wie Hannes, Stefan oder Lars, scheinen immer daran zu scheitern, dass die Frau irgendwann im Wahn der Vertrautheit keinen Bock mehr auf Bettaktivitäten hat und im Partner nur noch ein zwar geliebtes, vertrautes, aber irgendwie auch sexuell langweiliges, geschwisterliches Wesen sieht. Die Männer haben zwar nach all den Jahren auch nicht mehr die Wahnsinns-Begierde auf ihr Weibchen, aber sie sind dennoch immer noch gerne bereit, mit ihnen zu schlafen. Wir Frauen bleiben aber auf lange Sicht anscheinend nur sexuell an jemandem interessiert, der uns Probleme und inneren Aufruhr bereitet. Von diesem schwierigen Exemplar Mann trennt man sich wiederum, weil es aufgrund lebenstechnischer Probleme nicht klappt. Wir sind das Problem!«

Es folgt ein mehrsekündiges Schweigen. Ich bin blitzüberzeugt und fühle mich schuldig für mein eigenes vom Irrsinn getriebenes Geschlecht.

»So ein Blödsinn«, Christina lacht dreckig. »Ich will euch jetzt auch kein unrealistisches Bild von meinem und Robins Sexleben vermitteln. Klar ist das große Unbekannte nach drei Jahren nicht mehr da. Es bleibt ja nicht von alleine spannend, dafür muss man eben was machen!«

»Was denn?« Rike ist hellhörig und auch die anderen Mädchenohren sind gespitzt.

»Ich meine damit nicht, dass man im Bett irgendwas Spektakuläres machen muss. Man muss keine zweite Frau dazu einladen, sich mit Sahne oder Kunstblut bespritzen oder anfangen, die eigenen Eltern so geschickt einzuladen, dass sie einen gut und gerne beim Akt erwischen könnten. Man muss die Beziehung im Alltag einfach spannend halten, das wirkt sich dann auch auf den Sex aus. Das ist ein weitverbreiteter Irrglaube, dass die Liebe sich einfach so über einen drüberstülpt und dann bleibt. Das ist Märchenmist. Man muss sich wirklich Mühe geben.« Christina will weiterreden, aber ich winke hektisch ab:

»Damit sind wir schon beim nächsten Thema. Wartet, ich lese es vor, dann könnt ihr weiterquatschen …«

14. Mit Plan in der Beziehung

Kann man Liebe aktiv am Leben halten?

»Also um es noch mal zu wiederholen«, beginnt Christina, nachdem ich das neue Thema ordnungsbeflissen vorgelesen habe, »Liebe und Leidenschaft von Dauer bedeuten Arbeit!«

»Das glaube ich auch.« Pauline nickt, mit Anerkennung für das, was Christina gesagt hat. »Man muss wach bleiben. Im Alltag und im Bett. Ich finde Küssen total wichtig. Es gibt ja Pärchen, die hören irgendwann auf sich zu küssen, da ist es ja eigentlich klar, wie es bei denen im Bett aussieht. Man muss sich auch nach zehn Jahren immer noch küssen wollen.«

»Habt ihr *Die Kunst des Liebens* von Erich Fromm gelesen?«, fragt Christina plötzlich.

Mädchenköpfe schütteln ihre Zöpfe. Ein einstimmiges Nein.

»Darin gehts genau darum, dass Liebe nichts Passives ist. Lieben ist eine Kunst und ein aktiver Prozess, für den man was tun muss. Mach mal einen Literaturverweis in dein Buch«, weist Christina mich grinsend an, den Zeigefinger nicht unstolz erhoben. »Dann haste gleich noch einen prominenten und angesehenen Verfechter dieser These mit im Boot!«

Rike murmelt irgendetwas und ich verstehe nur den letzten Satz von dem, was sie anscheinend gerade überlegt:

»Große Lust, Stefan zu küssen, habe ich auch nicht mehr.« Keine der Damen scheint sie richtig gehört zu haben.

»Wach bleiben. Liebe als aktiver Prozess. Sich um die Leidenschaft kümmern. – Das klingt alles ganz toll, ist aber kryptischer als manch eine Ikea-Schrankaufbauanleitung!«, stelle ich fest und fordere energisch nach mehr praktischen Hinweisen: »Wie bleibe ich in einer Beziehung wach, damit man als Paar abends auch gerne wach bleibt, um sich liebestoll durch die Laken zu wälzen??«

»Ganz einfach: Augen offen halten. Viele Leute schlafen im Alltag. Die erledigen jeden Tag einfach nur ihre Pflichten, aber sie reflektieren dabei nicht mehr, was sie eigentlich tun. Alles ist nur noch Routine. Man darf sein Leben, und alles, was darin vorkommt, nicht für selbstverständlich nehmen. Man muss sich immer wieder sagen, dass nichts im Leben sicher ist. Und man sollte sich um alles bemühen, was man langfristig halten will.« Pauline trinkt einen Schluck Orangensaft und redet weiter:

»Ich hab letztens dieses Praktikum gemacht, und nach ein paar Wochen konnte ich in dem Job mitschwimmen. Ich hatte raus, wies funktioniert. Wenn ich das jetzt noch die nächsten zehn Jahre gemacht hätte, hätte ich dabei einpennen können. Nicht weil es ein so lässiger Job ist, das meine ich damit nicht. Man kann auch im Stress schlafen. Wach bleiben bedeutet viel mehr zu hinterfragen, ob man den Stress mag, ob man den Job noch mag, oder ob man nicht einfach nur noch so funktioniert. Und in einer Beziehung, gerade wenn man lange zusammen ist, dann vergisst man schnell, was das eigentlich für ein Geschenk ist, dass diese Person überhaupt mit einem zusammen ist.«

»Richtig!« Christina freut sich über Paulines Worte:

»Man muss sich kümmern. Viele finden ja diese anfängliche Verliebtheitsphase toll. Und wenn das so ist, dann muss man sich fragen: Warum war die so toll? Das kann was ganz Einfaches sein. Ich bin zum Beispiel immer total ausgeflippt, wenn das Handy geklingelt hat. Weil es eine Nachricht von Robin hätte sein können. Wenn es tatsächlich eine Nachricht von ihm war, bin ich noch mal ausgeflippt. Auch wenn er bloß was total Alltägliches geschrieben hatte. Ich fand es einfach toll, weil er an mich gedacht hat. Und so mache ich das heute auch noch, ich schreibe ihm eine SMS, wenn ich an ihn denke, ich klebe ihm einen Zettel irgendwohin, wenn ich gehe, bevor er aufsteht, oder ich bring ihm ab und zu was Kleines mit, zum Beispiel etwas, das er in irgendeinem Gespräch mal erwähnt hat.« Christina grinst und erklärt: »Darüber freut man sich doch am meisten, wenn man sich verstanden und beachtet fühlt, eben wenn sich der Partner kleine Details merkt von dem, was jemand einem mal nebensächlich erzählt hat. Und wenn es nur das ist, dass er gerne schwedisches Boston Gurka isst, und beim Abendessen eine Woche später steht es auf dem Tisch.«

Pauline scheint einen Geistesblitz zu haben und fällt Christina ins Wort: »Selbst wenn man sich hundert Mal daran erinnert, dass die Beziehung etwas ganz Tolles ist, ist es irgendwann nicht mehr von alleine aufregend. Man muss sich diese Aufregung irgendwie erhalten.«

»Mit Boston Gurka?«, fragt Rike mit hochgezogenen Augenbrauen. Anscheinend konnte sie immer noch keine praktischen Tipps abgreifen, wie sie ihre Beziehung mit Stefan wieder aufregend machen und wie sie selbst dadurch wieder Lust auf Bett-Artistik mit ihm bekommen könnte.

»Man darf einfach nie auf den Gedanken kommen: *Ich habe ihn sicher.*« Christina räuspert sich.

»Leidenschaft ist Begehren, und begehren kann man nur etwas, das man nicht besitzt.«

»Aber das ist es doch gerade: Wie kann man sich gleichzeitig vertrauen und nahe sein, wenn man sich dem anderen nicht sicher fühlen soll?« Ich will endlich Ergebnisse.

»Aber das habe ich doch gerade erklärt: Du musst dein eigenes Leben führen, nicht zu sehr zu einem Wir werden, aber dennoch in deiner Eigenständigkeit dem Partner immer wieder große Aufmerksamkeit schenken, so wie am Anfang, als es noch nicht sicher war, dass ihr zusammengehört.«

»Nach einem Rettungsplan klingt das alles nicht. Das ist ja alles feine Theorie, aber ich kann doch jetzt nicht ab morgen damit anfangen, mir versuchen einzubilden, dass Stefan mir nicht sicher ist. Natürlich ist er mir momentan sicher. Er liebt mich. Er will eine Zukunft mit mir. Wo soll ich das denn hernehmen, dieses Ungewissheitsgefühl? Das geht doch gar nicht, da muss man sich doch von Anfang an eine Art Theater vorspielen. Titel: *Ich liebe dich, aber vielleicht ja morgen nicht mehr. Ätsch.* Das rätselhafte Wesen, über dessen Leben ich nicht alles weiß, das mich aber heiraten will.«

»Vielleicht werden die Menschen heute zu alt«, mutmaßt Pauline. »Als die Natur Liebe und Begehren erschaffen hat, da tat sie das für Menschen, die höchstens – keine Ahnung – dreißig wurden, und wahrscheinlich ist das Gefühl das gleiche geblieben und kann mit der heutigen Lebenserwartung nicht mehr mithalten.«

»Interessante These«, stimme ich Pauline zu: »Liebe bleibt erhalten, wenn man einfach auf dem Höhepunkt der Beziehung abkratzt. Der andere hat einen nie vergessen, und die Liebe reichte bis über deinen Tod hinaus. Unendlich romantisch.« Ich klatsche in die Hände.

»Ich glaub nicht an euren Plan, dass man Liebe und Begierde aktiv am Leben halten kann.« Rike verschränkt die Arme vor der Brust. »Begierde überkommt einen, die kann man nicht konservieren oder herbeiführen. Das klingt schon total widersinnig. Ich glaube nicht, dass Christina und Robin wirklich was dafür getan haben, dass bei ihnen nach wie vor alles so super läuft. Die haben einfach Glück. Stefan und ich nicht, ich habs ja vorhin schon mal gesagt, ich hab noch nicht mal mehr Lust ihn zu küssen.« Rike wirkt genervt.

»Was?« Christina reißt die Augen auf. »Sorry, aber ich glaube, du solltest einen Schlussstrich drunter ziehen. Deutlicher gehts ja schon gar nicht mehr.«

Rike zuckt mit den Schultern, ihr Gesichtsausdruck wird wieder weicher und dann rutscht ihr der unsägliche Satz wieder über die Lippen: »Und wenn das nur ne Phase ist?« Sie grinst ein bisschen unsicher: »Ja, okay. Ich hab es kapiert. Wahrscheinlich ist es keine.«

»Wahrscheinlich nicht.« Evi nickt.

Und da sitzen wir so klug wie je zuvor.

15. Ohne jeden Plan einfach drauflos

Macht totale Offenheit die Leidenschaft kaputt?

»Und noch ein Thema zum Beziehungskanon«, leite ich ein: »Soll man sich als Paar alles erzählen oder eher nicht?«

»Also, ich würde sagen, es gibt auf jeden Fall Dinge, die man für sich behalten sollte. Zum Beispiel braucht kein neuer Freund zu viele Infos über den Exfreund«, findet Evi.

»Was meinst du denn mit totaler Offenheit? In Bezug auf seine Handlungen oder wie man miteinander redet?« Christina ist unschlüssig.

»Ich meinte beides.«

»Ich finde schon, dass es Tabuthemen gibt. Wie Evi gerade gesagt hat, würde ich Stefan nie ausführlich von meinen Exbeziehungen erzählen. Im Groben weiß er Bescheid, aber Details, zum Beispiel wie sehr ich unter der Sven-Sache gelitten habe oder auch so sexuelle Sachen, die ich mit meinen Exliebschaften gemacht habe, das muss man nicht erzählen. Ich würde ihn aber auch nicht anlügen, wenn er mich direkt fragt. Was es natürlich auch manchmal schwierig macht. Wie letztens zum Beispiel: Stefan und ich haben eine Freundin in ihrer neuen WG besucht und als ich ihren Mitbewohner gesehen habe, habe ich mir gleich gedacht: *Oh Mann, was für eine Schnitte!* Ich hab mich an dem Abend auch ganz nett mit dem unterhalten. Und – ich bin ehrlich – ich wollte ihm auch gefallen. Aber natürlich habe ich nicht richtig mit dem geflirtet, weil Stefan ja direkt neben mir saß. Aber er hat das Ganze – er kennt mich einfach zu gut – natürlich gecheckt und mich später gefragt, ob ich den heiß fände, und da musste ich dann Ja sagen. Solche Momente sind nicht toll, und ich hoffe dann, dass er nicht weiterfragt. Zum Beispiel eine Frage wie: ›Während du neben ihm gesessen hast, hast du dir da vorgestellt, mit ihm zu schlafen?‹ Die wahre Antwort wäre ›Allerdings!‹ gewesen. Aber so was muss man seinem Partner wirklich nicht auf die Nase binden. Man kann zwar nichts dafür, weil Gefühle von selbst kommen, aber es verletzt den anderen unnötig, wenn man von solchen Sachen erzählt. Ganz egal wie locker man offiziell mit dem Thema umgeht.«

»Find ich auch, dass man in solchen Situationen aufpassen sollte, wie offen man ist. Es ist ja natürlich, dass man nicht alle anderen Reize um sich rum ausblenden kann, aber die Beziehung, in der du dich auch über so was mit deinem Partner unterhalten kannst, ohne dass sich jemand auf den Schlips getreten fühlt, die gibts eh nur theoretisch und in einer besseren Welt. Aber es muss beim Thema Offenheit nicht zwingend um andere oder verflossene Männer gehen«, werfe ich in den Raum, und Rike stellt klar:

»Also, natürlich gehe ich vor Stefan auch nicht kacken.« Fünf Mädchen lachen, ohne dass es dafür eigentlich einen Grund gibt.

»Haha! Daran habe ich auch gerade gedacht.« Christina kämmt sich ihren blonden Schopf aus der Stirn:

»Ich bohr mir auch nicht schön genüsslich vor ihm in der Nase rum. Ich finde, so was geht irgendwie nicht. Da muss auf jeden Fall noch so eine Art Respektgrenze bleiben. Auch wenn natürlich ein paar Sachen unvermeidbar werden, wenn man zusammenwohnt. Also ich meine, nachdem ich auf dem Klo war, sprüh ich nicht mit Raumspray durch die Gegend. Mit so was muss man halt leben. Dafür sind wir Menschen.« Christina lacht.

»Es gibt ja Leute, die können ohne Hemmungen voreinander pinkeln«, erzählt Evi in einem Ton, der klingt, als sei das für sie etwas total Verrücktes, das sie mal im Fernsehen gesehen oder bei *Domian* gehört hätte.

»Ja, klar. Warum auch nicht? Was Pinkeln angeht, hab ich da überhaupt keine Hemmungen, ich meine, das riecht ja nicht. Warum sollte man das denn nicht machen? Also das ist doch echt egal.« Rike hat ein durch und durch unverkrampftes Naturell.

»Nee, also das würde ich vor Robin nicht machen.« Christina rümpft ihr rundes Näschen und ich lache:

»Kinder, wo kommen wir hier thematisch hin? So hatte ich mir das nicht gedacht! Aber ich würde es jetzt auch nicht provozieren, in Gesellschaft Wasser zu lassen. Irgendwie gibt es auch Tätigkeiten, bei denen man schön alleine sein sollte!«

»Ach, ihr stellt euch an! Gerade in meiner WG ist das oft so, dass einer in der Badewanne liegt und der andere muss aufs Klo. Was soll man denn dann machen? Warten? Bei den Nachbarn gehen? Den Badenden zwingen, seine Badesession sofort und auf Kommando zu beenden? Ist doch murks!«

»Gehste da auch seelenruhig aufs Klo, wenn dein WG-Mitbewohner in der Badewanne Sex hat?«, fragt Evi und meint ihre Frage wohl selbst nicht ernst und Rike antwortet auch nicht, aber dafür werde ich los:

»Jetzt weiß ich wieder, warum ich einfach nicht der WG-Typ bin.« Ich schüttel den Kopf: »Aber mal abgesehen von Körper-Abfallprodukten: Sagt ihr in einer Beziehung komplett ungefiltert, was ihr denkt, oder habt ihr eine Schranke im Kopf, die rausfiltert, was klug oder diplomatisch ist und was nicht, damit das Gesamtgefüge Beziehung nicht den Bach runtergeht?«

»Ich finde, dass man gerade bei diesen Männer/Frauen-Geschichten aufpassen sollte. Ich war gestern zum Beispiel noch in dieser unangenehmen Lage, als ich nach unserem Mädelsding noch bei Tom war. Ich war total müde, aber er meinte, dass wir uns noch ein Film ansehen könnten. Haben wir dann auch getan, es war ein total romantischer und schöner Film. So weit, so gut, nur hat Tom mir – während der Abspann lief – eröffnet, dass er den Film von Michi, seiner Ex, hat, und dass das immer so deren Film gewesen sei. Da hab ich mir nur gedacht: Glückwunsch, du Hirni. Das war die Information, die ich unbedingt brauchte.«

»Autsch«, zischt Christina.

»Das war total unangebracht. Auf einmal war es nicht mehr ›unsere‹ Situation, sondern es war plötzlich deren alte Situation, schön noch mal aufgebrüht mit dem alten Kaffeefilter.« Evi schüttelt den Kopf.

»Meinetwegen kann man so was ja machen. Auch so Geschichten wie im Urlaub ins gleiche Hotel zu fahren wie mit der Ex, der Mensch ist halt ein Gewohnheitstier, aber dann soll man das wenigstens für sich behalten. Es war plötzlich so, als wäre Michi die ganze Zeit als Geist mit im Raum gewesen und hätte während des Films mit ihren Ketten gerasselt.«

»Man sollte auf jeden Fall vorsichtig sein, das stimmt schon. Aber generell finde ich es wichtig, dass man authentisch ist und eben keine Rolle spielt oder besonders viel versteckt aus Angst, das könnte was kaputt machen. Bei meiner WG-Mitbewohnerin Sarah ist das so, die ist seit einem Jahr mit ihrem Freund zusammen, aber jedes Mal, wenn er da ist, habe ich das Gefühl, dass sie einfach nicht sie selbst ist. Die beiden sind irrsinnig glücklich miteinander und das merkt man auch, aber trotzdem verhält sie sich uns gegenüber immer ganz anders. Sarah kann tierisch launisch sein, aber bei ihrem Freund reißt sie sich irgendwie zusammen. Das mache ich nicht. Ich lasse mich bei Stefan gehen. Ich meine, das ist doch auch der Plan einer erfüllten Beziehung, oder? Dass du so sein kannst, wie du bist. Obwohl es natürlich auch total bescheuert ist, dass der Mensch, der einem am meisten am Herzen liegt, einen dann immer so ungeschminkt und teilweise übellaunig mitbekommt. Aber so ist halt das Leben.« Rike grinst: »Sarah lässt ihren Frust an uns aus, und wenn ihr Schätzchen anrückt, ist sie wieder Strahlemannshausen.«

»Das ist genau der Punkt, Rike.« Ich freue mich und sage: »Je vertrauter man sich ist, desto mehr bekommt man auch die volle Packung ab. Desto weniger gibt man sich Mühe, seine schlechte Laune zu verstecken. Wenn ich Stress gehabt habe, nach Hause gekommen bin und Lars war da, war es oft so, dass ich Hallo gesagt habe, in mein Zimmer gegangen bin, Musik angemacht habe und nichts anderes hören oder sehen wollte. Ich hab mir dabei gedacht, dass er weiß, was im Moment bei mir abgeht, dann muss er das auch verstehen, wenn ich mal niemanden sehen will. Man kann sich ja nicht in den eigenen vier Wänden verhalten, als hätte man noch einen Gast da, um den man sich kümmern muss, zu Hause sollte ja das Nest sein. Die Frage ist nur, ob nicht gerade diese Vertrautheit, diese Ungeschminktheit unserem guten alten Problemfreund Leidenschaft wieder ein Beinchen stellt!«

»Ganz ehrlich, ich find das nicht okay. Klar kann man schlecht drauf sein, aber der andere sollte nicht darunter leiden müssen. Ich finde, das gilt nicht nur für den Freund oder enge Freunde, sondern das gilt auch für die Familie und generell für alle Menschen, mit denen man zu tun hat.« Christina verschränkt die Arme vor der Brust und lehnt sich zurück. Rike guckt Christina kurz an, dann dreht sie sich zu mir und meint:

»Wieso? Dann gerät man halt mal wegen irrationaler Scheiße aneinander. Aber das macht doch dann nicht gleich die Beziehung kaputt?« Anscheinend geht sie auf Christinas Ausführungen gar nicht erst ein. Ich sage darauf:

»In übellaunigen Zeiten kommt es nicht nur einmal, sondern öfter vor, dass man schlecht drauf ist. Machen wir uns nichts vor, es gibt eine Menge Regeln und Vorschläge, wie wir mit anderen Menschen umgehen sollten, damit der tägliche Umgang klappt. Mir ist aufgefallen, dass ich diese zeremoniellen Verhaltensweisen ablege, wenn ich das Gefühl habe, einer Person besonders nahezustehen, also idealerweise meinem Freund. Ich finde es entspannend, weil man dann so sein kann, wie man ist, und dann ist es auch nicht anstrengend, in Gesellschaft zu sein. Deswegen hat man ja auch Phasen, in denen man am liebsten alleine ist, weil der Umgang mit anderen immer irgendwie auch anstrengend ist!« Rike sieht nachdenklich aus, sie weiß wohl nicht so genau, was sie sagen soll, also quatsche ich gleich weiter:

»Mal ein anderes Beispiel: Wenn dir dein Freund ein Geschenk macht, mit dem du nichts anfangen kannst: Sagst du es ihm?«

»Da gab es erst eine einzige Situation. Das tat mir zwar leid, aber ich habe es gesagt. Aber danach haben wir uns getrennt«, sagt Rike trocken.

Christina verfällt in hysterisches Gelächter: »Waaaas?«

»Wegen des Geschenks?« Evi verengt ihre Augen ungläubig zu kleinen Schlitzen.

»Die Situation mit dem Geschenk war nur der Auslöser für die Trennung, aber nicht der Grund. Ich hab einfach etwas geschenkt bekommen, was ich nicht verstanden habe.«

Christina hat sich gerade wieder eingekriegt und fragt leicht schnaufend: »Was war es?« Die Luft im Raum flirrt, wir sind alle mördermäßig gespannt.

»Konzertkarten.« Rike schiebt die Unterlippe vor und nickt, ihre Augen sehen ein bisschen so aus, als hätte sie die Szene von damals noch vor Augen.

»Ja, furchtbar!«, meint Pauline sehr sarkastisch und mit Abneigung in der Stimme. »Unsere Beziehung befand sich in einer tiefen Krise und wir hatten darüber auch schon gesprochen, und dann schenkt er mir Konzertkarten für ein Konzert, das erst ein halbes Jahr später war. Das fand ich unsinnig, weil ich mir dachte, warum schenkt der mir so was, wenn gar nicht klar ist, ob wir dann überhaupt noch zusammen sind? Es waren auch noch Karten für eine Band, die wir beide nicht gehört haben. Das hab ich einfach nicht verstanden. Ich hatte fast das Gefühl, dass er die irgendwie zufällig bei einem Gewinnspiel gewonnen hatte und die dann einfach so, als Geschenk an mich abgeliefert hat. Naja, wir haben uns dann ja eh getrennt, und die Karten hab ich auf ebay versteigert und gut war.« Rike guckt kurz auf ihre rot lackierten Fingernägel, guckt dann wieder auf und meint: »Aber ich finde schon, dass man so etwas sagen kann. Der Mensch muss ja auch die Gelegenheit haben, dich kennenzulernen. Ist zwar traurig, wenn man schon lange zusammen ist und trotzdem was geschenkt bekommt, was einem nicht gefällt, weil man sich fragt, ob der andere einen richtig kennt. Aber gerade dann muss man es dem anderen doch sagen, um ihn darüber aufzuklären, was man denn nun tatsächlich für geschmackvoll hält und was nicht.«

»Ich würde nur was sagen, wenn er mir etwas schenkt, das mir wirklich überhaupt gar nicht gefällt. Keine Ahnung: rosa Handtücher mit Flamingos drauf, da würde ich was sagen.« Ich grinse, habe aber bisher auch noch keine Flamingo-Handtücher bekommen: »Was natürlich auch kritisch ist, sind so Sachen, bei denen es sowieso auffällt, ob sie einem gefallen oder nicht. Also Gegenstände, die man in der Wohnung aufhängen muss, oder bei Schmuck oder Anziehsachen. Da kommt man eh irgendwann in Erklärungsnot, warum der schöne geknüpfte Wandteppich jetzt nicht im Flur hängt oder warum die tolle Armbanduhr nicht an meinem Handgelenk prangt.«

»Eine Freundin von mir, Jessie, ist in solchen Situationen immer sehr herzerfrischend offen. Sie hat mir nach dem Auspacken schon mal ins Gesicht gesagt: ›Was ist das denn? Das ist doch hässlich, das passt doch gar nicht zu mir.‹« Pauline hat einen spitzen Ton drauf. »Offenheit bei Geschenken finde ich kritisch, weil das die Geste, die ein Geschenk ja eigentlich ausmachen sollte, total in Frage stellt.«

»Ach nee, gerade beim Freund oder bei einer engen Freundin kann man schon offen und ehrlich sein. Offenheit ist eigentlich

eh gut, solange sie nicht in eine Handlungsgleichgültigkeit aus-
ufert.« Wir sehen uns fragend an. »Ich meine damit, dass man
sich in einer Beziehung nicht unbedingt gehen lassen muss, in
der Art von ›Ich bin jetzt so offen und rasiere mir die Beine nicht
mehr‹ oder ›Ich dusche nicht mehr, bevor ich zu dir fahre, weil
du kennst mich ja jetzt‹. Nimm mich auch, wenn ich stinke. Natürlich ist es auf der Gegenseite auch absolut fragwürdig, wenn
der Freund sagen würde: ›Ih, nee, heute will ich dich nicht, weil
du Stoppeln an den Beinen hast.‹ Aber so was muss ja trotzdem
nicht einreißen, finde ich. Das passt zu dem, was ihr vorhin gesagt habt: Man darf nicht aufhören, sich zu kümmern.« Rike
reibt sich mit dem Zeigefinger unter der Nase rum und meint
dann: »Wo ich Offenheit immer befürworte, das ist, wenn es um
Gefühle geht. Eigentlich finde ich, dass es keine Grenzen geben
sollte, auch nicht bei den krassesten Schwächen von einem selbst.
Wenn man mit der Person vielleicht eines Tages eine Familie
gründen will, muss man doch genau wissen, mit wem man es zu
tun hat.«

»Und was ist mit dem Sprichwort: Man isst nicht da, wo man
kotzt«, gebe ich zu bedenken und Rike lacht.

»Offenheit ist die Voraussetzung für ein vernünftiges Leben
miteinander, und man muss deswegen ja auch für ihn nicht zu
einem total voraussehbaren und langweiligen offenen Buch werden, in dem er nach Belieben rumblättern kann. Im Gegenteil,
Offenheit kann die Beziehung auch viel interessanter machen,
denn gerade wenn man viel über die andere Person weiß, kann
man besonders gut spielen«, gibt Pauline uns ihre Antwort.

»Wie meinst du das?« Evi macht große, fragende Augen.

»Piesacken, piksen, den anderen ärgern, weil man weiß, wo
es wehtut, zum Beispiel. Mache ich bei Jonas oft. Ich mache
ihn auch ganz gerne mal wütend. Weiß der Geier wieso, aber
ab und an hat man ja auch Lust drauf, den anderen zu zergen.

Ein kleines Machtspielchen spielen. Und außerdem«, Pauline räuspert sich, bevor sie weiterspricht, »kein Mensch ist ein Vier-Seiten-Aufsatz. Keiner kann genau sagen, wie sich der andere in bestimmten Situationen verhalten wird, ganz egal wie offen man miteinander ist, auch nach Tag 2080 kann man immer noch Überraschungen erleben.« Rike kratzt sich am Hinterkopf und Pauline überlegt weiter:

»Aber ich finde natürlich auch, dass Jule mit diesem ›Man isst nicht, wo man kotzt‹ auch ein bisschen recht hat. Man kann einem Mann nicht erst über seine Komplexe sein Herz ausschütten und zwei Minuten später *After Dark* auflegen und den Vamp geben.« Pauline zwinkert: »Ihr wisst schon. Das geht alles nur bis zu einem gewissen Grad, da muss man aufpassen.«

»Solange man sich begehrt, sehe ich das Problem eigentlich nicht, denn wenn ich Lust habe, dann gerate ich in einen Rausch, dann vergesse ich alles, was gesagt und getan wurde. Das ist es ja gerade, was guten Sex ausmacht ...«, überlegt Rike laut und wünscht sich offensichtlich, mal wieder in diesen Rauschzustand zu kommen.

»Aber wahrscheinlich stellt sich dieser Rauschzustand einfach nicht mehr ein, wenn man sich zu sehr vor dem anderen entblättert hat«, gibt Evi zu bedenken. Wir sitzen da mit Fragezeichen über den Köpfen. Christina, immer noch mit verschränkten Armen, meint: »Da habt ihrs. Natürlich kann man in einer Beziehung offen sein, soll man auch. Das heißt aber nicht, dass man sich komplett gehen lassen kann. Gerade in einer Beziehung muss man sich Gedanken über das machen, was man sagt, gerade in der Beziehung muss man auch mal höflich sein.« Sie sieht ein bisschen so aus, als hätte sie uns allen was voraus mit ihrer eher zugeknöpften Beziehungspolitik. Hat sie? Oder hat sie nicht?

16. Männer und ihr PorNonsense

Und was halten wir davon?

Nachdem ich das Thema an die vier Frauen gebracht habe, frage ich: »Soll ich uns jetzt 'n Weinchen holen?« Es folgt Nicken, und ich husche schnell in die Küche, um mit einer gut gekühlten Flasche schicksten Discounter-Weines und fünf Gläsern zurückzukommen. Rike blickt verträumt auf ihr Glas, während ich einschenke, lässt dann aber verlauten:

»Ganz ehrlich, Pornos sind mir total egal. Soll er doch so viele Pornos gucken, wie er will.« Und mit »er« meint sie wohl sowohl den aktuellen Mann an ihrer Seite als auch generell den Mann an sich.

Evi wiegt den Kopf hin und her: »Klar, jede von uns hat wahrscheinlich schon mal einen Porno gesehen. Aber es ist noch gar nicht so lange her, da war ich hier in Berlin auf so einer Porno-Elektroparty, und es war nach einer Weile irgendwie bedrückend. Überall waren Bildschirme und Leinwände und überall liefen Pornos. Egal wo du hingeguckt hast. Überall waren sie am Kopulieren, überall waren rosige Geschlechtsteile en détail und nach einer Weile war das echt zu krass. Sowohl männliche als auch weibliche Reaktionen waren nach dem Motto: Geht nicht klar! Das ist echt ne Nummer zu viel.«

»Ich muss ehrlich sagen, dass ich damit überhaupt gar kein Problem hab. Warum auch? Eine Freundin von mir hat mich sogar letztens noch gefragt: ›Ey Rike, haste nicht Bock, mit mir einen Porno zu gucken?‹« Rike macht einen Gesichtsausdruck, der sagen soll: »Hä?«

»Ich meinte dann zu ihr: ›Äh, danke, Lilli. Aber ich guck mir mit dir keinen Porno an! Warum soll ich das mit dir zusammen machen?‹ Wenn ich das schon mache, dann alleine. Ich verstehe den Plan nicht, so einen Film in Gemeinschaft zu gucken. Denn man kann sich dem ja nicht entziehen, dass das sehr wohl erregend ist, was da gezeigt wird. Und wenn ich dann beim Zusehen glasige Augen kriege, will ich doch keine Freundin neben mir auf der Couch haben.« Rike lacht:

»Das ist so ein Teenagerverhalten: sich mit 14 heimlich mit der Clique bei XY zu Hause treffen, die Kassette reinschieben, kiffen und sich dabei wahnsinnig witzig und vor allem wahnsinnig krass vorkommen.«

»Gerüchten zufolge machen Männer so was auch heute noch. *Hiermit lade ich feierlich zu Fleischbeschau im beschaulichen Rudel!*«, zitiere ich eine imaginäre Einladung.

»Die Intention versteh ich nicht.« Rike schüttelt den Kopf beugt sich zu ihrem Weinglas nach vorne, nimmt es auf elegante Art und Weise in die Hand und trinkt dann genießerisch.

»Ganz ehrlich, Kinder, ich würde mir keinen Porno reinziehen, weder in Gesellschaft noch alleine.« Christina macht ein Gesicht, als hätte sie gesagt: »Spinnt ihr? Ich esse doch keine Küchenschaben auf Toast! Igitt!«

»Du warst noch nie auf youPorn.com?« Rike wirkt ein bisschen ungläubig, stellt ihr Glas wieder auf den Tisch, während Christina gleichgültig mit den Achseln zuckt.

»Wenn ein Typ lange keine Olle mehr in ihrer nackten und natürlichen Schönheit bewundern durfte und sich dann so was reinzieht, soll er das halt machen. Das ist mir so weit egal. Aber dass Rike sagt, es ist ihr auch egal, wenn ihr Freund Pornos guckt, das kann ich nicht nachvollziehen. Da muss ich ganz ehrlich sagen: Läuft nicht, Freundchen! Ich hab mit Robin darüber gesprochen und ich hatte nicht das Gefühl, dass er meine Einstellung besonders altmodisch findet oder so. Denn was mir daran nicht passt, ist ganz einfach die Tatsache, dass er sich sexuell aufheizt ohne mich. Eine Erregung, die nichts mit mir zu tun hat, sondern mit anderen Frauen, und das kann ich einfach nicht haben. Da würde ich echt fuchsig, wenn ich das mitbekommen würde.«

»Ja, aber wieso? Wenn er sich selbst befriedigt, haste es doch auch nicht schriftlich, dass er dabei an dich und eure ›Best of‹-Momente denkt. Ist doch gar nicht schlimm, denn in seinem Kopf ist und bleibt man eh immer alleine.« Pauline ist es – ganz platt gesagt – offensichtlich Latte, wovon ihr Freund eine Latte bekommt: »Und das ist doch auch gut so. *Die Gedanken sind frei …*«

»Ja, aber Selbstbefriedigung findet im Kopf statt. Abgesehen davon, dass er sich bestimmt nicht selbst befriedigt, weil er das gar nicht nötig hat«, Christina grinst verschmitzt, »ist das was Irreales. Aber die Frauen in Pornos, die sind real, die gibt es. Und ich will einfach nicht, dass er sich andere nackte Frauen anguckt und sich denkt: ›Rrrr, die würd ich gern …‹ Und da ist es mir egal, ob er die auf dem Bildschirm oder in der realen Welt sieht.«

»Aber das kann man doch gar nicht verhindern!« Pauline ist ein bisschen aufgebracht: »Vielleicht kriegst du nur den neuen H&M-Katalog nach Hause, und er sieht die Wäscheseiten, oder er sieht im Fernsehen eine Dame vom Typ Scarlett Johansson, wie sie sich lustvoll in der Schwarzweiß-Parfumwerbung räkelt, oder ein sehr unangezogenes Musikvideo auf MTV oder was auch immer, und dann wird er sich auch denken ›Uhh, heiß‹. Das sind doch ganz normale Bewertungskriterien, die wir auf alles anwenden, was wir sehen, da kann man doch gar nichts gegen machen. Er wird immer auch andere Frauen neben dir heiß finden.«

»Aber er wird die nicht beim Sex sehen, er wird denen nicht bis in die Gebärmutter gucken können, und er wird sich dazu auch keinen runterholen. Das ist für mich ein himmelweiter Unterschied.« Christina gerät in Rage, als sie weiterspricht:

»Und das Schönste wäre ja noch, wenn er dann gezielt auf irgendeine Pornodarstellerin stehen würde und gezielt Filmchen von ihr sammeln würde. Bäh.« Sie verzieht ihr Gesicht zu einer angeekelten Fratze, während Rike heftig den Kopf schüttelt und ihr widerspricht: »Ich glaube, das ist ein großer Fehler, wenn man annimmt, dass sich Männer gezielt die Pornodarstellerinnen angucken, und danach denken: *Grit Großebrust ist aber ein heißer Feger, an die denke ich jetzt immer, bevor ich einschlafe.* Bei Pornos gehts ja viel mehr um die Situation, um das was passiert. Stefan zum Beispiel macht einfach mal so ein Filmchen an und geht dabei auch aus dem Raum. Ihm reichen schon die Geräusche. Und bei mir ist das auch nicht so, dass ich denke *Wahnsinn. Der Pornodarsteller ist aber ein toller Hecht,* wenn ich einen Porno gucke. Sondern ich fühle mich angemacht, von dem, was da gerade passiert. Das ist einfach dieser Voyeurismus, der antörnt: fremde Leute beim Sex beobachten.«

»Die meisten männlichen Pornodarsteller sind eh voll ekelig.« Evi macht einen spitzen Mund.

»Wisst ihr, was ihr mal machen müsst? Ihr müsst im Internet mal nach Homepages von diesen Porno-Sternchen gucken und dann auf deren Gästebuch gehen. Ein Hochgenuss: *Hey Chantal, es war soo toll dich auf der Venus treffen zu können, ich hoffe mein kleines Geschenk, die Lindt-Pralinen, haben dir geschmeckt. Du bist eine tolle Frau, hast tolle Augen und ich würde gerne mal meinen Lachs in dir bügeln. Liebe Grüße, Kurt«*, zitiere ich aus meinem Gedächtnis.

Aber Christina ist immer noch bei Rikes Ausführungen.

»Ich verstehe dich nicht. Ich finde da nichts Anregendes dran, wenn man sich den Akt und sämtliche Körperteile en détail reinfahren muss. Ich weiß nicht.« Ich unterbreche Christina:

»Ich finde nicht, dass wir darüber reden müssen, ob das gut ist, dass es Filme gibt, wo Männer und Männer, Frauen und Frauen oder Männer und Frauen ...«

»... oder Männer und viele Frauen«, unterbricht mich Rike grinsend.

»... richtig, oder Männer und viele Frauen miteinander schlafen. Das ist sicherlich eine hilfreiche Sache, für die einen, für die anderen halt nicht. Egal. Das ist nicht der Punkt. Ich weiß nicht, wie genau ihr da im Bilde seid, aber die Art Porno, in der zwei Frauen im Skiurlaub auf dem Bärenfell vor dem Kamin ihre Leidenschaft entdecken, sich gegenseitig geräuschvoll zu vernaschen, ist schon sehr von gestern. Ich hab mich aber mal genauer mit dem Thema auseinandergesetzt, und was ich gesehen habe, hat mich teilweise mittelschwer geschockt zurückgelassen: Das waren eigentlich fast Vergewaltigungen on tape. Was sich *Tatort*-Kommissare immer angewidert als Beweisvideo angucken müssen, wird von unseren lieben männlichen Mitmenschen bei geschlossenen Vorhängen anscheinend frenetisch abgefeiert. Ich hab Videos gesehen, in denen ein Mädchen von vier Männern gleichzeitig in alle verfügbaren Körperöffnungen penetriert wird und als Sahnehäubchen wird die Gute dabei beschimpft und geschlagen. Am Ende sitzt sie wie ein Häuflein Elend auf der Erde und kriegt unter weiteren Beschimpfungen noch mal als Jackpot eine Sperma-Dusche ins Gesicht, während eine Stimme aus dem Off immer wieder schreit: ›Du scheiß Hure, du willst es doch!‹ Irgendwie find ich es merkwürdig bis bedenklich, dass Mann sich von solchen Bildern erregt fühlt, statt etwas Normales wie Mitleid oder Wut zu empfinden, weil mit der Dame dort offensichtlich alles andere als feierlich umgegangen wird.«

»Diese Anwichs-Szenen mag ich auch nicht.« Rike spricht plötzlich ein bisschen leiser. »Was man nicht vergessen darf: Das ist zwar nur ein Film und das ›Opfer‹ eine bezahlte Pornodarstellerin, aber das ist ja trotzdem genauso passiert. Ich weiß nicht, auf welchen Drogen diese Perlen da sind, dass sie das durchhalten, aber mich hats schon gegruselt vor dem Menschen und seinen Fantasien.«

»Ich glaub aber nicht, dass das Mainstream-Porno war. Das ist eher so was für kranke, arme Vögel«, mutmaßt Evi hoffungsfroh.

Es entsteht eine Pause, dann bricht Rike das Schweigen.

»Kennt ihr Jules Jordan? Der ist momentan ja sehr angesagt.«

Christina lacht: »Rike kennt sich aus. Wer hätte das gedacht.«

»Ich hab das letztens bei Stefan auf dem Notebook gesehen. Was der macht, ist nicht erniedrigend, aber schon seltsam, und ich habe mich gefragt, wen so etwas ernsthaft anmacht.«

»Erzähl!«, rufen Evi und Pauline fast im Chor, und ich trinke, während Rike fortfährt: »Das war total weird. So ein bisschen wie so eine Impro-Sendung, denn der Regisseur hat die ganze Zeit in die Szene Befehle reingeschrien, was die Damen denn jetzt bitte schön machen sollen. Es gab nicht mal eine minimale Geschichte, sondern nur aneinandergereihte Merkwürdigkeiten. In der ersten Szene kniet ein Mädel, und ein weiteres leckt an ihrer Kimme rum. So fängt das Meisterwerk an. Danach kommt der feine Herr Regisseur hinter der Kamera hervor und pinnt der knienden einen Pferdeschweif hinten dran, und der anderen gibt er einen Ledergürtel. Dann …«, Rike hebt Märchenerzählermäßig den Zeigefinger, »setzt die mit dem Gürtel sich auf den Rücken von der mit dem Pferdeschweif und spielt Cowboy mit schwingendem Gürtel. Szene Ende. Also meiner Meinung nach: null Sinn, null Geschichte und auch null Erotik.«

»Vielleicht ist das ja so eine Art Arthouse-Porno«, überlegt Evi. »Oder eine Porno-Komödie«, fügt Christina hinzu und Pauline grinst: »Oder einfach nur ein ganz normaler Porno und das ist eine ganz normale Männerfantasie.«

»Es ist echt besser, wenn man da nicht nachforscht, glaube ich«, meint Evi. »Wenn mein Freund Pornos gucken würde, dann soll er das tun, aber ich will davon nichts mitkriegen. Wenn der irgendwelche kranken Fantasien hat, dann ist es besser, in diesem Wespennest nicht rumzustochern.«

»Ich glaube, das – und das ist echt wichtig – haben wir beim Thema Offenheit unterschlagen. Wir sollten nicht vergessen, dass es Sachen gibt, die man lieber nur für sich alleine hat, wo symbiotisches Teilen einfach keinen Sinn macht. Merkwürdige Fantasien gehören definitiv dazu.« Pauline hat einen Starrblick, als würde sie ihre merkwürdigen Fantasien gerade vor sich sehen.

»Aber warum ein Pferdeschweif?« Rike ist immer noch nicht davon los.

»Man weiß es nicht«, gebe ich resignierend von mir.

»Wahrscheinlich geht es um Kontrolle. Der Regisseur hat hinter und vor der Kamera das Sagen und dirigiert sein nacktes Mädchenspielzeug stellvertretend für den Zuschauer, der in der realen Welt bei Frauen überhaupt nichts zu melden hat. Aber nach Feierabend kann der arme Pornogucker den Mädchen dann, dank Jules Jordan, schön befehlen, sich nen Pferdeschweif an den Hintern zu pinnen, und schon ist seine kleine Welt wieder in Ordnung.«

»Hehe.« Rike lacht. »Wahrscheinlich geht es wirklich auch um die Befriedigung psychischer männlicher Bedürfnisse. Sicher geht es in Pornos immer heftiger zu als im wahren Leben – aber diesen Jules-Kram hab ich einfach überhaupt nicht verstanden. Kein Mensch hat so Sex. Wo ist da der Reiz?« Ich muss grinsen:

»Vermutlich haben wir einfach ein Chromosom zu viel, um das komplett verstehen zu können. Ich befürchte fast, dass Männer belächeln würden, wie wir über Pornos reden, weil wir an das Thema mit dem Kopf rangehen. Wir fragen: Warum Pferdeschweif? Aber das fragt sich der Männerschweif wahrscheinlich

gar nicht, bevor er sich freudig erhebt. Ich fands halt nur gruse-
lig, als ich mich mit dem Thema beschäftigt habe, und Fantasien
gesehen habe, bei denen ich dachte: Ihh, ich möchte nicht, dass
ein Mann solche Bilder im Kopf hat und sich daran auch noch
laben kann. Ich verstehe das meiste davon einfach nicht und das
ist auf eine Art unheimlich, vor allem weil mit den Frauen oft
so grob und abschätzig umgegangen wird«, lasse ich verlauten
und schweife mit dem Blick ab. Es stimmt schon, nach manchen
Sachen sollte man nicht fragen, da hat Pauline sicherlich recht.

»Was halten wir also von dem Thema?«, frage ich dann, um
ein Fazit bemüht.

»Pornos sind mir so lange egal, wie mein Freund sie nicht
guckt. Und was andere arme, einsame Affen machen, interessiert
mich nicht«, kommt es von Christina von der Couch.

»Eine alte Faustregel sagt ja, dass alle Männer eine Schwäche
für die Filmchen haben«, meint Pauline altklug und guckt Christina neckisch an.

»Mit Sicherheit hat er schon mal einen gesehen, das finde ich ja
auch nicht schlimm. Schlimm finde ich, wenn jemand so was regelmäßig guckt. Oder wenn jemand so widerliche Sachen heiß findet,
wie diese Szene, von der Jule erzählt hat.« Christina überlegt:

»Mir wäre wohler dabei, wenn ich wüsste, dass die Männer,
die wir kennen, eher solche Filme konsumieren, in denen Susi
und Jasmina in der Skihütte vor dem Kamin übereinander herfallen, statt dass Susi und Jasmina von Roberto gewaltvoll missbraucht und beschimpft werden. Irgendwie ist so eine Fantasie
doch nicht gesund, oder?« Rike brummt:

»Man sollte Pornos nicht so ernst nehmen. Die guckt man
sechs Minuten zum Zweck, das ist alles. Und außerdem kann
man ja auch nichts dafür, was einen anmacht. Und wenn man erst
mal angemacht ist, verabschiedet sich das intelligente Denken sowieso in den Standby-Modus. Von daher sollte man, glaube ich,

auch so brutale Sachen nicht so ernst nehmen. Das sind einfach nur Stimmungen, verbotene Bilder, Stimulationen für Menschen, die schon viel gesehen haben und faul und alleine mit sich Spaß haben wollen. Ich finds okay.«

»Wir brauchen ein neues Thema«, meint Christina. Ich sehe ihr an, dass sie mit Rike nicht übereinstimmt, aber ich folge brav ihrem Wunsch.

17. »Wehe, du triffst dich mit deiner Ex!«

Ist es normal, dass aus einer bodenständigen,
relaxten Frau plötzlich eine eifersüchtige Furie wird?

Evi lacht, als sie das Thema hört: »Das erinnert mich an gestern, als Tom mir erzählt hat, dass der Film, den wir so gemütlich geguckt haben, Michis und sein Film war.«

»Was war das eigentlich für ein Film?« Rike rutscht auf ihrem Stuhl nach vorne.

»*Before Sunrise* war das. Ich kapier nicht, warum er mir unbedingt Michis Schmachtfetzen vorführen musste. Und was ich auch nicht kapiere, ist: Wieso hat man als Pärchen überhaupt einen gemeinsamen Film? Ich meine, bei Liedern macht das ja noch Sinn, aber bei Filmen?«

»Da warste also eifersüchtig«, fasst Pauline zusammen.

»Ja, also jetzt nicht richtig rasend, aber schon eifersüchtig irgendwie.« Evi hält inne, man sieht ihr an, dass sie sich für das Gesagte doch ein bisschen schämt: »Auch wenn man das ja eher ungern zugibt. Ist keine schicke Sache, die Eifersucht.«

»Eifersucht zeigt Schwäche«, nicke ich. »Du hast dich in dem Moment in deinem Stellenwert bei Tom bedroht gefühlt. Hast wohl gedacht, er denkt während des Films an Michi. Hast die beiden vor deinem inneren Auge kuschelnd, kichernd Passagen auswendig mitsprechend und Marshmellows überm Toaster brutzelnd vor dem Film sitzen sehen, und da kam dir grün blubbernd die Eifersucht hoch.«

»Dumm, oder? Eigentlich ist es ja eine Lappalie. Denn Michi und Tom sind ja immer noch gut befreundet. Sie ist auch eine

Freundin von Asra, die bei Tom in der WG wohnt.« Evi verdreht die großen blauen Augen, dann hält sie kurz inne und meint:

»Aber um auf deine Themenfrage zu antworten, Jule, ich halte Eifersucht für ein normales Gefühl wie Hunger oder Müdigkeit. Ist halt nicht vermeidbar. Aber man sollte schon gucken, wie man dieses Gefühl äußert. Innerlich darf man ruhig mal zur Furie werden, aber äußerlich sollte man sich hübsch im Zaum halten. Alles andere wirft nämlich nicht gerade ein gutes Licht auf einen selbst.«

»Gerade in deiner Situation käme Eifersucht sehr unentspannt daher, weil ihr ja offiziell gar nicht zusammen seid.« Rike grinst. Mir fällt auf, wie absurd das Spielchen mit den Gefühlen ist: Auf manche hat man erst dann einen Anspruch, wenn die äußeren Formalien stimmen. Erst ab dem Moment, in dem man sagt ›Alles klar, wir sind zusammen, ergo wir sind hochoffiziell emotional miteinander verbunden‹, hat man also das Recht eifersüchtig zu sein. Alles andere wäre unentspannt, nicht angebracht, nervig und auch fragwürdig. Dürfte eine schwierige Sache sein, seinen Gefühlen derlei Formalien beizubringen. Aber warum überkommt einen überhaupt die Eifersucht? Weil man Angst um seinen Stellenwert beim anderen hat? Gibt es tatsächlich Leute, die mit sich so im Reinen sind, dass sie dieses Gefühl nicht kennen? Wie viel Prozent von Liebe sind Besitzdenken? Tausend Denkblasen poppen aus meinem Kopf, aber ich mache aus keiner Denkblase eine Sprechblase. Noch nicht.

»Klar lasse ich meine Eifersucht nicht raushängen. Ist ja irgendwie peinlich und außerdem auch nicht angebracht in dieser lockeren Kiste, die Tom und ich haben.«

»Also machst du dir mit deiner tollen Halbbeziehung doch was vor.« Pauline klingt fast vorwurfsvoll.

»Mmh.« Evi wiegt den Kopf hin und her, während sie nach den richtigen Worten sucht: »Nein. Ich bin schon zufrieden, so wie es ist. Aber ich glaube, dass es natürlich ist, dass man Eifersucht empfindet, auch wenn man nicht zusammen ist. Ist doch klar, ich möchte was Besonderes für ihn sein. Und wenn ich rational an die Sache rangehe, dann weiß ich auch, dass das nicht heißen muss, dass der Vorrat an Toms ›Die finde ich besonders‹-Etiketten aufgebraucht ist, nur weil er eine Exfreundin hat, die er immer noch mag und die zweifelsohne etwas Besonderes für ihn ist.« Evi gestikuliert wild mit den Händen, die sie anschließend auf das schwarze Leder meiner Couch fallen lässt.

»Ich weiß auch nicht, warum ich auf sie so eifersüchtig reagiere. Aber ich tue es halt, warum auch immer.«

»Wie ist es denn, wenn sie da ist?« Rike will es genau wissen.

Evi beißt sich auf die Unterlippe, bis sie weiß wird: »Klar ist mir das immer ein bisschen unangenehm. Ich weiß einfach: Die beiden waren zusammen. Sie haben drei Jahre miteinander geteilt und haben sich getrennt, weil sie – übrigens unser Klassiker mal wieder – irgendwann nicht mehr miteinander geschlafen haben. Sie haben sich als Freunde bei Eiskaffee und Waffeln getrennt und sind danach noch zusammen weggegangen. Er erwähnt sie auch oft. Was logisch ist, weil er halt viel mit ihr zusammen erlebt hat. Und immer wenn ich die beiden nebeneinander sehe, dann kommt so dieses Bild in mir auf: Diese beiden haben sich mal geküsst. Die haben mal miteinander geschlafen. Die haben mal was-weiß-ich-nicht-was miteinander gemacht. Sie weiß viel mehr über ihn als ich. Und wahrscheinlich weiß sie auch jetzt, was er über mich denkt, weil sie ja immer noch seine ach so gute Freundin ist.« Evi holt Luft. »Ich weiß einfach nicht, wie ich mich in ihrer Gegenwart verhalten soll. Körperkontakt mit Tom vermeide ich in der Öffentlichkeit ja sowieso, aber ...« Evi lässt den Satz im Raum hängen: »Was es absurder Weise auch nicht einfacher macht, ist, dass sie echt nett und immer total herzlich zu mir ist.«

»Wenn man sie wenigstens hassen könnte«, grinse ich. Und Pauline meint leise: »Fakt ist, dass du viel zu sehr involviert bist in diese Tom-Sache, als dass ich dir wirklich noch abnehmen würde, dass du nicht mit ihm zusammen sein willst.«

Evi guckt Pauline kurz an, aber es wirkt eher so, als würde sie durch sie hindurchgucken.

»Die beiden sind so ein extrem eingespieltes Team. Die sitzen am Küchentisch beim Essen, hauen einen Joke nach dem anderen raus. Und ich denke mir nur: *Äh, können wir jetzt schnell auf-essen und in dein Zimmer gehen?*« Die Mädchen lachen. »Ich weiß, wie mies das ist, dass ich das denke. So Spielverderber-mäßig und nur weil ich es in den Momenten dann selbst nicht draufhan richtig mitzumischen.«

»Ich glaube aber auch, dass sie, trotz aller Freundlichkeit, ihre Position ganz schön genießt. Sie ist nicht mehr mit Tom zusam-men, aber sie ist dabei, während er mit seiner neuen hübschen Dame der Stunde beim Abendessen ist, und sie schafft es auch noch, ihr verbal die Schau zu stehlen. Glaub mal, das findet die schon gut. Wenn die richtig, richtig nett wäre, würde sie sich absichtlich zurückhalten und dir nicht die ganze Zeit unter die Nase reiben, wie dufte sie sich mit Tom versteht. Das ist passiv aggressiv«, urteilt Christina nicht gerade milde über Michi.

»Ach, nein.« Evi winkt ab: »So sehe ich das noch nicht mal. Ich glaube nicht, dass sie sich große Gedanken drum macht, was sie sagt und warum. Das ist einfach deren normale Umgangs-weise. Und aus ihrer Sicht: Warum sollte sie die Klappe halten, wenn ich dabei bin? Es ist ja nicht so, als hätte sie mir ein Pflas-ter über die Sprechluke geklebt. Ich könnte ja genauso spritzig und eloquent daherkommen.« Evi geht sich durch die braunen Haare: »Wohlgemerkt *könnte.* Dieses Eifersuchts-Ding ist schon ganz klar mein Problem. Ich habe Angst gegenüber Michi ab-zustinken.«

»Du bist also eifersüchtig auf das, was die beiden teilen. Auf den vertrauten Umgang, den Michi mit Tom hat. Du bist eifersüchtig auf diese unsichtbare Käseglocke aus Erfahrungen und Erinnerungen, die immer noch über die beiden drübergestülpt ist. Oder glaubst du auch, dass bei denen noch mal was gehen könnte?«, fragt Rike.

»Quatsch, darum geht es nicht. Da ist keinerlei sexuelle Spannung zwischen denen. Ich bin einfach eifersüchtig auf deren gemeinsame Welt, zu der ich kein Ticket habe.«

Christina nickt: »Das ist nicht schön, aber so tickt der Mensch nun mal. Ganz egal wie wenig man es will, man kann nie hundertprozentig vermeiden, dass einem Eifersuchtshörner aus dem Haarschopf wachsen. Irgendwie gibts gerade mit Exfreundinnen immer eine Form von Konkurrenzdenken.«

»Mmh.« Rike brummt in sich rein: »Ich habe bislang nur zwei lange Beziehungen gehabt. Und Stefan – ich weiß, das klingt jetzt gemein – hat mich noch nie mit einer Ex konfrontiert, von der ich gedacht habe: *Wow, sieht die super aus.* Oder: *Wow, ist die interessant.* Die Kathrin war endlangweilig, hatte eine komische Angela-Merkel-Frisur und war einfach ein ganz anderer Typ als ich. Mit ihr hat er auch ein paarmal was unternommen, ich war auch ab und zu dabei. Aber das war mir egal. Ich weiß einfach, dass er mit mir jetzt auf einem ganz anderen Level ist und dass es von hier aus nicht mehr zurückgeht. Und diese Erfahrungs-Käseglocke, die die beiden vielleicht mal umgeben hat, ist schon lange zersplittert. Aber wahrscheinlich wäre ich auch eifersüchtig gewesen, wenn ich sie als Konkurrenz wahrgenommen hätte. Ist wohl auch immer eine Frage, wie sehr man davon überzeugt ist, dass man selbst die Richtige für den eigenen Freund ist. Und ist ja vielleicht auch klar, dass du, Evi, im Moment viel unsicherer bist, weil keiner so genau weiß, was bei euch jetzt eigentlich Sache ist.«

»Seid ihr schon mal richtig abgegangen wegen einer Exfreundin, und habt euch dann später gefragt: Was passiert hier gerade mit mir? Wo ist mein netter, umgänglicher, loyaler Charakter hin?«, fragt Evi. Christina grinst:

»Nöö, so extrem eifersüchtig war ich noch nicht. Aber ich hab auch das Glück, dass ich Robins Exfreundinnen nicht kenne. Er kommt ja aus der Nähe von Hamburg, und als er nach Berlin gezogen ist, war er Single, und da hat er sich ja dann auch gleich mich gekrallt.« Christina lacht, als hätte sie einen guten Witz gemacht: »Aber natürlich gab es auch mal Situationen, in denen ich eifersüchtig war. Letztens erst auf einer Party, da war eine, die wohl schon länger was von ihm will. Ich fand es sehr dreist von der Ollen, dass sie das hat durchsickern lassen, obwohl sie sehr wohl weiß, dass er eine Freundin hat. Na ja, jedenfalls haben wir die letztens eben getroffen und dann hat sie sich gleich stürmisch an ihn rangehängt. Total unangemessen und so, als ob ich gar nicht da wäre. Und dann säuselt sie ihn auch noch auf ihre charmante, taktvolle und vor allem betrunkene Art und Weise zu. Da steigt die Eifersuchtstemperatur in mir natürlich auch rasant an. Ich meine, das ist *mein* Freund, verzieh dich, Schnalle! Such dir dein eigenes Exemplar. Ich bin in dem Moment dann nicht eifersüchtig, weil ich denke, dass er tatsächlich was mit ihr anfangen würde, sondern mich macht es eher wütend, dass er ihr auch noch Aufmerksamkeit schenkt. In so einem Fall ist mir jede höfliche halbe Sekunde, eine halbe Sekunde Aufmerksamkeit zu viel. Ich glaube, dass das auch eine Art von Eifersucht ist.«

»Ein Revierverteidigungsgefühl«, poppt eine weitere Denkblase aus meinem Kopf und diesmal spreche ich sie auch aus:

»Eifersucht ist eben ein Angst-Ding. Aber wovor haben wir Angst? Warum reagiert man so allergisch auf andere Frauen? Gerade ich bin ein absoluter Freund der These: Wenn man im Guten auseinandergegangen ist, dann sollte man auch gefälligst befreundet bleiben und bleiben dürfen. Immerhin hat man sehr viel Zeit aufgewendet, einen Menschen kennenzulernen, ihn ins Herz zu schließen und ins eigene Leben einzuweben. Zudem gewinnt man in jeder Beziehung ja auch immer neue Freunde durch ihn hinzu. Soll man die alle in den Wind schießen? Oder die Freunde nicht, aber ihn? Oder was? Ich verstehe grundsätzlich nicht, warum man alles, was man außer Sex und Liebe miteinander aufgebaut hat, nach der Trennung einfach wie schmutziges Badewasser nach einem Bad zum Abfluss hinausfließen lassen soll. Auf der anderen Seite glaube ich auch, dass ich selbst es nicht so gut vertragen könnte, wenn mein Freund mit seiner letzten Exfreundin immer noch in regem Kontakt stehen würde. Und das, obwohl ich, von der anderen Seite aus, sagen würde, dass das eine total unbedenkliche Situation ist und dass die neue Freundin sich nicht so anstellen soll. Schließlich gibt es jeden Mann ab einem gewissen Alter nur noch secondhand, und jeder Partner ist ja aus freien Stücken mit dem neuen Partner zusammen. Warum dann Eifersucht, auch wenn man sich sicher ist, dass nichts laufen wird? Wovor haben wir Angst?«

»Wenn man mit jemandem zusammen ist, will man einfach ›die Eine‹ sein. Man will wie ein Komet in das Leben des anderen einschlagen und quasi alles, was davor war, auslöschen. Man will der Frauen-Komet sein, der alle anderen Frauen, außer vielleicht Mami, überflüssig macht. Und dann ist man später beleidigt, wenn man feststellt, dass der Plan nicht so ganz aufgegangen ist. Und das Absurde daran ist, würde der Plan aufgehen, wären wir auch nicht zufrieden, irgendwann würden wir es nämlich langweilig finden, die einzige Dame in seinem Dunstkreis zu sein. Also, völliger Hinriss dieses ›die Eine sein wollen‹, gerade in unseren Köpfen, die dabei sind zu begreifen, dass es die eine Liebe ohne Kompromisse nicht gibt, oder wenn doch, dann nur temporär. Mann muss ja zwangsläufig viele wichtige Damen in seinem Damen-Sammelalbum kleben haben, wenn er nicht mehr dreizehn ist. Trotzdem sind unsere Gefühle mal wieder Mistviecher-mäßig unterwegs und wollen bockig, wie sie sind, durchsetzen, dass wir für ihn alles sind: die heißeste Nummer, die allerengste Vertraute, der beste Kumpel, der beste Berater, das Geschmacksbarometer, der Anker in Seenot, einfach alles.« Pauline holt kurz Luft, denkt nach und doziert weiter:

»Und wenn er schon eine beste Freundin hat, dann will man die vom Siegerpodest auf den zweiten Platz stoßen. Es wird noch pikanter, wenn die Exfreundin seine beste Freundin ist. Weil man zu Exfreunden immer eine andere Beziehung hat als zu ›normalen‹ Freunden. Man kennt sich in allen möglichen Situationen, man hat bestimmte Erlebnisse geteilt, man weiß, wie der andere im Intimbereich aussieht oder kann sich zumindest dunkel daran erinnern. Wer mal zusammen war, hat wegen des anderen schon geweint, gelitten und gezittert vor Aufregung – das sind alles Sachen, die einer neuen Freundin sofort in den Kopf kommen, wenn sie dich sieht. Obendrauf kommt die Gewissheit, dass er sie mit absoluter Bombensicherheit attraktiv findet.« Pauline zieht die Augenbrauen hoch, frei nach dem Motto: »Ist halt schwierig, Kinder.«

»Ich finde, es kommt aber auch immer darauf an, wie die beiden auseinandergegangen sind. Wenn es nicht einvernehmlich war, kann man nämlich auch noch Angst kriegen, dass sie versucht, einen auszuspielen und ihn wieder um den Finger zu wickeln.« Rike grinst hämisch.

»Es geht aber auch einfach um die Gunst«, stellt Pauline klar, leicht vorwurfsvoll, als wolle sie sagen, dass uns das allen auch etwas eher hätte auffallen können:

»Man gönnt der Exschnalle einfach nicht, dass sie trotzdem noch in seinem Leben herumgeistern darf, obwohl es mit ihm nicht geklappt hat. Man will, dass das Kapitel komplett abgeschlossen ist.«

»Ich kann das zwar alles nachvollziehen, aber ich finde, dass man diese Missgunst bei sich selbst nicht zulassen darf. Da muss man gegen angehen. Man besitzt einen neuen Partner nicht, und es hat seinen Grund, warum er sich entschlossen hat, mit ihr nicht mehr zusammen sein zu wollen, und das muss reichen. Mit diesem Konkurrenzdenken macht man sich nur Stressfalten und Nervensalat. Wofür? Man hat den ›Kampf‹ doch schon im Vorhinein gewonnen. Man muss sich sagen, dass es Lachs ist und die vermeintliche Exbedrohung einfach kennenlernen. Sobald man sie kennt, kann man ihr auch eher vertrauen, und dann dürfte es gut sein«, mutmaße ich.

»Ich will in meinem Leben nie wieder eifersüchtig sein«, sagt Pauline und es klingt ein bisschen finster und auch dramatisch. »Ich hab mit Boldt die krassesten Momente der begründeten Eifersucht durchgemacht. Ich hab meinen Anteil gehabt. Mehr Eifersucht brauch ich in meinem Leben nicht.«

»Dreißigmal betrogen«, wiederholt Evi den Schocker vom vorangegangenen Abend.

»Boldt hat mich die ganze Beziehung über in einem fort in die Eifersucht getrieben. Er hat meine Eifersucht provoziert, wo es nur ging. Auch wenn er mal nichts mit einer Dame hatte, hatte er so eine bestimmte Art und Weise, mit jeder Frau umzugehen – ich weiß nicht, wie ich es beschreiben soll –, dass ich immer das Gefühl hatte, dass er mit dieser Art ständig versucht, sich bei jeder Frau prophylaktisch den Weg zum Busch zu ebnen. Das war eine ein bisschen flirtige, extrem respektvolle, aber nicht ätzende oder schleimige Art. Geschickt eben. Das hat mich damals immer fertiggemacht.« Pauline nimmt einen Schluck Wein.

»Oder sagen wir: verunsichert. Vor allem weil er mit mir nicht so gesprochen hat. Ich war der gute alte Buddy Paule.« Sie grinst ein bisschen bitter und redet weiter: »Wenn du so eine Geschichte hinter dir hast, bist du nicht mehr eifersüchtig. Eifersucht tut nur weh und macht keinen Sinn. Und was keinen Sinn macht, braucht man nicht. Wenn Jonas jetzt zu mir kommen und sagen würde, er hätte mich betrogen, oder wenn er mir sonst irgendeinen Grund geben würde, eifersüchtig zu sein, würde ich Schluss machen. Feierabend. Ich habe einfach keine Lust mehr drauf, diese Art von Spannung brauche ich nicht in meinem Leben.«

»Du willst uns doch nicht erzählen, dass es nichts gibt, was dich eifersüchtig machen würde?« Rike legt fragend die Stirn in Falten.

»Doch, sicher gibt es Sachen, die mich ganz bestimmt eifersüchtig machen würden. Aber die würde ich nicht mehr verzeihen. Dann wäre Schicht im Schacht. Das ist so ein zermürbendes Gefühl, das ich über so einen langen Zeitraum hinweg hatte. Das stiftet nur Chaos und Unruhe und frisst deine Energie. Da habe ich einfach keine Lust mehr drauf.«

»Das heißt, wenn du mit Jonas unterwegs bist, eine Frau spricht ihn an, er redet nett mit ihr, sie findet ihn offensichtlich gut und du guckst dir das an und bemerkst ein kleines bisschen die böse Eifersucht in dir hochzüngeln, dann würdest du Schluss machen?« Rikes Stimme wird immer höher, während sie spricht, und sie hat die Stirn in ungläubige Falten gelegt.

»Wegen solcher Kleinigkeiten würde ich bei ihm nicht eifersüchtig werden. Ich vertraue ihm ja. Aber wenn er sich je etwas zuschulden kommen lassen würde, und ich würde weiter mit ihm zusammenbleiben, wäre ich auch bei kleinen Anlässen eifersüchtig, und darauf habe ich keine Lust. Deswegen würde ich eher sofort Schluss machen.«

»Ah, jetzt habe ich verstanden.« Rike nickt und lehnt sich auf ihrem Stuhl zurück. Es entsteht eine kurze Pause, dann sieht man Paulines Gesicht an, dass ihr blitzartig etwas einfällt:

»Zugegeben, ich war doch einmal eifersüchtig seit der Beziehung mit Jonas. Ich hab mir bei studiVZ die Bilder angeguckt, auf denen er verlinkt ist, und irgendwo auf den hinteren Seiten hab ich eines gefunden, das aus einem Album namens *Memories* stammte. Dort war ein Bild von ihm und seiner Exfreundin, und er hatte das kommentiert mit den Worten: ›Das war wirklich eine sehr schöne Zeit. Vermisse dich manchmal …‹ Da habe ich rotgesehen. Hab ihn sofort angerufen und rumkrakeelt. Obwohl der Eintrag gemacht wurde, bevor wir zusammengekommen sind, sogar zwei Wochen bevor wir uns kennengelernt haben. Aber auf der anderen Seite eben auch nur zwei Wochen zuvor. Mein Gedanke war: Wenn er nur so kurz davor noch gedacht hat, dass er sie vermisst, wie kann das Gefühl in dieser kurzen Zeit weg sein? Es hat mich wahnsinnig gemacht. Es war, als hätte ich in seinen Kopf gucken können und hätte was Ekliges gefunden.« Ich denke kurz nach, bevor ich Pauline widerspreche:

»Ich glaube aber, dass man immer noch Gefühle für den Expartner haben kann, selbst wenn man sich neu verliebt. Vor allem wenn nichts vorgefallen ist. Der Gefühlshaushalt funktioniert ja nicht wie eine Kassette, die zwangsläufig überspielt wird. Das Band läuft weiter, und alte Gefühle geraten nach und nach in Vergessenheit. Wenn ich jetzt eine neue Beziehung eingehen würde, hätte ich immer noch die Gefühle für Lars, die ich jetzt auch habe. Und wenn ich ihn lange nicht sehen würde, würde ich ihn auch vermissen, aber das hat keine sexuelle oder amouröse Konnotation.« Ich räuspere mich kurz nach meiner Rede und Pauline nimmt den Faden wieder auf:

»Damit hast du sicherlich recht. Aber als ich das Foto gefunden hab, war der Gedanke an ihre Beziehung für mich unerträglich. Klar, hatte er mir schon mal von ihr erzählt und auch, dass sie sich getrennt hatten, weil sie nach Namibia gegangen ist. Aber er hat mir eben nie gesagt, dass er sie manchmal vermisst, es war, als hätte ich eine dunkle, schmutzige Wahrheit aufgedeckt.« Pauline kratzt sich kurz am Kopf: »Sicher habe ich überreagiert, aber ich bin halt sehr sensibel, was solche Situationen angeht. Und das ist eigentlich auch gut so. Schließlich brauche ich keinen, der mir wehtut. So habe ich eben ein besseres Frühwarnsystem. Eifersucht ist eine Form von Angst und Letztere ist schließlich nur dazu da, um uns zu schützen.«

»Findet ihr es gut, wenn ein Mann Eifersucht zeigt?«

»Ja«, meint Christina kurz und knapp. Rike brummt mal wieder nur: »Stefan ist kein Typ, der seine Eifersucht zeigt. Obwohl ich mir sicher bin, dass er manchmal sehr wohl eifersüchtig ist. Ich war in der Beziehung auch ein paar Mal eifersüchtig, aber ich fand das in dem Moment schön, weil es mir gezeigt hat, dass er mir was bedeutet.«

»Aber man muss auch immer gucken, über welche Art von Eifersucht man redet.« Evi räuspert sich kurz und redet weiter:

»Ich kenne ein Paar, da ruft sie ihn grob geschätzte fünfhundert Mal an, wenn er unterwegs ist, und fragt, mit wem er aus ist, wo sie hingehen, wo sie jetzt sind, ob noch wer dazugekommen ist, ob Frauen dabei sind, wo sie gleich noch hingehen und wann er nach Hause kommt. Ätzend.«

»Wahrscheinlich ist sie selbst eine typische Fremdgeh-Kandidatin. Das, was man selbst bereit ist zu tun, traut man auch anderen zu.«

»Nee, glaube ich nicht.« Evi schüttelt den Kopf. »Die finden das ganz normal. Die sehen darin beide eine Art Liebesbeweis. Es ist sowieso selten, dass man sie irgendwo einzeln trifft.«

»Uhh, furchtbar. Pärchenklumpatsch.« Ich grinse: »Wenn man so siamesisch miteinander verwachsen ist, ist die Angst, den anderen zu verlieren, ja auch berechtigt. Wenn das eines Tages auseinandergeht, wird einem ja die Hälfte aller lebenswichtigen Organe entrissen.«

Rike guckt mich sowohl kritisch als auch belustigt an: »Alles klar, Jule«, sagt sie nur und das sehr trocken.

18. Wenn du einen wirklich liebst, willst du keinen anderen!

Wie sicher kann man sein, dass der Mensch in seinen Grundfesten wirklich ein monogames Tier ist?

Pauline lacht, als sie die Frage hört: »Ob ich ein monogames *Tier* bin?« Sie schüttelt den Kopf, was aber wohl nicht ihre Antwort auf die Frage sein soll, sondern eher ein Kommentar zu meiner Wortwahl, und sagt: »Der Mensch ist, wie jedes andere Tier auch, darauf aus, seine Gene möglichst weit zu verbreiten. Aber der Mensch ist eben nicht nur ein Tier, sondern ein Mensch, und damit an sein soziales Umfeld gebunden. Es ist einfach sinnvoller, ein Kind zu zweit aufzuziehen. Der Mensch ist nämlich ein ziemlich pflegebedürftiges Tier.«

»Aha. Der Mensch ist also pflegebedürftig? Tatsache?«, meint Rike, und es klingt ein bisschen spöttisch. Pauline lässt sich von Rikes Ironie nicht irritieren:

»Generell würde ich sagen, dass es von der Natur aus so angelegt ist, dass der Mensch ein monogames Tier ist, solange er mit einem anderen Menschen ein Menschenjunges aufzieht. Wobei die Monogamie aber nur dazu dienen soll, dass es dem Spross an nichts fehlt. Damit die Tierart Mensch sich schön zahlreich reproduzieren kann, ist die Monogamie instinktmäßig in uns verankert. Wir sehnen uns danach, deswegen sind auch Eifersucht und Besitzdenken im Menschen angelegt.

Aber im Zeitalter von Verhütungsmitteln, Patchworkfamilien, Kindergärten, Selbstverwirklichung und so weiter ist die Monogamie überflüssig geworden. Also ist der Mensch unterm Strich ein Tier, das sich nach Monogamie sehnt, sie aber nicht immer einhalten kann, weil es das nicht mehr muss. Ob der Mensch dann in Monogamie lebt, hängt davon ab, wie menschlich er drauf ist. Wenn in ihm die Tiereigenschaften überwiegen, bevorzugt er wahrscheinlich eher die bunte Samenverteilung oder die fröhliche Eierofferierung«, verstrickt Pauline Alltags- und Studienwissen zu einem bunten Knäuel.

»Falls du das so für dein Buch übernimmst, Jule, solltest du am Rand vermerken, dass das Paulines Fantasie-Wissenschaft ist«, grinst Christina hämisch.

»Ich glaube, das klärt sich von selbst«, grinse ich und Pauline zieht eine gespielt beleidigte Schnute.

»Aber mal im Ernst: Wenn man wirklich glücklich mit jemandem ist, glaubt ihr, dass man trotzdem in der Lage ist, sich in jemand anderen zu verlieben?«

»Glaube ich schon. Sich zu verlieben kann man nicht steuern, und nur weil man jemanden liebt, muss das nicht heißen, dass man sich nicht trotzdem in jemand anderen verlieben kann. Sind ja auch irgendwie zwei verschiedene Gefühle. Die Sprache hat das irgendwie nur nicht ordentlich genug voneinander getrennt. Man kann gut zwanzig Jahre mit jemandem glücklich zusammen sein, in den Urlaub fahren, sich Hals über Kopf verlieben und sich dann mir nichts, dir nichts trennen.« Christina guckt ein bisschen nachdenklich drein.

»War das bei deinen Eltern so?«, erkundigt sich Pauline. Christina nickt.

»Mein Vater hat im Skiurlaub eine Frau kennengelernt, die zufällig aus der Nachbarstadt unseres Heimatortes kam. Und wie das so ist – in der Fremde spricht man am liebsten über die Heimat –, haben die beiden getöttert und getöttert und was weiß ich, was sie nicht sonst noch alles gemacht haben.« Christina zuckt mit den Achseln und redet weiter: »Er meinte, er hätte es nicht steuern können. Dann hat er alles auf eine Karte gesetzt und sich für einen Neuanfang mit Anke entschieden.« Christina nimmt einen Schluck Wein, wirkt kurz abwesend und meint dann:

»Aber eigentlich glaube ich schon, dass man das steuern kann, ob man sich in jemanden verliebt oder nicht. Also vergesst das, was ich gerade gesagt habe!« Christina macht energische Handbewegungen:

»Wenn man nämlich in einer Beziehung ist, in der man auch bleiben will, und trotzdem jemanden trifft, bei dem man das nebulöse Gefühl hat, dass man denjenigen eventuell zu gut finden könnte, muss man sich selbst davor schützen. Man darf einfach keine Zeit mit der Person verbringen. Klar, kann das passieren, dass man andere Menschen toll findet, aber sobald man die Gefahr wahrnimmt, muss man sich am Riemen reißen und die eigene, langjährige Beziehung schützen. Sonst fängt man ja immer wieder bei null an.« Christina stellt ihr Glas bestimmt auf den Tisch zurück.

»Das finde ich auch«, kommt von Pauline und:

»Ich krieg immer Flecken, wenn ich von anderen Mädels höre: ›Klar will ich mit ihm zusammen sein. Aber meine Freiheit will ich nicht verlieren. Ich hab Gefühle für ihn, aber ich will auch meinen Spaß. Ich bin doch noch soo jung ...‹« Pauline imitiert diese »anderen Mädchen« mit hoher Stimme, was diese leicht dümmlich erscheinen lässt, dann legt sie die Hände auf die Wangen, reißt dramatisch die Augen auf und flötet: »›So ein Mist! Wenn ich mit dem Mann zusammen bin, den ich liebe, kann ich gar nicht mehr mit anderen Männern schlafen!‹ Was für ein Verlust! Statt sich zu freuen, dass man eine gute Beziehung hat, dass man schon ein Level weiter ist und Sex quasi im Abo hat, sehnt man sich nach sinnloser Stocherei mit Unbekannt. Was wollen diese Mädchen? Man kann halt nicht alles haben. Ich hab damit keine Probleme. Ich kann monogam sein, sehr gut sogar.

Ich habe kein Interesse an anderen Männern, wenn ich mit dem Mann, mit dem ich zusammen bin, glücklich bin.«

Rike grinst, als würde sie Paulines Aussage für eine Schönwetter-Ansage halten:

»Ich glaube nicht, dass der Mensch monogam ist. Auch wenn man den einen liebt, kann man sich sehr wohl in den anderen verlieben oder ein gesteigertes Interesse daran haben, mit jemand anderem zu schlafen, das ist doch nix Neues. Sondern normal. Man will immer das, was man nicht hat. So sind wir eben programmiert.« Rike scheint das Lachs zu sein: »Der Mensch ist definitiv kein monogames Tier!«, schiebt sie noch hinterher.

Christina schüttelt die hellblonde Mähne:

»Theorethisch kann es einem bestimmt passieren, dass man sich in jemand anderen verliebt. Aber man kann das unterbinden. Habe ich doch gerade schon erklärt. Zum Beispiel folgendes Szenario: Du wirst in einem Café von einem hübschen Typen am Nachbartisch beobachtet. Er gefällt dir. Du weißt, wenn du mit ihm flirtest, könnte es ernst werden. An diesem Punkt ist die erste Entscheidung fällig: Entweder ist man total artig und ignoriert ihn oder man ist unartig und flirtet trotzdem ein bisschen. Falls es tatsächlich so weit geht, dass der Typ dir seine Nummer gibt oder sich richtig mit dir unterhalten will, musst du die Notbremse ziehen: die Unterhaltung verweigern oder beim nächsten Toilettengang das Zettelchen mit der Nummer im Klo runterspülen. Dann hat man zwei, drei Tage danach ein kleines wehmütiges Gefühl, aber egal. Man weiß ja, dass diese Gedanken nur auf Fantasien basieren, weil man die Person nie richtig kennengelernt hat, und dass es Schwachsinn ist, dem länger hinterherzuhängen. Nach ein paar Tagen oder Wochen ist das weg. Versprochen.« Christina grinst.

»Und was ist, wenn es sich bei dem anderen beispielsweise um einen Kommilitonen handelt, den man dauernd sieht? Oder einen Arbeitskollegen? Einen WG-Mitbewohner? Also eine Person, der man nicht ausweichen kann?« Rike zieht die Augenbrauen bedenklich hoch, was mich sofort an diesen Spruch erinnert: »Wir zogen unsere Augenbrauen so hoch, dass sie Gefahr liefen, von unseren Haaransätzen gefressen zu werden.« Ich hab keine Ahnung, wo ich den Spruch her habe.

Christina überlegt: »Ich finde, dass man auch dann einen Bogen um die Person machen muss. Wo ein Wille ist, ist auch immer ein Weg. Wir sprechen ja schließlich davon, dass man in seiner alten Beziehung glücklich ist, oder? Dann muss man doch alles dransetzen, dieses Glück auch zu bewahren. Obwohl ich auch finde, dass es ein klares Alarmzeichen ist, wenn man sich ernsthaft in jemand anderen verliebt, den man schon länger kennt.«

»Vermutlich sucht man in der neuen Person all das, was einem in der aktuellen Beziehung fehlt«, mutmaßt Evi.

»Glaub ich auch, und ich finde, gerade das ist doch ein wichtiger Fingerzeig. Man sollte sich selbst beobachten und herausfinden, welche Sehnsüchte man auf diese neue Person projiziert und wie man diese Missstände in der Beziehung beseitigen kann. Und man muss überprüfen, ob man in seiner alten Beziehung wirklich noch glücklich ist oder ob man nicht einfach nur noch aus Bequemlichkeit und Gewohnheit mit der anderen Person zusammen ist.« Christinas Stimme wird ein bisschen dunkel, als würde sie auf irgendein real existierendes Beispiel anspielen. Mir fällt keines ein. Dann rückt sie mit der Sprache raus:

»Als ich Robin kennenlernte, war ich rein theoretisch noch mit Jan zusammen.« Christina grinst und ich schlage mir mit der flachen Hand vor die Stirn.

»Stimmt ja! Und ausgerechnet von dir so ein flammendes Plädoyer für das Umgehen von neuen Versuchungen!« Ich bin erstaunt, wie leicht ich Dinge vergesse. »Jan, mein damaliger Freund, war total angefressen, dass ich unbedingt nach Berlin gehen wollte. Er wollte unbedingt an der Beziehung festhalten. Wir waren erst ein paar Monate zusammen, und ich finde, es heißt schon was, dass ich einfach so 500 Kilometer weit weggezogen bin, ohne wirklich großartig darüber nachzudenken, dass wir dann eine Fernbeziehung führen. Jan war gar kein Faktor in meiner Entscheidung. Irgendwie war der Zauber bei uns beiden sowieso raus. Ich weiß auch nicht, aber ich bin damals so ruckzuck mit ihm zusammengekommen, dass ich ihn erst in der Beziehung kennengelernt habe, und so etwas kann gut gehen, muss aber nicht. Ich mochte ihn und ich hatte eine gute Zeit mit ihm, deswegen hab ich nicht Schluss gemacht, auch wenn ich keine richtigen Gefühle für ihn hatte. Verglichen mit der Beziehung, die ich heute mit Robin habe, war das ein schlechter Witz.« Christina überlegt und sagt:

»Damals war mir das zwar irgendwie schon bewusst, aber ich hatte ganz andere Sachen auf dem Schirm: studieren, nach Berlin ziehen, neue Menschen kennenlernen …«

»Und das hat ja ziemlich schnell geklappt!«, werfe ich ein.

»Ja richtig, ich hab Robin gleich in der ersten Woche im Einführungsseminar gesehen und mir gedacht: *Mmh! Aber hallo! Wer bist du denn?* Und auf dieser Ersti-Party, zu der ich damals mit Brinn im ›Kontakteknüpfen-Wahn‹ tatsächlich hingegangen bin, haben wir dann plötzlich nebeneinander gestanden, Robin und ich. Ich habe ihn angeguckt. Er hat mich angeguckt und dann hat er mich angesprochen. Wir haben uns super unterhalten, getanzt.«

»Und dann ist Brinn aufgetaucht.« Ich muss grinsen, weil mir die Geschichte langsam wieder einfällt.

»Richtig, dann hatte Brinn ihren Auftritt als Anstandsdame vom Dienst. Als sie gesehen hat, dass ich ihm meine Nummer gegeben habe, ist sie ganz schön fuchsig geworden …«

»Zu Recht, man verteilt seine Nummer schließlich nicht, wenn man vergeben ist …«, hört man mich oberlehrerhaft predigen.

»›Du kannst dem doch nicht deine Nummer geben. Was ist denn mit Jan?‹ Sie hat total auf mich eingeredet, und zwar so sehr, dass ich tatsächlich noch mal zu ihm rübergegangen bin, obwohl wir schon längst an der Garderobe waren.« Christina lacht und erzählt:

»Und dann stehe ich vor Robin und sage: ›Ich hab dir zwar meine Nummer gegeben, aber bitte ruf mich nicht an. Ich habe einen Freund, sorry! Ich weiß auch nicht, was in mich gefahren ist.‹ Bloß gut, dass Robin sich dann gedacht hat: *Alles klar, ich rufe sie nicht an, aber ich schreibe ihr eine SMS, dann hat sie immerhin meine Nummer, und im Falle des Falles kann sie sich umentscheiden und sich bei mir melden.* Einen Tag später bekomme ich diese besagte SMS und mein Kopf driftet sofort ab gen Wolkenkuckucksheim. Ich hab nur noch geschwelgt und geschwärmt …«

»Was hat er denn geschrieben?« Rike ist gewohnt neugierig.

»Sinngemäß stand in der Nachricht: ›Du hast gesagt, ich soll dich nicht anrufen, dann bin ich auch brav und werde es nicht tun, auch wenn ich gerne würde. Aber so haste jetzt ja meine Nummer …‹« Christina kriegt ein kleines, fast niedliches Glänzen in den braunen Augen, wenn sie darüber spricht, wie sie Robin kennengelernt hat.

»Ich war mit meinen Gedanken die ganze Zeit so bei Robin, dass mir klar wurde, dass ich mit Jan Schluss machen sollte. Gar nicht, um dann sofort was mit Robin zu starten, sondern einfach nur weil mir aufgefallen war, dass ich ihn durch die Sache mit Robin – so hart es klingt – total vergessen hatte.« Christina kichert ein bisschen.

»Ich hatte ihn schon auf der Tanzfläche so komplett vergessen, dass erst Brinn mich daran erinnern musste: *Ach ja, da war ja noch was! Ich bin ja mit Jan zusammen!*«

Rike schmunzelt: »Daran kann man ganz glasklar erkennen, dass die Gefühle, die du für Jan hattest, wohl nicht die tiefsten waren.«

»Also hab ich mich von ihm getrennt.« Christina nickt und spricht weiter:

»Aber trotzdem ist mein Plädoyer, Gefühle für andere zu verhindern, während man in einer Beziehung ist, genauso gemeint, wie ich es gesagt habe. Jetzt würde ich mir so etwas nie im Leben erlauben, weil ich mit Robin glücklich bin. Dass ich damals zugelassen habe, mich in einen anderen zu vergucken, liegt daran, dass die Beziehungssuppe Christina und Jan einfach zu wässrig war und dass ihr das Salz fehlte.«

»Und wie lange hats gedauert, bis du dich nach der Trennung von Jan bei Robin gemeldet hast?« Rike guckt schelmisch und Christina tut es ihr nur wenige Sekunden später nach:

»Nach zwei Wochen.«

»Da hat er mit Sicherheit überhaupt nicht mehr mit gerechnet, dass da noch was geht, oder?« Evi legt das Köpfchen schief.

»Stimmt. An dem Abend, an dem er die SMS von mir gekriegt hat, hat er mit seinen Jungs irgendwas an der Playstation gezockt und mitten in das schönste Spielen platzte meine Nachricht rein. Er meinte, er wäre erst voll baff gewesen und hätte sich dann aber gesagt: *Gut, die Tante hat mir zwei Wochen lang nicht zurückgeschrieben, dann kann sie jetzt auch mal warten.* Er hat das Handy weggelegt, sich einen gegrinst und beim Playstationspielen vollkommen verkackt. Ich war währenddessen total hibbelig, hatte das Handy auf meinem Nachttisch und war enttäuscht, als nichts zurückkam. Am nächsten Tag hat er mich dann aber angerufen.« Rike rutscht mal wieder auf ihrem Stuhl rum.

»Ich finde, deine Story hat gar nicht so viel damit zu tun, in zwei Personen gleichzeitig verliebt zu sein. Eigentlich war das ein sauberer Ablöseprozess«, stellt sie fest. Und Christina nickt achselzuckend.

»Gefühle funktionieren aber auch hervorragend parallel nebeneinander. Ich sag nur: meine Gefühle für Sven. Oder Jules

Gefühle für ...« Rike unterbricht kurz, guckt mich an und fährt fort:

»Jule hatte, trotzdem sie mit Lars glücklich war, noch Rest-Gefühle auf Standby für ›ihn‹ übrig, Gefühle löschen sich eben nicht gegenseitig aus. Ich muss ganz ehrlich sagen, ich hatte während der Beziehung zu Stefan auch schon zwei kleine Geschichten mit anderen Typen, wo ich echt vorsichtig werden musste.«

»Hast du ihn betrogen?«, unterbricht Pauline mit leicht erschrockenem Gesichtsausdruck, und bevor Rike antworten kann, klatsche ich in die Hände: »Danke, danke, liebe Damen! Damit sind wir schon wieder perfekt beim nächsten Thema gelandet.« Ich hole dramatisch Luft und lese die nächste Fragestellung vor:

19. »Baby did a bad, bad thing«

Wie ist das eigentlich, wenn man »ihn« betrügt?

»Nein, ich habe Stefan noch nicht betrogen. Aber ich muss sagen, dass ich im Allgemeinen eine Fremdgehbefürworterin bin, weil einem das eine ganze Menge bringen kann«, lässt Rike die Wasserbombe platzen. »Man lernt sich selbst kennen, man lernt etwas über seine Beziehung ... Außerdem macht Fremdgehen Sinn, weil es spannend ist. Keine Frau geht deswegen fremd, weil sie sich denkt: *Alter Lachs, ich muss heute Abend unbedingt bumsen.* Frauen gehen fremd, weil es eine spannende Erfahrung ist, wegen der Selbstbestätigung und – auch ganz platt – weil man den Freundinnen danach was Spannendes erzählen kann.«

Aus Paulines Blick spricht die pure Baffheit. Wir anderen haben Rikes Untreue-Thesen ab und zu ja schon mal mitbekommen dürfen, sie nicht.

»Das ist nichts, was man sich aufs T-Shirt drucken würde, aber wenn wir mal ehrlich sind, ist das doch die Sahne auf dem Fremdgeh-Kuchen: den Mädels später erzählen, was für eine heiße Schnitte man kennengelernt und abgeschleppt hat. Genau das ist es doch, was einem gerade als jungem Menschen in einer Beziehung immer fehlt. Die Erlebnisse, die Abenteuer, die Katastrophen und die Storys. Wenn man über seine Beziehung erzählt, hören die Mädchen zwar zu, aber der Nachrichtenwert ist doch höher und die Ohren sind gespitzter, wenn man mit einer verbotenen Geschichte daherkommt.« Ich hab die von Rike beschriebene Szenerie quasi vor Augen: Zwei Freundinnen im Café bei einem Kaffee, man hat sich gerade richtig auf den Stuhl drapiert, die Beine übereinandergeschlagen, sich nach vorne gebeugt und »Was gibts Neues?« gefragt, da kommt von der anderen mit wichtiger Miene der Blick zur Seite, der Blick zurück und dann die Eröffnung: »Ich habe Paul betrogen.« Es folgen aufgerissene Rehaugen und ein: »Waaaas?« Und es ist klar, der Nachmittag wird großartig. Traurig, aber wahr – es stimmt, was Rike sagt: Für einen Mädchenplausch ist so eine unerwartete Fremdgeh-geschichte das große Los. Aber deswegen geht Frau doch nicht fremd? Das wäre ja noch trauriger als traurig, aber wahr.

»Du bist also schon öfter fremdgegangen?«, erkundigt sich Pauline für ihr imaginäres Protokoll und wahrscheinlich auch für das Bild, das sie sich von Rike machen möchte.

»Ich bin schon mal fremdgegangen: ja. Einmal bei Sven und einmal in einer kürzeren Beziehung, die ich heute aber nicht mehr als Beziehung zähle. Aber ich muss zugeben, dass ich bei Stefan auch schon öfter in der Situation war, dass es kurz davor war. Und in einer dieser Situationen stecke ich – ganz ehrlich – gerade drin.« Rike seufzt. Da wir vier das alle noch nicht gewusst haben, müsste jetzt eigentlich der erstaunt-erschrockene und gleichzeitig so ergötzende »Waaas?«-Teil folgen, aber er bleibt aus. Der Nach-richtenwert einer solchen Story bei Rike – nach ihrer Vorrede und nach all dem mittlerweile angesammelten Wissen über ihre dem Abendrot entgegenblickende Beziehung mit Stefan – ist einfach gering. Die Gesichter bleiben leer, und Rike führt weiter aus:

»Warum ich es nicht mache, hat einfach den Grund: Ich kann ihn nicht anlügen. Klar kann ich es ihm verschweigen, aber wenn er mich direkt darauf ansprechen würde, müsste ich ihm die Wahrheit sagen. Das Problem, nicht lügen zu wollen, hatte ich sonst nie. Eigentlich bin ich nicht die Person, der es leidtut, wenn sie jemanden betrügt. Ich hatte da nie ein schlechtes Gewissen.«

»Aber warum nicht?«, frage ich, da mir diese Sichtweise schon ein bisschen übel aufstößt.

»Warum nicht? Weil es mir ja viel gebracht hat.«

»Und was ist mit dem typischen Gedankengang: Wenn er es erfährt, wird er total verletzt und vor den Kopf gestoßen sein. Warum zum Henker tue ich ihm so etwas an? Was ist mit der Idee ›Offenheit in einer Beziehung finde ich wichtig‹?«, harke ich nach.

»Fremdgehen muss man nicht beichten. Wenn ich es getan hab, hatte ich deswegen nie ein schlechtes Gewissen – weil mir klar war, dass mein jeweiliger Freund es nie erfahren würde.« Rike hustet kurz mit der Hand vor dem Mund und meint dann:

»Und spontanes Fremdgehen finde ich einfach nicht schlimm. Wenn ich daran denke, dass Stefan gerade mit irgendeiner anderen Tante eine Nummer schiebt, dann finde ich den Gedanken nicht so störend wie die Vorstellung, dass er mit irgendeiner Dame romantisch an einem See sitzt und sich über Gott und die Welt unterhält. Sex ist wie Sport. Ich hätte eher ein Problem damit, wenn ich wüsste, die Frau kann mit mir nicht nur in sportlicher Hinsicht, sondern auch insgesamt mithalten. Solange es nur um das Körperliche geht, gilt für mich: Was ich nicht weiß, macht mich nicht heiß.« Christina gibt ein ironisch gezischtes: »Ich höre nichts. Ich sehe nichts. Ich weiß nichts. Mein Name ist Hase« von sich und Pauline beugt sich nach vorne, als wolle sie Rike näher sein, um sie zu verstehen.

»Habt ihr denn so etwas wie eine offene Beziehung?«, fragt sie, wohl auf ein »Ja« hoffend.

»Nein, wir haben in dem Sinne keine offene Beziehung. Aber wir haben öfter über das Thema gesprochen und sind so verblieben, dass es dann in Ordnung ist, wenn der andere es nicht mitbekommt und es nur eine einmalige Geschichte ist. Und gerade da liegt jetzt mein Problem: Ich könnte es ihm nicht verheimlichen, wenn die Sprache drauf kommt, und ich weiß nicht, wie er dann reagiert. Wir haben zwar diese Vereinbarung, weil wir davon ausgehen, dass unsere Beziehung so letztlich länger halten kann, aber was passiert, wenn er dann tatsächlich aus meinem Mund hört, dass ich es getan habe? Kann er damit wirklich umgehen? Unsere Vereinbarung ist ja keine Garantie. Was er wirklich empfindet, wenn er so etwas von mir hört, kann er vorher gar nicht wissen.«

»Aber wenn ihr doch die Vereinbarung habt, dass ihr eure kleinen Abenteuer einander verschweigt, dann darf auch keiner von euch danach fragen, oder?«, fällt mir blitzartig ein und gleichzeitig überlege ich, inwiefern man Gefühlsmäßiges in einer Beziehung überhaupt so vertraglich fix machen kann. Eine Beziehung wird ja nicht auf dem Papier geschlossen, sondern aufgrund von Gefühlen, und Gefühle sind ja ein sehr rechtsfreier Raum. Und während ich mich das frage, macht Rike nur ein leicht zerknittertes Gesicht und erzählt:

»Ein befreundetes Paar ist seit neun Jahren zusammen, die haben mittlerweile auch Kinder, und die hatten auch immer so ihre kleinen Geschichten nebenher. Die kommen damit klar, weil sie wissen, dass sie gerne ihr Leben miteinander verbringen wollen«, wirft Rike noch in die Runde.

»Ich bin – ehrlich gesagt – froh zu hören, dass ihr diese Vereinbarung habt. Ansonsten wäre ich schon geschockt gewesen.« Pauline nickt leicht mit dem Kopf, um ihre eigene Aussage zu bekräftigen, bevor sie fortfährt.

»Für mich wäre das absolut kein Modell. Ich finds krass irgendwie. Für mich wäre ohne jedes Wenn und Aber sofort Schluss, wenn Jonas was mit einer anderen hätte. Ihr kennt ja meine Geschichte. Ich würde noch nicht mal einen Kuss verzeihen.«

Christina stimmt Pauline zu: »Fremdgehen geht echt gar nicht. Ich finde, selbst mit so einem Übereinkommen geht das irgendwie nicht. Wo ist denn dann der Sinn der Beziehung? Wir sind zwar auf dieser Liebesebene zusammen, machen aber beide noch so unser eigenes Ding. Für meine Begriffe ist das lieblos. Es ist auch so auf sich selbst fixiert statt auf das ›Uns‹, das ›Wir‹ und die Beziehung.« Christina hat während des Sprechens an Rike vorbeigeguckt, nun sieht sie ihr ins Gesicht und rudert mit ihrer Aussage ein bisschen zurück: »Ich will jetzt nicht sagen, dass diese Form von ›Paar sein‹, wie ich sie habe, das Maß aller Dinge ist, das soll schon jeder so machen, wie er möchte, aber ich persönlich finds ein bisschen traurig irgendwie. Für mich sind ›Treue‹, ›Vertrauen‹ und dass man einander braucht die Grundsteine einer Beziehung. Ich finde, man hat doch die Beziehung wegen der Exklusivität. Ansonsten könnte man ja auch eine Spezial-Freundschaft haben, in der man miteinander schläft und gemeinsam in den Urlaub fährt …« Es entsteht eine Pause. Rike schiebt nachdenklich die Unterlippe vor, zuckt mit den Achseln und meint:

»Ich würde vollkommen ausrasten, wenn er eine längere Geschichte hätte, weil ich darin eine Gefahr für unsere Beziehung sehen würde. Spontaner Sex involviert dich gefühlsmäßig nicht, aber sobald man anfängt miteinander zu reden …« Rike nimmt einen Schluck Weißwein und währenddessen geht in meinem Kopf ein Comic los: Zwei Menschen treffen sich, reden nicht ein Wort miteinander, nur über Blicke sagen sie sich: »Oh, du siehst aber heiß aus. Ich will mit dir schlafen.« »Super, ich auch mit dir. Zu mir oder zu dir?« »Zu dir. Wo wohnst du?« »Ich kann dir über Blicke meine Adresse nicht mitteilen, aber folge mir doch einfach.« »Okay.« »Ach, und du musst wissen, dass ich einen Freund habe, also bitte rede auf keinen Fall mit mir, weil ich mich in dich verlieben könnte.« »Okidoki. Ich halte auch weiterhin die Klappe.«

Involviert spontaner Sex einen wirklich nicht? Gar nicht? Nie? Rike scheint sich sicher zu sein.

»Deswegen ist die Sache, die ich momentan am Wickel habe, auch nicht korrekt. Ich kenne ihn eben, und das nicht erst seit gestern.«

»Was genau hast du denn da am Laufen?«, fragt Evi.

»Chris heißt der Typ, er ist ein Bekannter von Lilli. Wir haben uns ein paar Mal auf Partys echt gut unterhalten. Er ist schon ein Schnuckel, und ich weiß von Lilli, dass er mir gegenüber auch nicht abgeneigt ist. Er hat nicht im Geringsten das Potenzial für eine Beziehung mit mir, denn was Beziehungen angeht, suche ich etwas ganz anderes, so was wie Stefan eben. Und Chris ist erst 22. Er ist quasi ein Männerküken. Aber ich genieße es, in seiner Gegenwart die ganze Zeit das Gefühl zu haben, dass er mich heiß findet. Und so dumm das klingt – er kennt mich nicht –, ich könnte jede für ihn sein. Ich kann also sagen, was ich will. Und ich weiß nichts über ihn, ich kann ihn also noch alles fragen. Das ist irgendwie aufregend. Und dann immer diese Spannung in der Luft: Könnte da heute was gehen? Geht was? Ah, er gibt mir das Feuerzeug. Unsere Hände berühren sich, nur für Sekunden, aber lange genug, um meine gesammelten Nervenzellen in Alarmbereitschaft zu versetzen. Das sind Momente, die sind im wahrsten Sinne des Wortes einfach prickelnd. Und klar – ihr wisst ja, wie es um Stefan und mich betttechnisch bestellt ist –, natürlich kompensiere ich damit, was mir in meiner Beziehung aktuell fehlt.«

»Langeweile kompensierst du damit«, wird Pauline mal wieder ihre Standard-Erkenntnis los.

»Was ich irgendwie nicht verstehe: Ihr habt doch diese Vereinbarung. Dann mach es doch einfach. Vielleicht ist das Thema dann auch gegessen, wenn du es einmal machst«, meint Evi lapidar. Christina hingegen schüttelt energisch den Kopf: »Du musst Schluss machen. Ich meine, du hast vorhin gesagt, dass du keine Lust mehr hast, ihn auch nur zu küssen. Zudem denkst du darüber nach, mit einem anderen Typ ins Bett zu gehen. Wie viele knatschrote Alarmzeichen willst du denn noch sammeln?«

Rike seufzt: »Ich weiß es nicht. Vor Kurzem hatten wir noch richtig Stress, weil er höchstwahrscheinlich was mit einer Arbeitskollegin hatte. Da hat er mich auch angelogen. Das war der Knaller. Ich hatte uns als Überraschung Karten für ein Theaterstück in Mitte besorgt. Als ich ihm das am Telefon eröffnet habe, meinte er plötzlich, er hätte ja ganz vergessen, dass er abends ein Geschäftsessen hätte. Da wir den Abend ursprünglich auf jeden Fall miteinander verbringen wollten, weil wir uns schon ein paar Tage nicht gesehen hatten, meinte er, er habe daran gedacht, mich mitzunehmen, aber jetzt könnte ich ja auch mit einer Freundin losziehen, damit die Karten nicht ungenutzt verfallen.« Rike atmet durch, nachdem sie den Sachverhalt runtergerattert hat, als hätte sie Angst, wir hätten keine Lust zuzuhören, und spricht dann weiter:

»So weit war noch alles in Butter. Obwohl es mich stutzig gemacht hat, dass er mich zu dem Geschäftsessen hätte mitnehmen wollen, denn bei vorherigen Geschäftsessen war davon nie die Rede gewesen. Egal, ich wollte an dem Abend unbedingt was mit ihm machen, also hab ich Lilli die Karten gegeben und stand abends als gestriegelte Überraschung vor seiner Tür. Ganz nach dem Motto: Juchhu, ich komme mit, freu dich! Er hat sich aber nicht gefreut. Stattdessen ist er zerknirscht mit der Sprache rausgerückt, dass es kein Geschäftsessen in dem Sinne gibt, sondern dass er zu der Party seiner Arbeitskollegin Irene wollte. Und der Name Irene ist nicht zum ersten Mal gefallen. Er hat sie vorher – das war mir auch schon aufgefallen – immer mal wieder erwähnt. Zudem fand ich es höchst alarmierend, dass er lieber auf Irenes Party geht statt mit mir ins Theater, und ich fand es eigenartig, dass Stefan – mein Stefan! – mich belügt. Das war wie ein Schlag ins Gesicht. Ich hab ihn gefragt, ob was läuft mit Madame Irene, aber er meinte, da wäre nichts. Wir sind dann tatsächlich zusammen dorthin gegangen und Irenchen hat ganz schön komisch reagiert. Sie hat mich total gemustert und …« Rike bricht den Satz ab und spricht dann erst weiter:

»Wie auch immer. Aber der Umstand, dass mich die Sache so gefuchst hat, zeigt doch, dass ich sehr wohl noch leidenschaftliche Gefühle für Stefan habe, oder?«

»Dass es dich gefuchst hat, zeigt einfach nur, dass deine Theorie vom fröhlich unbekümmerten und abgesicherten Fremdgehen nicht funktioniert. Jedenfalls nicht, wenn du betrogen wirst. Vielleicht willst du, dass es für dich klargeht, damit du selbst deine Freiheiten hast, denn dir scheint es ja nichts auszumachen, wenn du ihn betrügst. Aber es macht dir wohl etwas aus, wenn er fremdgeht«, fasse ich meinen Eindruck von der ganzen Sache zusammen.

»Und du brauchst meiner Meinung nach auch nicht so erschrocken darüber sein, dass Stefan dich wegen Irene anlügt. Das war ja eure Vereinbarung, dass ihr euch eure Abenteuer nicht erzählt.«

»Ja, du widersprichst dir selbst.« Christina stimmt mir zu.

»Ich verstehe schon, warum ihr glaubt, dass ich mir widerspreche, aber so ganz stimmt das nicht. Die Geschichte mit Irene kratzt mich, weil er sie mir an dem Abend vorgezogen hätte. Es kratzt mich, weil sie zusammen arbeiten und sich schon lange kennen. Wäre er mit seinen Kumpels auf einem Junggesellenabschied auf Kneipentour und würde da irgendeine Babsi, Tina oder Mareike aufreißen und sie danach nie wiedersehen, wäre es mir egal. Wirklich. Was ich eigentlich sagen wollte: Ich glaube, dass ich ihn nicht betrügen kann, weil ich Angst vor seiner Reaktion habe, falls ich es tatsächlich nicht verschweigen können sollte. Außerdem kann ich mit Chris sowieso nichts anfangen, weil ich ihn durch Lilli immer wiedersehen würde. Das wäre genauso ein Vereinbarungsbruch wie die Sache mit Irene.«

»Ich finds irgendwie unheimlich, wie du darüber redest. Wahrscheinlich kann man einen Seitensprung wirklich besser verzeihen, wenn er spontan und einmalig mit Unbekannt passiert ist. Aber bei dir habe ich das Gefühl, dass du planst, ihn zu betrügen. Du planst, ihn spontan zu betrügen und das ist ein Widerspruch in sich. Ich kann das nicht nachvollziehen. Solche Gedanken kämen mir nie.« Christina guckt Rike an und signalisiert mit allen mimischen Möglichkeiten ihr Unverständnis.

»Ich werde Robin nie betrügen«, schiebt sie noch hinterher.

»Aber dann werdet ihr nicht für immer, wie es so schön heißt, zusammenbleiben. Ich meine, wie lange ist man sexuell aktiv? Bis achtzig? Oder sogar bis man stirbt? Keine Ahnung. Du hast durchschnittlich noch sechzig Jahre zu leben, und in dieser verdammt langen Zeit willst du nur mit diesem einen Mann bumsen? Das ist doch unrealistisch. Wie wir schon festgestellt haben, du wirst die Lust an Robin verlieren und Lust auf was anderes kriegen. Und dann wird genau das ein Trennungsgrund werden. Es müsste aber kein Trennungsgrund werden, wenn du fremdgehen würdest, um deinen Hunger auf Exotisches zu stillen, um gesättigt zu ihm zurückkehren zu können ...«

»Ich kann mir momentan absolut nicht vorstellen, die Lust an Robin zu verlieren. Denn es gibt nach drei Jahren keine Anzeichen dafür, dass es bald mit der Anziehungskraft den Bach runtergehen könnte, und ich möchte mir das auch nicht kaputt- oder einreden lassen, nur weil deine Beziehung offensichtlich den Bach runter ist.«

Rumms. Der Satz hat gegessen. Christina legt nach: »Du hängst an Stefan und machst deswegen nicht Schluss. Den Nachteil, den das mit sich bringt, dass man auch nichts Neues haben kann, willst du aber nicht in Kauf nehmen. Das ist es doch unterm Strich. Man kann nun mal nicht alles haben.« Christina ist in Fahrt:

»Das sollte jetzt nicht fies sein. Es ist einfach nur das, was ich denke. Und abgesehen davon werde ich Robin nicht betrügen. Das kann ich nicht. Ich könnte mir am nächsten Morgen im Spiegel nicht mehr in die Augen sehen.«

Rike wirkt erst vor den Kopf gestoßen, dann bekehrt und schließlich ein bisschen wehmütig. »Was auch immer«, sagt sie.

»Als ich meinen Freund damals betrogen habe, war das auch so. Genauso wie du sagst.« Evi grinst ein bisschen und stubst Christina an der Schulter an. »Ich stand morgens in dem kleinen Badezimmer von Jakob, hab mich im Spiegel gesehen und nur gedacht: *Jetzt bist du jemand anders. Jetzt bist du eine Fremdgeherin.* Klingt hohl, aber das waren meine Gedanken. Ich hab mich echt beschissen gefühlt. Und gleichzeitig war die Tatsache, dass ich fremdgegangen bin, auch ein Zeichen für mich, dass es endgültig vorbei ist, vorbei sein muss.« Evi fährt mit den Handflächen über die in Jeans steckenden Oberschenkel: »Während ich mit Jakob rumgemacht habe, war in meinem Kopf nicht das normale Evi-Programm. Ich war nicht ich selbst. Es war wie ein Traum, als könne ich das jetzt mal eben ohne Risiken ausprobieren. Mir gingen sogar Sätze durch den Kopf wie: *Vielleicht wird daraus ja was. Vielleicht ist Jakob jetzt bald mein neuer Freund.*« Evi lacht über sich selbst: »Und es war so komisch, andere Lippen und eine andere Zunge zu spüren, aufregend auch, nach all den Jahren mit Hannes. Zwischendrin hatte ich den absurden Gedanken, was wäre, wenn Hannes mich jetzt so sehen würde. Oder was wäre, wenn das Hannes wäre, den ich da gerade so inbrünstig küsse.« Evi geht sich durch die Haare: »So dumm das ist, weil ja niemand außer einem selbst schuld ist, aber natürlich habe ich erst mal ein Päckchen geheult, nachdem ich Jakobs Wohnung fluchtartig verlassen hatte. Da war nichts mit sich verrucht und toll und aufregend fühlen. Ich wusste in dem Moment, dass ich Hannes das erzählen muss, und ich wusste, wie scheiße weh ihm das tun würde. Mir war klar, dass ich damit soeben das Ende meiner Beziehung besiegelt hatte.« Evi macht große Starrblickaugen, als würde sie die Situation noch einmal vor sich sehen.

»Das war doch auch hier in Berlin, ne?«, fragt Christina noch mal nach, Evi nickt und meint in Paulines Richtung:

»Jakob ist ein Kumpel meines Bruders.« Es entsteht eine kurze Pause, danach lässt Evi verlauten:

»Ich kann nicht nachvollziehen, wie man so kalt sein kann zu sagen, dass einem der Freund, den man ja schätzt und sehr mag, nicht leidtut.« Evi guckt Rike fragend an. Rike wirkt ein kleines bisschen genervt, als müsste sie Evi zum wiederholten Male erklären, warum sie die Tatsache, dass sie kifft, nicht gleich zum potenziellen Heroinjunkie macht.

»Ich bin bei den beiden Malen, bei denen ich fremdgegangen bin, immer hundertprozentig sicher gewesen, dass mein Freund es nicht erfahren wird. Und dann leidet er ja auch nicht. Dann ist es doch egal.«

»Das ist doch extrem ungerecht. Wenn du mit jemandem so ein Abkommen hast wie mit Stefan, dann ist es wahrscheinlich auch richtig, nichts zu sagen. Aber in einer ›normalen‹ Beziehung mit geltendem Treuegesetz hat der Partner doch das volle Recht zu erfahren, mit wem du sonst noch so durch die Betten turnst, weil er selbst entscheiden muss, ob er unter diesen Umständen noch mit dir zusammen sein möchte«, kontert Evi.

»Heute könnte ich das auch nicht mehr. Ich hab ja schon gesagt, dass ich es Stefan wahrscheinlich sagen müsste, wenn er mich fragen würde. Das ist ja gerade der Punkt. Ich schäme mich dafür, dass ich ahne, dass ich es ihm sagen würde. Ich halte diesen Mitteilungsdrang nämlich für alles, aber nicht heroisch. Das macht man doch nur, um die Absolution zu erhalten. Ich in meinem Fall würde gerne von Stefan hören wollen, dass es wirklich okay für ihn ist. Und andere Mädchen mit schlechtem Gewissen wollen, dass der gehörnte Freund ihnen verzeiht. Sie hauen ihm erst die Axt ins Herz, hoffen dann aber aufgrund ihrer Aufrichtigkeit auf eine mildere Strafe. Das sind doch eigentlich die Schlimmsten.« Rike redet plötzlich extrem schnell: »90 Prozent aller Beziehungen sind dann für die Tonne. Selbst wenn man zusammenbleibt, ist das Vertrauen weg. Was hat man also davon, wenn man es sagt? Man tut dem anderen weh und die Beziehung geht kaputt. Wenn man die Klappe hält, hatte man eine einmalige schöne Sache, ein bisschen Aufregung und weiß den eigenen Freund unter Umständen wieder mehr zu schätzen. Alles andere ist in meinen Augen altmodisches Schwarz-Weiß-Denken.«

»Von dem kannst du dich aber auch nur theoretisch losmachen, meine Liebe«, necke ich Rike.

»Momentan scheint es so«, meint sie ein bisschen zickig.

Ich leere mein Weinglas und gucke in die Runde. Jetzt schnell ein anderes Fass aufmachen: »Hast du schon mal jemanden betrogen, Pauline?«

»Ich hatte während der Sache mit Boldt eine andere Sache am Laufen, also nachdem wir wieder mal Schluss gemacht hatten. Er, also Niels, hat es Beziehung genannt. Ich hab mir keine großen Gedanken darüber gemacht. Ich bin abends bloß immer zu ihm hingefahren, wir haben gekocht, Videos geguckt, ich hab ihm die ganze Boldt-Story erzählt und wir haben miteinander geschlafen. Aber ich hab ihn dann nach wenigen Wochen mit Boldt betrogen. Aber es hat sich für mich nicht wie betrügen angefühlt, eher war diese Sache mit Niels ein Betrug an Boldt, weil ich vom Kopf her immer noch mit ihm zusammen war.« Pauline seufzt:

»Dumm war ich damals. Dümmer als Stroh. Ich würde Jonas niemals betrügen. Wenn ich Lust auf einen anderen Kerl hätte, würde ich einen Dreier vorschlagen.« Pauline grinst.

»Ja, ja!«, kommt von Christina und es klingt ganz so, als würde sie Pauline keinen Funken Glauben schenken.

»Für Niels war das Ganze auch okay. Er hatte aus den Gesprächen mit mir eh ablesen können, dass er eher ein Übergangsfreund und Seelentröster war. Ich glaub auch nicht, dass er wegen der Story auf diesen Selbstfindungstrip nach Indien gegangen ist.« Pauline lacht:

»Aber er ist immer noch nicht zurück.«

20. »Fuck Forever – If you don't mind«

Was hat den besten Sex zum besten Sex gemacht?

Rike stößt ein: »Pfff!« aus und meint dann: »Das ist schwer zu sagen, ich hatte noch nicht so viel guten Sex.« Erst gucken sich vier Mädchenköpfe gegenseitig an, dann folgt Gelächter:

»Was für eine harte Aussage mal wieder. Madame, was geht? Ich dachte, du gehörst zu der seligen Fraktion, die eh jedes Mal zu ihrem Ziel kommt. Und ich dachte, Stefan wäre eine Art Garantieschein dafür.« Rike grinst:

»Ja, das ist er auch. Aber der gute Sex, von dem ich erzählen könnte, ist halt immer mit den zwei gleichen Personen. Ich dachte, die Frage wäre mehr darauf gemünzt, von verschiedenen Erlebnissen zu berichten. Und da muss ich sagen, ich hab die Zeit zwischen meinen beiden langen Beziehungen zwar gut genutzt, aber bei den einmaligen Geschichten oder Affären hatte ich selten guten Sex, weil ich dabei nie auf mein eigenes *Wohl* geachtet habe, sondern total die Show abgezogen habe, damit der Typ bei der nächsten Stammkneipenrunde bloß erzählt, dass ich es voll drauf habe.«

»Haste ja gestern schon erzählt«, meint Pauline gespielt genervt.

»In meinen Beziehungen hatte ich aber guten Sex, klar«, schiebt Rike noch hinterher.

»Und was macht den aus?«, frage ich in allerschönster Talkshow-Host-Manier.

Christina kratzt sich am Kinn: »Wenn man es zum magischen O schafft, ist das schon ganz nett. Obwohl man auch guten Sex haben kann, ohne zu kommen, das ist mal klar.« Und Pauline meint: »Was Sex betrifft, kommt es auch auf die Gefühlslage an. Man kann rein technisch gesehen extrem schlechten Sex haben und den aber trotzdem als wahnsinnig guten Sex wahrnehmen, wenn die Tatsache, mit wem du im Bett gelandet bist, schon aufregend genug ist, oder?« Pauline guckt in die Runde:

»Am prickelndsten ist es ganz einfach immer dann, wenn man gefühlsmäßig richtig involviert ist.« Evi nickt zu Paulines Ausführungen und meint dann:

»Ich finde, das wichtigste Kriterium für guten Sex ist, wenn man in diesen Zustand kommt, in dem man alles um sich herum vergisst, wenn man schon gar nicht mehr weiß, wer man ist und wo man ist. Wenn man in diesem Rausch ist, in dem man Dinge macht, über die man später lieber nicht mehr nachdenken möchte …«

»Wenn Raum und Zeit ausgeschaltet sind …«, verkündet Christina bedeutungsschwer, dazu wild mit den Händen in der Luft rumfuchtelnd.

»Das ist doch die große Kunst, wenn man alles ausblenden kann, wenn man nicht darüber nachdenken muss: *Äh? Was mache ich jetzt als nächsten Schritt?* Sondern wenn alles einfach läuft und fließt.« Evi sucht in unseren Gesichtern nach Zustimmung, aber Pauline macht ein leicht angewidertes Gesicht. »Fließt …«, wiederholt sie, und alle Interpretationsmöglichkeiten bleiben offen.

»Ich würde sagen, dass man gerade dann den besseren Sex hat, wenn man den anderen schon kennt und auch schon öfter mit ihm geschlafen hat. Vertrauen ist wichtig, und damit meine ich nicht nur das klassische Vertrauen, sondern auch das Vertrauen, dass er einen heiß findet. Wenn man sich zum ersten Mal vor jemandem auszieht und nicht sturzbetrunken ist, denkt man sofort an all die kleinen Geheimratsecken, die der eigene Körper nun mal hat, und man möchte von der Jury ja kein schlechtes Urteil kriegen. Wenn es aber nicht Akt eins, sondern Akt neun ist, sind solche Unklarheiten vom Tisch, weil vielleicht schon Worte oder Blicke gefallen sind, die alle Zweifel ausgelöscht haben. Oder weil man die Tatsache, dass es einen Akt neun gibt, auch einfach schon als Bestätigung sieht, dass die Akte eins bis acht nicht so abstoßend gewesen sein können.«

»Das kenne ich auch. Außerdem hat man bei Akt neun ...«, Christina verwendet Evis Begriffe in gesprochenen Anführungszeichen, »auch schon viel eher einen Plan davon, was der Gegenüber denn genau möchte: welches Tempo er mag, wo er am liebsten angefasst wird und wie, und all so was ...«

»Der perfekte Sex ist, wenn man das Gefühl vermittelt kriegt, dass er jetzt mit dir schlafen *muss*. So als gäbe es jetzt keinen anderen Ausweg mehr, als würde er sonst explodieren, implodieren oder jämmerlich zugrunde gehen. Der beste Sex ist, wenn man schon beim Küssen gegen die Wand gedrückt wird, wenn man keine Zeit hat Luft zu holen, dieses Sich-gegenseitig-verzehren-Wollen«, werfe ich blumig in die Runde.

Christina sieht kurz so aus, als wäre sie mit den Gedanken woanders und meint dann:

»Unbedingt miteinander verschmelzen zu wollen, ist nett; dieser extrem romantische *Rendezvous mit Joe Black*-Sex ist toll und episch, wenn einem im Glückstaumel der Vereinigung Tränen kommen. Aber dieser aggressivere Sex, bei dem man sich Sachen sagt, die man am nächsten Tag aus seiner Erinnerung radieren möchte, hat auch seinen Reiz. Ich würde sagen, dass diese beiden Gangarten die beiden Seiten der Goldmedaille ›Perfekter Beischlaf‹ sind.«

»Mmh, verruchter Sex ist eher was für mich. Bei romantischem Sex schalte ich eher ab«, nuschelt Rike.

»Stichwort Romantik!« Evi streckt einen »Ich weiß was«-Zeigefinger in die Luft: »Früher war ich total der Kerzen-und-

Kuschelmusik-Sextyp, das bin ich heute nicht mehr.« Sie lacht in sich rein: »Das ist wahrscheinlich so ein Teenager-Ding, dass man sich auf Rosen gebettet an die schmutzige Sache gewöhnt, oder?« Nach alldem, was man heute über »die Teenager« weiß und nach allem, was wir selbst noch aus unseren nicht allzu lang verflossenen Teenagerjahren wissen, würde ich diese These nicht unterschreiben, sondern grinse nur.

»Ich finde, wir sollten mal mit den Fakten auf den Tisch«, fordert Rike und schlägt demonstrativ mit der Hand auf den kleinen, leicht instabilen Couchtisch in unserer Mitte, der zusammen mit all dem, was auf ihm steht, erst mal hübsch klappert. »Es tut mir ja sehr leid für die Männer, aber es kommt, verdammt noch mal und um alle Gerüchte und Märchen aus der Welt zu schaffen, darauf an, wie groß ›er‹ ist.«

»Es ist ein Klischee, aber ich muss sagen: Das sehe ich genauso.« Christina lacht ein bisschen angeberisch, schließlich schwingt in diesem Lachen mit, dass Robin eher ein sehr potenter Geländewagen denn ein Smart ist.

»Die Männer, mit denen ich den schlechtesten Sex hatte, hatten auch einfach den Dünnsten und Kürzesten, da muss es doch einen Zusammenhang geben«, wirft Rike in Christinas dreckiges Siegerlachen. Evi macht einen spitzen Mund und fragt dann:

»Geht es euch eigentlich auch so, dass ihr das beste Stück eines Mannes immer eher als sein hässlichstes Stück gesehen habt? Es ist nicht so, dass ich eine Phobie hätte, aber so richtig ästhetisch fand ich irgendwie noch keinen ...« Vonseiten der anderen Mädels folgt erst mal keine Reaktion:

»Aber jetzt was Tom angeht ...« Evi macht ein beschwipstes Gesicht. »Diesmal finde ich ihn echt ...« Sie sucht nach Worten, findet anscheinend keine und meint dann: »Habt ihr diesen Film gesehen, wo sie in einer Szene sagt: *Er ist so schön, ich möchte ihm ein Mützchen stricken?* So geht es mir bei Tom auch.«

Selbstverständlich bricht die Horde jetzt in Gelächter aus. Ich muss schmunzeln, rufe die Damen aber auf, zum Thema zurückzukehren.

»Ladys, wir verlieren uns in leicht unsinnigen Details, denn meine Erfahrung ist: Wenn man verliebt ist, findet man auch den Dreck unter seinen Fingernägeln toll. Und meine zweite Erfahrung ist: Wie ›er‹ aussieht, ist beim Sex nun wirklich egal, da er in den wichtigsten Momenten eh nicht zu sehen ist.« Ich kämme mir eine schwarze Strähne hinter das Ohr: »Der unsichtbare Hauptdarsteller oder so.« Ich will gerade eine Frage stellen, als Evi bockig verlauten lässt:

»Pff, ›Dreck unter den Fingernägeln toll finden …‹ Ich bin aber nicht in Tom verliebt!« Bevor die Diskussion und das Ansinnen losbricht, Evi davon zu überzeugen, sich nicht länger was vorzumachen, frage ich: »Gabs denn für euch auch Orte oder Umstände, die den Sex zu einer einmalig guten Sache gemacht haben?«

»Mmh, ich mag es draußen«, gibt Rike zu Protokoll. »Aber dabei muss man mit der Wahl des Ortes immer sehr vorsichtig sein. Dieser Kick, dass andere einen dabei erwischen könnten, ist für mich nämlich kein Kick, sondern eher eine Art Horrorvorstellung. Und so Sachen wie in der Küche oder so …« Rike wiegt den Kopf hin und her: »Ich weiß nicht, ich muss sagen, da finde ich das Bett echt praktischer. Da hat man eine weiche Unterlage, da kann man sich danach in die Kissen zurückfallen lassen, ist doch dufte. Gymnastik macht man ja auch auf der Matte und nicht im Hausflur. Und für mich steigert das auch nicht die Verruchtheit, wenn ich Sex auf der Waschmaschine habe. Ich habe das zwar alles schon mal ausprobiert, aber nur um zu gucken, wie das so ist, und um es mal gemacht zu haben, einmal und dann nie wieder.«

»Gezielt würde ich das jetzt nicht machen. Ich meine, man sitzt schön zusammengekuschelt auf dem Sofa, ist in Laune für mehr und sagt dann: ›Komm, lass es uns mal auf der Waschmaschine machen.‹ Oder was?« Evi guckt fragend in die Runde.

»Wohl eher nicht. Aber es ist eine total andere Sache, wenn man gerade im Waschkeller ist und plötzlich irre heiß aufeinander wird. Dann möchte ich, dass die Action auch genau dort über die Bühne geht. Dann zu sagen ›Komm, Schätzchen, lass uns mal fix ins Schlafzimmer pilgern und dort schön die Tür zumachen und ab gehts‹ ist genauso stimmungstötend, wie vom Sofa gezielt zur Waschmaschine aufzubrechen«, gibt Rike zu bedenken und Christina nickt stürmisch:

»Das ist doch das Beste. Dieses heiße Nicht-mehr-warten-Können und dann an Ort und Stelle übereinander herfallen. Man hat so viel Adrenalin im Körper, dass man eh nicht merkt, dass es gerade nicht so bequem ist, wie es im Bett sein könnte. Also, ich hatte schon sehr guten Sex im Bett, aber auch in einem viel zu kleinen Auto.« Christina schenkt sich Wein nach. »Die aufgeschrappten Knie nehme ich dafür dann auch gerne in Kauf.«

»Solche Erlebnisse geben so diesen Zusammenschweiß-Effekt, wenn man nach Hause geht und sich denkt: *Haha, was wir gerade gemacht haben ...*« Rike grinst.

»Ja, genau!«, stimmt Christina zu, bevor sie ihr Weinglas an die Lippen hebt.

»Mmh.« Pauline stimmt nicht besonders überschwänglich zu:

»Klar sind das meistens die verrücktesten oder die krassesten Sex-Momente, wenn du zum Beispiel auf der Clubtoilette mit jemandem schläfst und dabei die Handykamera auspackst und das Ganze filmst. Aber das ist ja nicht unbedingt der beste Sex vom Gefühl her.«

»Hast du das gemacht?«, fragt Evi mit kugelrunden Augen.

Pauline nickt trocken: »Ja, hab ich. Das war schon ein Erlebnis. Ich meine, wir waren nicht gerade leise dabei, und die anderen Mädchen, die ja eigentlich nur aufs Klo wollten, fanden die Geräuschkulisse wohl nicht so hip, wie man das in einem so hippen und coolen Club eigentlich hätte erwarten können.« Pauline schiebt gespielt beleidigt die Unterlippe vor: »Aber das Verrückteste an der Sache ist wohl, dass ich mir bis heute nicht sicher bin, ob er den Film wirklich gelöscht hat.«

»Oh, das war also nicht mit Jonas?«

Pauline schüttelt den Kopf.

»Solange du nicht Bundespräsidentin werden willst, sollte das Filmchen kein großes Risiko darstellen«, versuche ich zu witzeln. Pauline zuckt mit den Schultern und holt dann eine weitere Geschichte aus ihrem Sex-Nähkästchen:

»Mit Jonas hab ich vor Kurzem etwas anderes Nettes gemacht. Wir haben uns in Köln so ein reiches, schickes Villenviertel ausgesucht und sind da am späten Abend durchspaziert. Ich hatte ein kurzes Kleid an und selbstverständlich nicht die Spur von Unterwäsche. Während wir gingen, haben wir kein Wort miteinander geredet. Dann hat er mich irgendwann direkt auf Höhe einer Haustür an einen Laternenpfahl gedrückt, und tja ...« Pauline zwinkert, räuspert sich kurz mit der Faust vor dem Mund und meint dann: »Das ist auf jeden Fall eine Story, an die man sich manchmal gerne erinnert, aber ich würde das trotzdem nicht als den besten Sex ansehen. Sex in einer Beziehung kann viel, viel besser sein als so etwas. Bloß die sehr guten Male, die man zwischendurch immer mal wieder im Bett hat, die bleiben einem nicht so glasklar in Erinnerung wie so ein Laternenpfahl-Stelldichein.« Pauline hält kurz inne und flüstert dann:

»Aber man kommt sich schon sehr verrucht vor, wenn man sich dann den Rock wieder straff zieht, weitergeht, als sei nichts gewesen, und das Sperma läuft einem warm den Oberschenkel runter, während einem ein altes Ehepaar mit Hund entgegenkommt ...«

»Das sind die berühmten Erinnerungen, die einen noch mehr zusammenschweißen«, grinst Evi.

»Auf jeden Fall«, nickt Christina: »Aber auf voyeuristische Sachen oder auf Toiletten-Beischlaf stehe ich nicht so. Gerade eine Clubtoilette ist ja eher so ein Ort, an dem man sich nicht länger als nötig aufhalten möchte. Obwohl ...« Christina scheint just in diesem Moment etwas eingefallen zu sein: »Letztens bei Marek auf der Party, da haben wir es auch auf der Toilette gemacht.«

»Bei Marek?« Ich mache große Augen, denn auf der Party war ich alte Partykönigin ausnahmsweise auch.

Christina lacht nur hysterisch: »Haste das nicht mitbekommen? Wir wurden doch erwischt. So ein Typ hat an die Tür geklopft und meinte, er fände es langsam gar nicht mehr witzig, weil er voll aufs Klo müsse und wir schon seit einer halben Stunde da drin wären ...«

»Was für ein Spielverderber.« Ich grinse und bin gleichzeitig erstaunt, dass mir ein halbstündiges Christina-und-Robin-Fehlen nicht aufgefallen ist. Muss wohl eine Wahnsinns-Party gewesen sein.

»Jedenfalls war es später sehr witzig, als wir wieder mit allen anderen auf der Couch saßen und uns nur so dachten: *Weißte noch gerade? Hihi.* Da war dann die ganze Zeit wieder dieses Knistern. Dieses Gefühl, das man am Anfang einer Beziehung hat, wenn man nebeneinander in einer Runde sitzt, und man sich die ganze Zeit alle anderen nur wegwünscht, weil man sich am liebsten gegenseitig anspringen und zerfleischen möchte.« Christina macht eine kurze Pause, guckt in leicht belustigte Mädchengesichter und ergänzt dann noch: »Jedenfalls sind solche Momente wichtig, gerade in einer langen Beziehung, so was hält es frisch.«

»Ich glaube nicht, dass ich das noch könnte, mit Stefan spontan auf einer Party abstürzen. Ich kann ihm gegenüber einfach nicht mehr diese *femme fatale* sein ...« Rike kaut an ihrem Zeigefingernagel.

»Ich gerate in Gefahr mich zu wiederholen, aber ich bin wirklich der festen Überzeugung, dass ihr beiden mittlerweile nur noch Freunde seid. Wenn man keinen Sex mehr hat, dann entfernt man sich als Paar auch voneinander.« Christina klingt bestimmt.

»Das war bei mir und Hannes genauso. Man verliert das Pärchengefühl, wenn das Innige fehlt, weil man dann keine Intimität mehr teilt, außer vielleicht intime Gedanken.«

»Ich glaube, an dem Punkt können wir wunderbar im nächsten Kapitel anknüpfen: Wie wichtig ist Sex uns eigentlich?«, führe ich galant wie ein Moderator der alten Schule mit Stock und Hut ins nächste Kapitel.

21. Durststrecken. Sättigungsphasen. Sex

Wie wichtig ist uns der Volkssport eigentlich?

»Was meinst du damit: Wie wichtig uns Sex in einer Beziehung ist oder wie wichtig er uns generell ist?«, fragt Christina, nachdem ich die Frage vorgelesen habe.

»Beides«, antworte ich ihr grinsend.

»Wie wir bereits festgestellt haben, ist Sex in einer Beziehung extrem wichtig. Sex ist so etwas wie der Gradmesser, wie verliebt man noch ineinander ist, wie heiß man sich noch findet. Und ich finde, wenn man guten Sex hat, ist man meilenweit von einer Trennung entfernt; man ist einfach auf der sicheren Seite. Es gibt ja zum Beispiel Pärchen, die sind seit Jahren zusammen, erscheinen aber nie gemeinsam in der Öffentlichkeit, und wenn doch, kloppen sie sich in einem Faden durch. Man fragt sich da immer: Was zum Henker verbindet die beiden eigentlich? Und wenn man mit denen zwei Takte darüber redet, ist alles klar: Sie finden sich heiß und bei ihnen gehts im Bett oder sonst wo auch ziemlich wild her. Leidenschaft eben. Und das ist es doch, was wir suchen, wenn wir sagen, wir wollen eine neue Beziehung. Klar, wir wollen auch wieder jemanden zum Anlehnen, jemanden, auf den man sich verlassen kann, jemanden, der für einen da ist, aber das ist nicht das Erste, wonach man sich sehnt: Das Erste ist Leidenschaft. Also auch Sex. Also ist Sex in einer Beziehung schon sehr wichtig. Ich würde sagen, Platz zwei in der Prioritätenliste.« Christina streicht sich die blonden Strähnen aus der Stirn.

»Was ist Platz eins?«, fragt Evi grübelnd nach.

»Liebe?«, gibt Christina irritiert zurück und wir starren auf den kleinen Tisch in unserer Mitte wie Pfadfinderinnen ins Feuer.

»Ach ja …«, hören wir von Evi, »macht Sinn.«

»Ohne Sex ist die beste Beziehung eben nur noch eine Freundschaft. Vielleicht eine innige Freundschaft, aber eben nur noch eine Freundschaft. Das ist es, was Paare von Freunden unterscheidet: miteinander schlafen.« Für Christina scheint das alles eine ziemlich einfache Kiste zu sein.

»Ich finde, so easy lässt sich das nun auch wieder nicht abstecken. Ob man Freund oder Beziehungspartner ist, lässt sich nicht an solchen Offensichtlichkeiten erkennen. Ich bin mir ziemlich sicher, dass es auch innige, sexlose Liebe geben kann, genauso wie es Freunde gibt, die gerne mal aufeinander rumturnen. Man kann da nicht nach äußeren Faktoren gehen. Ob man noch ein Paar ist, das muss man spüren. Und wir werden bald erleben, was Rike aus dem ganzen Salat ohne Dressing mit Stefan macht. Aber ich würde zustimmen, wenn du sagst, dass Sex enorm wichtig ist für eine Beziehung – er hält ein Paar nicht nur körperlich, sondern auch gefühlsmäßig zusammen.« Ich räuspere mich.

»Generell finde ich Sex aber nicht so wichtig«, lässt Evi uns wissen und redet gleich weiter:

»Das ist jetzt vielleicht eine eher *uncoole* Äußerung – keinen Sex zu haben, keinen Sex zu brauchen oder Sex nicht so wichtig zu finden, gilt ja sowieso als uncool und langweilig. Weil Sex eine Sache ist, der in den Medien und in Gesprächen und generell immer ein riesiger Stellenwert zugemessen wird. Haste welchen, biste was. Haste keinen, biste ein armes Ding. Die ach so wichtigste Nebensache der Welt. Ich finde das – ganz ehrlich – alles ein bisschen übertrieben. In einer Beziehung ist mir Sex schon wichtig, aber generell? Wenn ich Single bin, sehne ich mich zwar nach einer neuen Geschichte mit einem neuen Typen, aber das bezieht sich dann nicht explizit auf Sex. Das ist eher die Aufregung, jemand Neues kennenzulernen, die Lust darauf, sich zu verlieben und die Lust rumzumachen. Aber ich sitze nicht in meinem Zimmer, kaue an meinem Bleistift und denke: *Jetzt hätte ich gerne Sex.* Der Appetit drauf kommt erst, wenn man mitten im Spiel drin ist, oder?« Evi schaut fragend in unsere bunte Runde.

»Na ja …«, meint Pauline zögerlich. »Ich kau dann zwar nicht unbedingt auf einem Bleistift rum, aber ich erwische mich schon ganz schön oft dabei, dass ich irgendwo rumsitze und plötzlich Lust auf Sex kriege.«

»Dieser typische Moment ist ja der, in dem man schon was getrunken hat, es läuft Musik, die ein bisschen Euphorie oder Brunftgefühle versprüht, es ist eher bar- oder clubmäßig schummerig, und schon denkt man sich: *Rrrrr …*«, grinse ich. »So wie letztens, als wir mit unserem Weinchen in diesem Theaterstück saßen, auf einmal *Rape Me* von Nirvana lief und die Nebelmaschine anging.« Ich haue Rike erinnerungsfördernd auf den Oberschenkel, sie grinst und ergänzt:

»In dem Moment hatte ich eher das Gefühl, ich bin wieder 16 und in der Dorfdisco und warte darauf, dass den Dorfjungs endlich auffällt, wie hocherotisch ich mein Haar zu Nirvana durch die Gegend schmeißen kann.« Rike lacht ihre typische raue Lache und sagt dann:

»Aber man hört sich oder eine Freundin ja schon öfter sagen: ›Verdammt, ich brauche mal wieder oder jetzt sofort oder wann auch immer Sex.‹ Aber ich bin mir nicht wirklich sicher, inwiefern man das tatsächlich so meint.« Christina sieht meinen verdutzten Blick, wir müssen deswegen kurz grinsen und ich frage: »Hä?«

»Wenn wir Mädels fremdgehen, machen wir das nicht unbedingt wegen des puren Sexes, sondern wegen all der Dinge, die damit verknüpft sind: die Aufregung, was Spannendes und Verbotenes erleben und erzählen zu können, eine Prise Selbstbestätigung, solche Dinge eben. Und ich glaube auch, dass wir eigentlich etwas anderes meinen als den bloßen Fleischesakt an sich, wenn wir herumkrakeelen, dass wir Sex brauchen. Man sehnt sich eher nach Aufregung, nach Knutschen und eben generell nach einer Jungskiste.« Rike schlägt die Beine übereinander und Evi nickt hektisch: »Das meinte ich doch eben.« Rike geht darauf nicht weiter ein, sondern führt aus:

»Lust auf Sex kriegt man immer erst dann, wenn man das passende Exemplar gefunden hat. Wenn man plötzlich diesen fokussierten Blick kriegt. Wenn man den Mann plötzlich nicht mehr als Ganzes sieht, sondern wenn man plötzlich von Kleinigkeiten fasziniert ist. Zum Beispiel wie er mit seinen Händen eine Weinflasche öffnet. Oder wenn man hinter ihm steht und wie ein witternder Hund den Duft einsaugt, den er verströmt. Das sind doch eigentlich die Momente, in denen man Lust auf Sex kriegt, oder nicht?« Es ist bezeichnend, dass mir ähnliche Momente aus der nahen Vergangenheit einfallen, auf die diese Beschreibung genau passt. Das Bild des witternden Hundes klingt zwar nicht besonders sexy für eine Frau, in der gerade die Lust entfacht worden ist, aber es passt.

»Wenn meine These stimmt«, verkündet Rike grinsend, »dann bedeutet das, dass wir Damen eigentlich hervorragend ohne Sex auskommen und auch keinen gesonderten Drang danach haben, es sei denn, wir haben ein besonderes Schnitzel im Auge.«

»Aua!«, mache ich und halte mir ein Auge schützend zu, man guckt mich kurz an, runzelt die Stirn und achtet wieder auf Rike und ihre Ausführungen:

»Was bedeutet, dass uns Sex nur situationsmäßig wichtig ist, wie zum Beispiel in einer Beziehung oder in einer konkreten Situation mit Mann XY.«

»Klar, Sex ist nur situationsmäßig wichtig«, höre ich mich sagen, »Essen ist dir auch nur dann wichtig, wenn du Hunger hast.

Aber wie wichtig etwas ist, hängt doch davon ab, wie häufig eine solche Situation auftritt, in der man es braucht.«

»Wow, jetzt werden wir pseudo-analytisch und kommen mit Sicherheit keinen Deut voran.« Pauline grinst.

Rike hält kurz inne, schüttelt den Kopf und meint:

»Ich glaube jedenfalls, dass Sex uns ganz anders wichtig ist als Männern. Bei Männern hab ich immer das Gefühl, dass sie, solange sie nicht todmüde oder sterbenskrank sind, immer Lust auf Sex haben, immer welchen vertragen könnten und auch generell viel öfter an Sex denken als wir. Ich meine, wie viele Männer hat man schon auf rein platonischer Ebene kennengelernt, bei denen sich die Sex-Frage noch nicht mal im Ansatz gestellt hat, weil einen dieses Exemplar Mann gar nicht zu solchen Gedanken inspiriert, und dann kommt irgendwann von diesem Mann eine Äußerung, die dich total aus der Bahn wirft, weil sie beweist, dass er das Thema sehr wohl auf dem Schirm hatte. Männer stellen den Sex-Modus eben nicht aus, es sei denn, sie finden die Frau äußerlich abstoßend oder sie sind zu eng mit ihr verwandt. Frauen machen diesen Sex-Modus nur in Situationen an, in denen sie gezielt gereizt werden, an Sex zu denken, sei es durch Alkohol und Musik, sei es durch ein saftiges Exemplar Mann, das vor ihnen steht ...« Rike überlegt und setzt dann noch einen drauf:

»Männer sehen irgendeine Brust und der Gedanke an Sex ist aktiviert, Frauen brauchen einen ganz bestimmten Mann, mit dem sie gefühlsmäßig irgendwas verbinden, sei es Zuneigung, sei es Bewunderung, sei es Respekt, sei es irgendetwas und dann kann irgendein Körperteil, oder irgendeine Bewegung, irgendetwas Gesagtes oder die bloße Anwesenheit desjenigen einen in Laune versetzen. Aber generell kommt es seltener vor.«

Ich nicke: »Es klingt, als könntest du recht haben. Aber ich glaube, man sollte nicht so holzschnittmäßig von ›die Männer‹ reden. Ich kann mir nicht vorstellen, dass sie bei exakt bei jeder

Brust, die nicht ganz abstoßend ist, sofort an die drei Buchstaben denken.«

»Nee, aber sie denken: Auspacken! Anfassen!« Rike nickt bestimmt.

»Doch. Da hab ich mich mit Stefan mal einen ganzen Abend lang drüber unterhalten. Man ahnt gar nicht, wie man tagtäglich gescannt wird, und welche anzüglichen Urteile jeden Tag über einen gefällt werden.«

Ich zucke mit den Achseln und Pauline stellt neuen Orangensaft auf den Tisch.

»Denkt ihr täglich an Sex, wenn ihr nicht in einer Beziehung seid?«, fragt Evi plötzlich.

»Das mache ich definitiv nicht täglich.« Rike lacht und wir anderen stimmen zu.

»Mal ehrlich, es ist doch auch echt selten, dass man ein männliches Exemplar sieht, bei dem man sich denkt: *Oh Mann, bitte komm mir doch mal n bisschen zu nahe*«, werfe ich in die Runde.

»Ich sehe so ein Exemplar jeden Tag«, meint Christina keksmäßig und wir anderen geben stöhnend »Wir können das Glück nicht mehr ertragen«-Laute von uns.

Ich bin mit dem Kopf immer noch bei Rikes Ausführungen zum Thema »Sex ist Frauen nur situationsbedingt wichtig« und meine dann: »Ich glaube, Rike hat recht. Wenn man in einer Beziehung ist oder jemanden im Auge hat, dann hat man eher Sex im Kopf, als wenn beides nicht der Fall ist.«

»So blöd das klingt, aber ich könnte auf Sex eher verzichten als auf Essen zum Beispiel«, kommt es von Evi, die schnell noch erklärend hinterherschiebt: »Wenn man ohne Essen überleben könnte.«

»Das ist so eine bekloppte Frage, über die man sich keine Gedanken machen muss, weil man wahrscheinlich nie vor einer allmächtigen Gottheit sitzen wird, die einen mit blecherner Stimme fragt: ›Juleska, möchtest du in deinem weiteren Leben lieber essen oder bumsen? Überlege deine Entscheidung gut. Du kannst nur eine Sache wählen.‹«, sage ich mit tiefer Stimme. Pauline lacht ein bisschen, wahrscheinlich aber eher über mich als mit mir, und meint dann:

»Wie heißt es noch so schön: Wie wichtig einem etwas ist, merkt man erst, wenn man es nicht mehr hat. Wir gehen jetzt alle ins Kloster, und dann gucken wir, ob wir die Rumbuckelei vermissen.«

»Wir hätten mit Sicherheit verdammt obszöne Träume«, mutmaßt Rike und gähnt.

»Die hab ich sowieso!«, prahlt Pauline, und Rike streckt sich und fasst zusammen: »Ich glaube, dass wir uns auf folgendes Fazit einigen können: Sex ist uns wichtiger, wenn wir in einer Beziehung sind. Als Singles können wir auch ganz gut mal ohne Sex leben. Entzugserscheinungen sind uns jedenfalls keine bekannt, richtig?«

Ich lache: »Wenn es welche gibt, lass ich es euch wissen! In ein paar Wochen dürfte es wohl spätestens so weit sein ...«

22. Die Folgen des Beischlafs:

Was wäre, wenn wir jetzt schwanger werden würden?

»Abgesehen davon, dass es momentan leider fast unmöglich ist, dass ich schwanger werde, würde ich ganz einfach sagen: Wenn ich jetzt schwanger werde, kriege ich in neun Monaten ein Kind«, sagt Rike spontan.

Ich klatsche Beifall: »Rike, du hast im Sachkundeunterricht in der dritten Klasse wirklich ganz hervorragend aufgepasst.«

»Ich würde das Kind auch kriegen, logisch«, meint Pauline trocken und ignoriert meine anscheinend schlechte Witzel-Einlage komplett.

»Warum sollte man es auch nicht kriegen?«, fragt Rike etwas perplex.

»Warum würdet ihr es ohne jede Frage kriegen wollen?«, frage ich und merke, dass ich es bin, die die böse Frage »Schwangerschaftsabbruch – ja oder nein?« aufwirft.

»Ich wüsste ganz einfach, Stefan wäre der perfekte Vater, selbst wenn ich mich von ihm trenne. Er wäre für das Kind da. Außerdem steht bei mir schon lange fest, dass ich gerne zwei Kinder haben möchte. Ich habe sogar richtig Bock darauf, Mutter zu werden. Ich glaube auch nicht, dass mich das beruflich in Ketten legen würde. Ich ziehe es ja durchaus in Erwägung, Lehrerin zu werden, und es wäre kein Problem, wenn ich nach dem Bachelor ein Jahr aussetzen würde, um mich um mein Kind zu kümmern und dann den Master mit Kind im Schlepptau zu machen. Es gibt ja viele Studierende mit Kind. Außerdem habe ich auch noch meine Mutter in petto, für die es auch kein Problem wäre, ab und an auf meinen Sprössling aufzupassen – im Gegenteil, die würde sich sogar riesig freuen. Und ich meine, ich hab selbst in meiner Kindheit mitbekommen, dass Kinder nicht so gravierende Einschränkungen bedeuten, wie man das immer von den Rabenmüttern vom Dach gekrächzt hört. Viele Frauen denken ja, dass sie mit Kind nur noch Muttertier sind, nicht mehr feiern gehen können und dann zwangsweise spießig und langweilig werden. Meine Mutter hat das Leben trotz Kind in vollen Zügen genossen, und ich hab kein Stück drunter gelitten.« Rike kämmt sich eine dunkle Strähne hinters Ohr: »Ich hab, ehrlich gesagt, schon darüber nachgedacht, ob ich nicht dieses Jahr noch schwanger werden möchte …«

Ich setze diesen skeptischen Blick auf, den man hat, wenn man von einer erstaunlichen Sache hört, die man nicht glauben kann. Zum Beispiel bei so etwas wie: *Genialer Streich der Wissenschaft! Erstes fliegendes Schwein erschaffen.* Untertitel: *Kongress tagt zum Thema: Sinn und Nutzen der neuen Spezies.*

»Das kann nicht dein Ernst sein. Dieses Jahr?«, frage ich. Rike zuckt völlig unbeeindruckt von meiner Reaktion mit den Schultern.

»Dass du so eine Anti-Kinder-Einstellung hast, wissen wir ja«, sagt sie schließlich, und es klingt ein bisschen vorwurfsvoll. Und das alles, weil ich Rike einst von einem Traum erzählte, in dem ich hochschwanger war, einen Kugelbauch hatte und einen nicht zu unterschätzenden Ekel vor meinem eigenen Körper entwickelte. In der Zeit danach kam es mir beim Anblick schwangerer Frauen immer so vor, als hätten sie große, geschwollene Tumore am Leib. Parasiten, die die die armen Frauen als Wirte benutzten oder so etwas in der Art. Es dauerte Wochen, bis ich diese Sichtweise wieder ablegen konnte. Aber ganz grün bin ich mit der Idee immer noch nicht, dass in mir mal etwas heranwachsen könnte. Abgesehen davon, dass ich nicht weiß, ob ich Lust auf eine

Schwangerschaft hätte, weiß ich, dass ich definitiv keine Lust auf das Ergebnis der Schwangerschaft hätte. 24/7 mit einem Kind zu verbringen, scheint meiner Idee von Lebensführung einfach nicht nahezukommen. Obwohl mich manchmal der Gedanke überkommt, dass es später, sehr viel später ganz hübsch wäre, einen Sohn oder eine Tochter zu haben, die mich um Rat fragt, die sich bei mir ausheult und die mich braucht. Aber dieses Kind würde ich lieber per DHL-Expressversand bekommen statt durch Schwangerschaft und Geburt. Mir schwant, dass man zu dem Urteil kommen kann, dass ich nicht ansatzweise reif genug bin, um Kinder zu kriegen.

»Wäre es dir denn von vorneherein egal, dass dein Kind wahrscheinlich eher keine klassische Familie haben wird? Weil deine Beziehung zu Stefan steht ja eher nicht auf Ewigkeitspfeilern«, frage ich und ahne bereits die Antwort.

»Da mache ich mir überhaupt keine Gedanken drum. Ich hatte auch keine klassische Familie und ich hab nichts vermisst. Man kann ja auch nichts vermissen, was man nie gehabt hat.«

Pauline schüttelt den Kopf: »Ich muss schon zugeben, dass es mir überhaupt nicht in den Kram passen würde, wenn ich wüsste, dass ich jetzt schon ein Kind kriege. Aber das müsste dann eben gehen. Ich würde Jonas und auch meine Mutter konsultieren und dann würden wir das Baby schon schaukeln.« Das große A-Wort schwebt bedrohlich im Raum, nur ausgesprochen hat es noch keine. Klar, dass das jetzt mein Job ist:

»Warum würdest du nicht abtreiben?«

Pauline verzieht das Gesicht: »Das wäre mir ganz einfach viel zu abartig und unmenschlich. In dem Augenblick, in dem man abtreibt, da versucht man ja zu verdrängen, dass gerade ein Leben in einem heranwächst, und dieses Leben lässt man eiskalt wegmachen. Und dabei versucht man, sich selbst zu betrügen, indem man einfach gar nicht benennt, was man da genau machen lässt. Keiner würde sagen: ›Ich habe das Kind von mir und Karl-Heinz wegmachen lassen.‹ Keiner würde sagen: ›Ich habe unser Kind umbringen lassen, bevor es die Chance hatte, auf die Welt zu kommen.‹ Man sagt einfach nur schlicht: ›Ich habe abgetrieben.‹ Später hat man psychische Probleme, wird depressiv, und es geht einem wahrscheinlich unterm Strich schlechter, als wenn man das Kind einfach gekriegt hätte. Ich meine, der Körper ist doch bei natürlichen Funktionen letztendlich so eingestellt, dass man akzeptiert und gut findet, was mit einem passiert. Und wenn man erst mal eine Schwangerschaft zulässt, will man das Kind hinterher auch, egal wie terminlich unpassend es einem scheint.«

»Also siehst du es quasi als Schicksal, schwanger zu werden«, stellt Evi mit monotoner Stimme fest.

»Wenn ich alles dagegen getan hätte, schwanger zu werden, wenn ich also ausreichend verhütet hätte und trotzdem schwanger werden würde, dann würde ich das schon als ...«, Pauline zögert, »... Schicksal, oder besser gesagt, als meine Aufgabe empfinden, das jetzt anzunehmen und auch durchzuziehen. Und natürlich würde ich diese Aufgabe auch bewältigen. Ich sehe das genauso wie Rike, ich finds merkwürdig, dass heute alle immer als Erstes die Probleme sehen, wenn es um Kinder geht. Als wäre das eine furchtbare, lebenslängliche Krankheit, die man sich beim Sex einfangen kann: Mutterschaft.«

Ich fühle mich sofort an meinen Traum erinnert, versuche aber, diese Bilder zu verdrängen, und sage:

»Ungewollte Mutterschaft ist in dem Sinne eine Bedrohung, weil man sein eigenes Leben nicht mehr hundertprozentig so weiterleben kann, wie man es möchte oder wie man es – nur für sich selbst verantwortlich – geplant hat. Man ist plötzlich gebunden. Es gibt einen Menschen, der komplett von einem abhängig ist. Und ich finde, das muss man erst mal wollen. So eine Schwangerschaft trotz Verhütung – das ist vergleichbar mit der Situation, auf einmal morgens aufzuwachen und einen Job machen zu müssen, um den man sich nie beworben hat. Auf den man vielleicht auch einfach keine Lust hat.« Ich rede mit Händen und Füßen und hoffe, dass das, was ich sage, auch Hand und Fuß hat.

Pauline guckt mich voller Unverständnis an.

»Aber das ist doch eine schöne Art der Verantwortung. Und außerdem, wenn das Kind erst mal da ist, dann ändert sich in deinem Leben so viel. Du hast dann nicht mehr die gleichen Einstellungen und Prioritäten wie vorher. Das hört man doch oft, dass Kinder einen verändern, dass man aufhört, immer nur für sich selbst durch die Gegend zu streben. Und dass man mit Kindern eine ganz andere Tür zur Sinnfüllung des eigenen Lebens aufmachen kann.« Pauline wirkt mir gerade eine Spur zu poetisch, und ich ziehe die Stirn kraus. Anscheinend muss man nicht erst Kinder kriegen, um sich zu verändern, es reicht auch schon, vor ihnen zu sprechen. Diese gefährlichen kleinen Parasiten.

»Dein Argument, dass das Kind nicht die Chance hat, in einer normalen Familie aufzuwachsen, lehne ich ab. Ich halte den Gedanken für absoluten Hirnriss, dass irgendwann der richtige Moment kommt, in dem das Bankkonto stimmt und der Partner schriftlich und notariell beglaubigt hat, bis zu seinem Ableben an deiner Seite zu stehen. Selbst wenn das alles eines Tages eintrifft: Wer sagt dir, dass es so bleibt? Kinder brauchen nur eins: Pflege und Liebe. Und wenn du ihnen genau das gibst, kannst du eigentlich nix falsch machen.«

»Welch romantische Worte aus deinem Mund«, bemerke ich ganz ohne Sarkasmus. »Ich befürchte aber trotzdem, dass ihr das alles ein bisschen zu romantisch seht. Klar braucht ein Kind Liebe und Aufmerksamkeit mehr als Geld, aber schon mal daran gedacht, wie sehr es dir selbst das Genick brechen kann, wenn du kein Geld hast, aber ein Kind? Kinder sind zwar billig in der Anschaffung, aber teuer im Unterhalt, so wie alle Schuldenfallen. Klar haste in deinem Leben nie die Garantie dafür, dass der Moment, in dem du dein Kind kriegst, der perfekte ist, aber ich halte es momentan für extrem unpassend. Ich hab mich doch nicht durch 13 Jahre Schule, 100 Semester Uni und 437 Praktika gehangelt, um meinen Job gleich morgen an den Nagel zu hängen und die Uni nie abzuschließen. Und das müsste ich, da ich keinen festen Freund und Partner in der Kindersache habe, definitiv tun.« Ich ahne, dass ich übertreibe, aber das tun Rike und Pauline auch, wenn auch in die entgegengesetzte Richtung.

»Um Jule mal Verstärkung zu geben: Wenn ich jetzt schwanger werden würde, würde ich auch abtreiben. Ich weiß aus eigener Erfahrung, wie es ist, eine heile Familie zu haben, und ich weiß auch, wie es ist, wenn man sie zumindest in dem klassischen Sinne nicht mehr hat. Es mag zwar was dran sein an dem Gedanken, das man die heile Familie nur vermisst, wenn man sie mal gehabt hat, aber da bin ich eben altmodisch. Alleine würde ich kein Kind kriegen wollen«, springt Evi für mich in die Bresche.

»Du änderst deine Meinung bestimmt noch mal«, mutmaßt Rike. »Ich hab mich letztens mit einer Frau unterhalten, die ist zweiunddreißig und die hat mittlerweile extrem Bock, sich endlich fortzupflanzen. Den ›richtigen‹ Mann dafür hat sie aber nicht mal ansatzweise in Aussicht. Sie meinte, dass sie gar nicht mehr einsehen würde, auf einen Mann zu warten. Das Kind könne sie auch alleine kriegen und sie könne sich auch vorstellen, sich auf solche Zeitungsannoncen einzulassen, in denen schwule Männer eine Frau suchen, mit deren Eizellen sie ein Kind zustande kriegen, um sich dann das Sorgerecht zu teilen.«

»Das klingt nach Torschlusspanik«, kommentiert Evi nur und sagt dann nichts mehr. Christina beugt sich über den Tisch, schnappt sich den Saft, schüttet sich was in ihr Glas und meint: »Ich hätte früher auch dafür plädiert abzutreiben, sofern man noch nicht mit dem Studium, der Ausbildung oder sonst was fertig ist. Aber mittlerweile sehe ich das ein bisschen anders. Ich kann nicht mehr mit Sicherheit sagen, ob ich abtreiben würde, wenn ich schwanger wäre. Echt nicht. Ich habe jetzt eine gut funktionierende Beziehung. Robin wäre auf jeden Fall ein guter Daddy, deswegen ist das Baby-Thema etwas anderes als in früheren Beziehungen.« Christina nimmt einen Schluck O-Saft und stellt sich vor:

›Angenommen, ich würde mich morgen früh im Badezimmer übergeben, würde Robin zur Notapotheke schicken, um einen Test zu besorgen, der positiv ausgeht …«, Christina denkt kurz nach, »ich fänds auf jeden Fall negativ. Freuen würde ich mich nicht.« Sie lacht kurz auf:

»Als es mir letztens so schlecht ging, hat Robin den Klassiker rausgehauen und meinte: ›Haha, bist du schwanger oder was?‹, und ich bin rüber in mein Zimmer, hab mich auf mein Sofa gelegt und gechillt und – schwupps ging das Kopfkino an. Unterschwellig hatte ich die paranoide Angst: *Okay, du denkst jetzt in dem Stil ›was wäre, wenn‹ darüber nach, aber was du noch nicht weißt, Schätzchen: Du bist wirklich schwanger. Ironie des Schicksals – während du hier so rumliegst, passiert in dir die allerschönste Zellteilung.* Und das war kein erhebender Moment. Ich war echt froh, als ich vorgestern meine Tage gekriegt habe.«

Christina nippt nachdenklich an ihrem Glas, blickt auf Evi neben sich auf der Couch, die in sich hineingrinst, und fügt hinzu: »Dann habe ich in tiefer Erleichterung mit einer fiesen Göre telefoniert, die erst mal meinte, mir eine aufmunternde Geschichte aus ihrem Krankenhaus erzählen zu müssen. Und zwar erfährt eine moppelige Dame, die mit starken Bauchschmerzen in der Notaufnahme sitzt, dass sie im siebten Monat schwanger ist. Die Dame sei total perplex gewesen, weil sie jeden Monat ihre Tage gekriegt hätte. Evi hat dann natürlich rumgetönt, dass man aus der Geschichte die Lehre ziehen muss, dass selbst die Menstruation kein verlässlicher Indikator dafür sei, dass man nicht schwanger ist.« Evi grinst, als hätte sie einen besonders gewitzten Streich gespielt und Christina guckt gespielt erbost:

»Jedenfalls bin ich durch Robin, und vielleicht auch dadurch, dass ich keine 19 mehr bin, mittlerweile so weit, dass ich nicht mehr sicher sagen kann, ob ich tatsächlich abtreiben würde. Genau deswegen unternehme ich echt alles, um auf keinen Fall schwanger zu werden. Eigentlich würde ich dieses Wesen, diese Kombination aus Robin und mir, gerne entstehen lassen. Das hat ja auch was Romantisches, so als hätte man sich in einer dritten Person für alle Zeiten verbunden. Aber so schön das ist, jetzt wäre ein Baby einfach eine Bombe, die meine gesamte Lebensplanung zerstören würde. Und ich mag meine Lebensplanung. Ich arbeite seit Jahren daran, stecke all meine Energie rein, ich fänds doof, aus der Bahn geschmissen zu werden.« Christina sieht nachdenklich aus, als sie sagt:

»Ich würde nicht mehr schlafen können, wenn ich wüsste, ich wäre schwanger.«

»Hast du eigentlich einen Test gemacht?«, fragt Evi, und Christina wacht aus ihrer Nachdenklichkeit auf und antwortet leicht abtuend:

»Ach, du mit deinen Krankenhaus-Fairy-Tales …«

»Geht euch das denn auch so, dass ihr immer gerne hinguckt, wenn ihr kleine Kinder seht? So wie bei kleinen putzigen Tieren?«, hören wir Rike fragen.

Ich ziehe nur die Augenbrauen hoch und Evi meint:

»Mutterinstinkt, ja?« Sie stößt hörbar Luft durch die Nase aus: »Nee, das ist bei mir nicht so. Als ich letztens meine Cousine besucht habe, hab ich ihre kleine Tochter zum ersten Mal gesehen, die ist erst ein paar Monate alt. Ich fand die niedlich, aber sie hat mich jetzt nicht sonderlich fasziniert. So hart das klingt, ein kleines zutrauliches Häschen auf dem Arm hätte mich mehr gefesselt.« Ich muss grinsen.

›Bei Brinn ist das so: Überall, wo kleine Kinder sind, rastet sie aus. Als ich sie letztens in der Mittagspause in der Agentur besucht habe, hatte ihr Chef seine kleine Tochter in einer Tragetasche dabei, und Brinn war total abwesend. Sie hat das winzige Mädchen die ganze Zeit betüdelt, hat vier Oktaven höher gesprochen, hat sie geknuddelt, hin und her geschaukelt, die war gar nicht mehr fähig, mit mir zu reden. Ich war völlig überflüssig.« Christina hat einen Starrblick und meint scheinbar zusammenhanglos:

»Ich kenne vier Mädels, die abgetrieben haben. Für alle vier war es eine ganz klare Entscheidung, weil es in der Situation nicht anders ging. Aber die hatten alle im Nachhinein extrem daran zu knacken. Und ich denke mir auch immer: Was wäre, wenn ich abtreiben würde und dann eines Tages weitere Kinder mit Robin kriege und denen erzählen muss, dass sie eigentlich noch ein älteres Geschwisterchen hätten? Wohlgemerkt eigentlich …«

»Es ist genauso hart, wenn man später erfährt, dass alle der eigenen Mutter dazu geraten haben abzutreiben, als man selbst das kleine Wunder Zellteilung war«, sagt Pauline, und keine fragt weiter nach, man zählt eins und zwei zusammen.

Es entsteht eine Pause und dann bricht Rike mit etwas heraus, das eigentlich nicht zu ihrer rauen Schale passt:

»Wisst ihr, wovor ich wirklich Angst habe, was das Kinderkriegen angeht?« Rike beugt sich vor uns und spricht ein bisschen leiser. »Erstens: dass meine Figur total im Eimer ist und ich die Futterpfunde nie wieder loswerde, und zweitens: dass mir da unten alles zerfetzt wird.«

Ein allgemeines angewidertes »Iiih« und »Bääh« tönt durch meine heiligen Hallen. »Der gute, alte Dammriss«, kommentiere ich.

»Und das ist noch nicht alles, da kann noch viel mehr einreißen. Ich wills gar nicht weiter ausführen. Aber gerade die Schultern des Kindes können dir, wenn du Pech hast, auch vornerum was einreißen«, sagt Rike mit wichtiger Miene.

»Ganz ehrlich, ich hab mir über so was auch schon Gedanken gemacht: Ich würde aus dem Geburtsmenü definitiv die Option Kaiserschnitt inklusive Bauchstraffung wählen, und ob das Tussi-mäßig ist, ist mir egal.« Christina grinst, ich verdrehe belustigt die Augen und Rike haut sich lachend auf die Oberschenkel:

»Ich wollt es nicht sagen, aber genau das habe ich auch im Hinterkopf.«

»Inklusive Bauchstraffung? Hab ich noch nie was von gehört!«, gebe ich wahrheitsgemäß zu Protokoll.

»Das liest man doch immer in der einschlägigen Frauenliteratur«, werde ich aufgeklärt und zucke mit den Achseln: »In den meisten Frauenzeitschriften gucke ich mir nur die Bilder an.«

»Eine Freundin von mir aus Köln ist gerade schwanger. Aber die hat nicht sonderlich zugenommen. Obwohl sie schon fast durch ist, würde ich eher sagen, dass sie abgenommen hat«, erzählt Pauline, und ich fachsimple:

»Vielleicht hat sie zu viel gekotzt.« Und merke im selben Moment, dass das kein Deut lustig war. Machste nix.

»Was meine Cousine angeht, muss ich ehrlich sagen, dass ich nicht schlecht geschockt war. Die war mal so hübsch, und jetzt ist sie ein Walross. Ihre einstigen Apfelbrüste sehen aus wie diese schlauchförmigen Tüten, in denen es mal Milch gab.« Evi hält inne und meint dann grinsend:

»Ihr Freund Maik hat sie trotzdem die ganze Zeit so verliebtvernebelt angeguckt und sie geküsst, und ich hab mir nur gedacht: *Bäääh!* Ich weiß, dass es total mies ist, aber vor der Schwangerschaft war sie attraktivitätsmäßig eine Neun und jetzt liegt sie eher bei 2,5.«

Ich muss schmunzeln über die kleinen Gemeinheiten, die plötzlich aus der lieben, braven Evi herauspurzeln, und versuche, dem Ganzen noch ein Krönchen aufzusetzen: »Es gab vormittags diese Sendung *Mein Baby* und irgendein Teufel hat mich tatsächlich mal geritten, dass ich mir das mal angeguckt habe. Man spricht ja immer davon, wie schön Mütter nach der Geburt aussehen, aber diese Mütter wirkten wie verschwitzt glänzende, dicke Säugkühe, die in einem pastellgestrichenen Zimmer als strunzglückliche Klötze mit ihren nuckelnden Schrumpelbabys herumlagen. Und – ganz ehrlich – ich konnte das nicht als Aufmunterung ›Komm, Juleska, werde schwanger!‹ empfinden, sondern eher als ›Abgestürzt – Destination Melkkuh‹-Abschreckungskampagne.«

»Ihr seid solche Prinzessinnen‹, findet Pauline, aber sie grinst dabei, wenn auch kopfschüttelnd.

»Es ist ja so, dass sich viele Frauen gehen lassen, wenn sie erfahren, dass sie schwanger sind. So nach dem Motto: Jetzt muss ich mir ums Aussehen keine Gedanken mehr machen. Das Weibchen putzt sich quasi nur für die Balz raus, und sobald sich ein Spermium erfolgreich in ihrer Eizelle eingenistet hat, verlumpt sie nach Herzenslust. Das würd ich nicht machen. Ich würd weiter Sport machen, solange es geht und mich gesund ernähren. Wenn ich so an meine Mutter denke, wie die auf den Bildern aussah, nachdem sie mich entbunden hat, bin ich zuversichtlich.« Rike lacht. »Das sind echt schöne Bilder. Die Haare goldblond und offen, sie hat so ein schönes weißes Nachthemd an und dabei so einen seligen Gesichtsausdruck …«

»Wir sind ganz schön abgedriftet«, stelle ich fest. »Aber unterm Strich, wenn wir alle morgen schwanger wären, gäbe es zwei sichere und eine etwaige Abtreibung und zwei definitive Babys, davon mindestens zwei Kaiserschnitte inklusive Bauchstraffung. Wahnsinnsbilanz.«

Damit schalte ich das Diktiergerät aus. Genug für heute. Morgen werden wir uns wiedertreffen. Gleiche Konstellation, gleicher Ort, andere tiefschürfende Fragen und Bekenntnisse …

23. Tiefster Liebeskummer-Morast

Musikalische Reinsteigerei, Gedankenteufelskreis und die lauernde Feindin Hoffnung: Wie kommt man da wieder raus?

Die Mädels haben sich bei mir eingefunden, auch die ständig verspätete Pauline sitzt auf ihrem angestammten Platz, und alle haben ein Getränk in der Hand oder vor sich auf dem Tisch. Es kann also losgehen. Ich lese vor: »Tiefster Liebeskummer-Morast. Wie kommt man da wieder raus?« Kaum gucke ich von meinem Fragenzettel wieder auf, hören wir eine heute ganz in festliches Schwarz gekleidete Evi sinnieren:

»Liebeskummer ist irgendwie ein schönes Wort, benutzt man aber selten, oder?«

»Yo, stimmt. Es klingt ja auch eher, als würde man jemanden aufziehen, wenn man fragt: ›Na, haste wieder Liebeskummer?‹ So nach dem Motto: ›Hast du keine anderen oder richtigen Sorgen?‹« Rike lacht ein bisschen.

»Dabei ist Liebeskummer eine richtige Sorge«, ergreife ich flammend Partei. »Wenn auch – auf eine kranke melancholische Weise – so ziemlich die schönste Sorge, die man haben kann. Immerhin haben wir dem Liebeskummer den Großteil aller Kunst, Musik und Literatur zu verdanken. Liebeskummer schaltet deine Vernunft auf *mute*, macht dich dafür aber ohne Ende kreativ. Liebeskummer will raus, will ausgedrückt werden. Man kann sich also herrlich darin suhlen, man kann ihn inszenieren, feierlich und pseudo-heroisch in Alkohol ertränken, bei düsteren Klängen in der Badewanne verschlimmern und immer hat alles, was man im Sog des Liebeskummers macht, den schönen Schein vom Leiden im Dienste einer ungerechten Sache. Man hatte doch nur positive Gefühle in sich. Liebe hatte man in sich und die ist enttäuscht worden. Das macht einen zur armen, armen tragischen Heldin. Man bemitleidet sich selbst, bis man es nicht mehr ertragen kann.« Ich schwelge und Rike ergänzt:

»Und dabei kommt man sich so unendlich einsam und verlassen vor, obwohl täglich fünf Millionen neue Leidende dazustoßen. Und es gibt kein Heilmittel …« Rike lacht, nachdem sie jedes einzelne Wort mit einer ekelhaft übertriebenen Wichtigkeit betont hat.

»*Liebeskummer is Luxus, Baby*«, zitiert Pauline, nuschelnd vor sich hinsingend, irgendeinen Song. Irgendwie ist Liebeskummer nicht richtig gesellschaftlich anerkannt. Obwohl jeder daran schon mal gelitten hat, gilt er, verglichen mit den anderen Leiden der Welt, als olle Lappalie, und deswegen muss man sich natürlich schön drüber lustig machen und darf ihn bloß nicht ernst nehmen. Wenigstens nicht in Zeiten, in denen man davor gefeit ist.

»Wann hattet ihr zuletzt Liebeskummer?«, frage ich und Rike antwortet: »Richtig klassischen Liebeskummer hatte ich, als die Beziehung mit Sven auseinandergegangen ist. Da habe ich Tage und Wochen geheult, habe für den Geschmack meiner Mutter zu laut Musik gehört, meine Zimmertür wutentbrannt zugeschmissen und abgeschlossen. Keiner konnte mich verstehen. Der jugendliche Klassiker eben. Und dann kann ich mich noch an starken Liebeskummer erinnern, als ich in den absoluten Schulschwarm verknallt war, der aber nichts von mir wissen wollte. Das ist auch so eine Klassikergeschichte. Letztlich habe ich ihn gekriegt, aber erst nach dem Abitur.« Rike lacht dreckig und ich stimme mit ein:

»Das ist echt ein Klassiker. Das hatte ich auch. Oh mein Gott, das war echt die bekloppteste Art von Liebeskummer, die man sich denken kann. Das Zielobjekt meiner Zuneigung war mindestens sechs Jahre älter als ich – und das macht zu Schulzeiten einen riesigen Unterschied, ob du nun zwölf oder achtzehn bist – und wir hatten auf dem Höhepunkt meiner Gefühle noch nie ein Wort miteinander gewechselt. Was ich alles unternommen habe …« Ich lache. »Unterm Strich eigentlich nichts. Denn mein vorwiegender Plan war es, jeden zweiten Tag in dem Plattenladen rumzuschleichen, in dem er gearbeitet hat, ohne dass er sich dabei irgendetwas hätte denken können. In der Schule war ich in jeder Pause unter Strom, und wenn ich ihn gesehen habe und er mich zufällig angeguckt hat, bin ich ausgerastet vor Freude. Anschließend hab ich mich mit meinen Mädels verschanzt und schön rumanalysiert, was dieser Blick genau sagen könnte. Dabei musste ich seinen Blick dann x-mal, unter Aufwendung all meiner mimischen Fähigkeiten, vor meinen Freundinnen nachahmen. Die haben mich natürlich bekräftigt, dass es ein interessierter, freudiger oder sonst wie mir positiv gesinnter Blick gewesen sei. Das war mein liebstes Hobby, das mich durch den Alltag gebracht hat. Irrsinniger, völlig bekloppter Liebeskummer in allen Lebenslagen. Über den Hausaufgaben hab ich ständig davon geträumt, wie es wäre, wenn er sich endlich zu mir bekennen würde. Ich hab mir das Ganze als handfesten Skandal ausgemalt, weil ich ja so viel jünger war als er. Das Trauerspiel ist dann erst aus meinem Kopf und meinem Leben verpufft, als ich mich in jemanden verliebt habe, der in meinem Alter war.« Ich lache kurz auf:

»Irgendwann, als ich dann 18 war und er längst nicht mehr auf unserer Schule, hab ich ihn auf einer Party in einem Club in der Stadt gesehen. Da sind meine alten Teenieherzklappen sofort aus ihrem Winterschlaf erwacht und haben wieder das große Flattern gekriegt. Und – Hollywood-Märchen wurden wahr – ich hab zu ihm rübergeguckt und er hat nicht nur meinen Blick erwidert, nein, er hat mich dann tatsächlich auch noch angetanzt.

Da war ich plötzlich wieder zwölf und hab fast einen Nerven-
zusammenbruch gekriegt, als das Ganze dann in eine gepflegte
Tanzflächenknutscherei ausgeartet ist. Echt, Kinder, das war ein
Gefühl wie ein Meet and Greet mit deinem Lieblingsstar, nur
in der Sonderedition inklusive Rummachen.« Ich sehe amüsierte
Freundinnengesichter und freue mich.

»Allerdings hätte ich es bei diesem glücklichen Abend belassen
sollen. Als wir uns nämlich ein paar Tage später auf ein Date getroffen haben, ist mir nach nur wenigen Sätzen wie Schuppen von
den Augen gefallen, dass er den ganzen Liebeskummer nicht wert
gewesen ist. Das, was er von sich gegeben hat, hatte einfach nichts.
Gar nichts. Das Einzige, was mich noch umgeworfen hat, war die
Tatsache, dass er sehr wohl übereinkriegte, dass ich früher auf seiner Schule gewesen war und dass er mich vom Sehen her kannte.
Das hat mich irgendwie fasziniert. Aber das war auch alles. Danach bin ich nach Hause gefahren und hatte einen Kindheitstraum
weniger.« Ich ziehe eine tragische Miene. »Ein Drama«, kommt es
von Christina und sie klingt ein bisschen sarkastisch.

»Heute hat man ja eher Liebeskummer – wie ich jetzt mit Stefan –, der in ruhigen Momenten plötzlich einfach so in einem
aufsteigt. Wie gestern, als ich nach unserem Abend nach Hause
gekommen bin. Ich hab das Radio angemacht und da lief so ein
sphärischer, unaufdringlicher Elektrokram, ich hab das Fenster
aufgemacht, es war dunkel, und dann sprudelten meine Gedanken plötzlich über. Hab noch mal über das nachgedacht, was
ihr zu Stefan und mir gesagt habt, dass es für euch so eindeutig
ist, dass ich Schluss machen soll. Und dann kam plötzlich diese
Einsicht: *Scheiße, das mit Stefan und dir geht zu Ende.* Plötzlich
kamen mir so unsere Best-of-Bilder in den Kopf – keine Ahnung,
ob das automatisch kam oder ob ich es bewusst gesteuert hab.
Ich hab Szenen von Stefan und mir gesehen, wie gefühlsduselige
Rückblenden in einer Fernsehserie: der Tag, an dem Stefan und

ich auf dem Streets-Konzert waren, der Abend, als wir in meinem noch unmöblierten WG-Zimmer wahnsinnigen Sex auf einer kaputten Luftmatratze hatten, der Moment, als er mich angeguckt hat und mir das und das gesagt hat …« Rike geht sich mit der Hand durch die dunklen Haare.

»Das war irgendwie so ein bunter Erinnerungsmix. Mir ist aufgefallen, dass es fast alles Momente waren, die schon verdammt lange her sind. Und als ich dann gemerkt hab, dass sich eine bekloppte, warme Träne den Weg bahnen wollte, hab ich mir gedacht: *Rike!! Aufwachen aus der Lethargie!* Bin zum Radio rüber und hab es erst mal ausgemacht, weil ich das Gefühl hatte, dass es die Musik war, die mich dazu gebracht hat, das alles zu betrauern. Warum waren das sonst alles so alte Erinnerungen? In der Gegenwart gibt es nichts zu betrauern, es ist so, wie es ist. Und dass die alte Zeit mit Stefan vorbei ist, das ist wohl normal, und darüber muss ich keine Tränen verlieren, oder?« Ich zucke mit den Schultern, stimme ihr aber zu:

»Du hast schon recht. So sehr ich Musik liebe, die Gute kann aber auch ein altes Arschloch sein. Musik manipuliert dich, ohne dass du es wahrnimmst; gerade nachdenkliche oder traurige Musik hat fiese Widerhaken in deinem Unterbewusstsein, reißt dich mit irgendwohin, wo du vom Kopf her eigentlich gar nicht hinwolltest. Es klingt ausgelutscht, aber Stimmungsverstärker oder Bewusstseinsveränderer werden ja als Drogen definiert, und von daher würde ich ganz klar sagen, Fräulein Musik ist definitiv auch eine Droge. Und zudem noch eine gefährliche, weil sie total unterschätzt wird.« Christina guckt mich halb kritisch, halb belustigt an und kehrt zurück zur Frage.

»Ich hatte das letzte Mal Liebeskummer, als die Geschichte mit Jo nicht geklappt hat. Das fühlt sich heute an, als wäre es Dekaden her. Scheint mir auch vom heutigen Standpunkt her lächerlich gewesen zu sein. Wenn Robin mich betrügen oder sich von mir trennen würde, ich glaube, dann wüsste ich, was wirklicher Liebeskummer ist.«

»Obwohl ich glaube, dass Gefühle da gar keinen Unterschied machen. Natürlich kann man im Nachhinein sagen, dass die frühere Sache eigentlich gar nicht so tiefgehend und wichtig war wie jetzt die Beziehung mit XY, weil sie viel reifer ist. Aber letztlich glaube ich nicht, dass es unbedingt viel mehr wehtut. Die Sache mit meinem Schulschwarm-Typen war entsetzlich lächerlich, hat aber trotzdem schweinewehgetan. Was zählt, ist ja immer der Moment, in dem du den Kummer hast«, mutmaße ich, aber Christina schüttelt gleich heftig den Kopf:

»Nee, wegen Jo war ich ein paar Tage down, weil ich es so ungerecht fand, dass bei mir einfach keine Liebesgeschichte so richtig klappen wollte. Aber dann hab ich mich wieder auf was anderes konzentriert, in dem Fall damals auf die Abivorbereitung. Kaum hatte ich dann irgendeinen Flirt in irgendeinem Club aufgegabelt, war die ganze Sache der Schnee von vorgestern. Also, da bin ich wirklich wieder ganz leicht in die Spur gekommen.«

»Das ist auch das Einzige, was man gegen Liebeskummer tun kann: aufhören zu jammern und sich anderen Dingen widmen. Es ist okay, sich Zeit zu nehmen, um sich im Kummer zu suhlen und die Freundinnen am Telefon alkoholisiert zuzunölen, aber irgendwann muss Schluss sein. Irgendwann muss man sich selbst sagen: ›Okay, das wars. Ich brauche meine Kräfte jetzt wieder für was anderes.‹« Pauline guckt uns an.

»Das Schwierige an der ganzen Sache ist nur, dass man in vielen Fällen eine kleine Kackbratze namens Hoffnung auf der Schulter sitzen hat, die die Macht hat, einen immer wieder in den schönsten Liebeskummer zurückzupfeifen. Liebeskummer nach einer langjährigen Beziehung, bei der sich beide gefühlsmäßig voneinander entfernt haben, ist leichter zu bewältigen, glaube ich, weil es von beiden Seiten kein neues Aufflammen der Gefühle gibt. Anders ist es bei solch toxischen Geschichten wie bei Boldt und mir. Ich hab Schluss gemacht, weil mein Verstand mir gesagt hat, dass es das Beste ist, aber nicht, weil ich wirklich gefühlsmäßig damit abgeschlossen hatte. Ich hatte eine unterschwellige, dämliche Hoffnung, dass sich das Blatt vielleicht doch noch mal wenden würde. Wirklich Schluss war erst, als ich erkannt hatte, dass diese Hoffnung, die ich aus Scham vor mir selbst auch nie ausgesprochen hätte, einfach nur krank war. Bei dir und Stefan ist die Sache ja genau andersrum. Du bleibst bei ihm vom Verstand her – weil ihr so gut zusammen funktioniert, weil er dein bester Freund ist. Ich glaube, wenn es dann auseinandergeht, weiß man gefühlsmäßig, dass man die richtige Entscheidung getroffen hat. Gefühle sind meistens halt doch stärker als der Verstand. Und gerade die blöde Hoffnung ist übelst nervig und penetrant mit ihrem ›Aber was wäre, wenn‹-Gesäusel …«

»Ja, das kann sein …« Rike nickt.

»Als bei Lars und mir Schluss war, war es circa drei Tage richtig schlimm. Ich habe geweint und auf jedes bisschen emotionale Musik allergisch reagiert, weil dann alles hochgespült wurde, so wie du das gerade beschrieben hast.« Ich gucke Rike an:

»Aber letztendlich bin ich ohne großen Liebeskummer damit fertig geworden. Es klingt zwar krank, aber wir haben uns gegenseitig getröstet.« Ich muss ein bisschen grinsen:

»Wir haben drüben in seinem Zimmer gesessen, uns in den Arm genommen und uns gegenseitig getröstet, weil wir nicht mehr zusammen waren. Danach kam die Phase, in der wir uns plötzlich nur noch gezofft haben. Die dauerte aber nicht lange, und danach haben wir uns irgendwie mittig, auf neutralem Freundschaftsboden wiedergefunden. Da war kein großer Platz für Kummer, weil uns aufgefallen ist, dass wir ja nichts verloren haben. Wir wohnen immer noch zusammen, wir sind immer noch Freunde wie vorher. Und so Sachen wie Verliebtsein, Begierde und Verlangen waren ja eh schon lange passé, von daher bin ich damit ganz gut zurande gekommen. Es stimmt schon, was Pauline sagt: Was einem den Kummer bereitet, ist einmal die melancholische Rückschau auf all das, was man scheinbar verloren hat, und zweitens die Hoffnung, dass man wieder oder endlich zusammenkommt.«

»Das Beste, was man gegen Liebeskummer machen kann, ist rausgehen, flirten, jemand Neues kennenlernen und viel arbeiten, sich viele Verantwortungen aufhalsen, so dass man keine Zeit mehr für solche Sperenzchen hat«, meint Evi.

Alle nicken, aber ich halte dagegen. »Ablenkung kann genauso gut nach hinten losgehen. Wie oft hab ich das schon erlebt, dass man sich denkt, ich gehe jetzt raus, rüsche mich auf, tanze, flirte, lache und lerne jemanden anders kennen. Man trifft tatsächlich seinen ›Ich tröste mich über XY hinweg‹-Fang, spricht mit ihm und gibt sich Mühe, von ihm begeistert zu sein, aber es klappt nicht richtig. Letztlich ist da schlicht und ergreifend: nichts. Und das ist doch das Schlimmste, was dir in der Mission ›Ich vergesse XY‹ passieren kann, wenn keiner ihm das Wasser reichen kann, weil man nur einen Ersatz sucht. Man stürzt sich auf jeden, der ihm ähnlich scheint, sich dann aber als farbloses Abziehbild entpuppt. Und es ist ja auch nicht fair: Eine Kopie kann niemals so gut sein wie das Original. Man fängt an, Witze zu machen, von denen man weiß, dass XY sie lustig gefunden hätte, aber bei dem neuen Gegenüber kommen sie überhaupt nicht an. Man treibt es weiter und bringt Insiderjokes und Zitate aus Gesprächen, die man mit dem Liebeskummergrund hatte, und der neue ›Er‹ versteht einen logischerweise nicht. Kann er ja auch gar nicht. Eigentlich macht man es ihm unmöglich, an einen ranzukommen. Man will eigentlich nur das, was man nicht mehr hat oder nie hatte.« Ich öffne mein Bier. (Für den letzten Abend hab ich gedacht: *Machen wir es mal ein bisschen rustikaler mit Flaschen-*

bier statt Weißwein.) Ich nehme einen Schluck aus dem grünen Flaschenhals und blicke zu meinem verstummten Publikum:

»Was die Arbeit angeht: Eigentlich stimmt es. Eigentlich ist es das beste Mittel gegen Liebeskummer, wenn man richtig schön mit Arbeit zugeschüttet ist. Man hat keine Zeit, an etwas zu denken, an das man nicht denken soll. Aber dann telefoniert man abends wieder mit einer Freundin und hört sich Sätze sagen wie: ›Weißt du, was mir gerade auffällt? Ich habe heute überhaupt nicht an XY gedacht. Ich bin geheilt! Er ist mir total egal geworden.‹ Dann folgt ein fünf- bis zehnminütiger Monolog, warum man glaubt, dass die Sache mit ›ihm‹ jetzt endgültig gelaufen ist. Dass das eh alles nichts bringt und man sich total zum Primaten macht. Dass man das ja auch alles überhaupt gar nicht nötig hat und bla, bla, bla!« Ich stelle das Bier wieder auf den Tisch:

»Aber genau dieses Gespräch ist wieder die grell leuchtende Alarm-Ampel, die einem eigentlich sagen sollte, dass man der ganzen Sache noch lange nicht entkommen ist, sondern dass man immer noch wild zappelnd am Köder hängt und auch noch blindfischig glaubt, genau das nicht mehr zu tun.« Ich nehme noch einen Schluck Bier: »Und wenn man auflegt und genau das realisiert, wird man wieder wehmütig, suhlt sich im Kummer-Morast herum, bis es einem irgendwann zu blöd wird und man sich denkt: Verdammt, bin ich bescheuert!? Dann hat man es plötzlich wirklich satt. Man schämt sich vor sich selbst.« Ich hole Luft:

»Das könnte das Ende sein, aber man weiß, dass es das nicht ist. Irgendwann kommt wieder ein schwacher Moment, und die Trauer- und Hoffungswellen schwappen wieder auf einen zu. Die Wellen werden aber immer schwächer, es sei denn, man konfrontiert sich wieder mit XY. Es sei denn, man macht den Fehler, sich mit ihm zu treffen, mit ihm zu reden oder auch nur auf seine studiVZ-Seite zu gehen. Dort sieht man neue Fotos, sieht, was er gerade macht, und schon wird der Staudamm wieder eingerissen. Das Einzige, was wirklich hilft, ist ein kalter Schnitt. Man muss sich von allem freimachen, was damit zu tun hat. Man muss Erinnerungsmüll aus der Wohnung und aus dem Kopf entsorgen. Man darf ihn nicht mehr anrufen, darf sich nicht mehr an die bekloppte Hoffnung klammern, dass man wenigstens befreundet sein kann, denn das kann man nicht. Erst wenn man wirklich alles über Bord geworfen und keine Berührungspunkte mehr mit der gefährlichen Person hat, beginnt man zu vergessen. Dann läuft das eigene Kassettenband weiter und die Aufnahmen mit ihm rücken in immer weitere Ferne.« Die anderen Mädels betrachten mich mitleidig wie ein Zootier in einem viel zu kleinen Gehege, nur Rike entgegnet mir grinsend:

»Und wenn man dann jemand Neues kennenlernt, der XY nicht ähnlich ist, aber von ähnlichem Kaliber, und dem es gelingt, einen zu faszinieren, dann hat man es geschafft. Den Liebeskummer – zack, bumm – zu besiegen.«

»Obwohl es auch traurig ist, wenn man zugibt, dass man eine Gefühlsduselei wieder nur mit einer neuen Gefühlsduselei abtöten kann. Als wäre man alleine mit sich nie glücklich. Als müsste immer nebenbei ein Liebesfilm mitlaufen. Schrecklich. Eigentlich würde ich so gern dagegen wettern. Aber irgendwie habe ich das blöde Gefühl, dass wir so programmiert sind. Woran liegt das?« Ich ziehe eine Augenbraue leicht kritisch fragend gen Haaransatz. Christina zuckt mit den Achseln:

»Brinn und mir ist die Idee gekommen, dass es etwas damit zu tun hat, dass wir in der Blüte unserer Fruchtbarkeit stehen und die Hormone uns einfach einreden: ›Binde dich. Suche dir ein Männchen. Mehre dich!‹«

»Um noch was für die Rubrik ›Gückskekse-Sprüche‹ rauszuhauen«, Evi hat den Zeigefinger erhoben, während sie zitiert: »›Für Männer ist die Liebe ein Teil des Lebens, für Frauen ist die Liebe das Leben.‹ Keine Ahnung, wo ich das aufgeschnappt habe.«

»Hattet ihr Phasen, in denen ihr liebesmäßig wirklich an niemanden gedacht habt? In denen ihr Single wart, keinen in Aussicht hattet und auch keinen Verflossenen ab und zu betrauert habt? Und wo ihr auch nicht mit dem Gedanken gespielt habt, irgendwen aufzugabeln?«, fragt Rike neugierig und erntet von mir als Antwort:

»Ja, klar! Im Kindergarten und in der Grundschule, da gabs ein paar Phasen, in denen das so war.« Pauline schmunzelt:

»Ist das so? Können wir alleine wirklich nicht glücklich sein?«

»Kinder, ich würde sagen, das ist eine hervorragende Frage, die wir im nächsten Kapitel erörtern können.«

24. Glühende Lippen. Verkatert.
Keine Rechenschaft

Das Singleleben toll zu finden ist wie zu behaupten,
dass man mit Absicht zu viel wiegt?

»Um kurz auf die letzte Frage zurückzukommen: Ich glaube,
wir können alleine sein. Klar. Aber wir wollen es nicht.« Rike
fuchtelt aufgeregt mit den Händen in der Luft rum, als sei ihr
eine wichtige Sache eingefallen: »Dein Beispiel von wegen dass
man freiwillig zu viel wiegt, ist sehr treffend, finde ich. Letztlich ist es doch so: Hätten wir die freie Wahl, würden wir uns
alle den schlanken Wahnsinnskörper aus dem Körpermenü aus-
suchen. Keiner würde freiwillig sagen: ›Nein, also ich hätte doch
lieber dieses dicke und dellige Modell.‹ Und wenn wir die freie
Wahl hätten, würden wir uns auch alle unseren Traumprinzen an
die Seite bestellen, statt zu sagen: ›Nee, ich bleibe lieber allein.‹«

»Single sein ist wie Diät halten, man ist nicht schlank, aber
man will es werden. Und wenn man Single ist, hat man keinen
Mann, aber man sucht einen.« Evi grinst breit über das ganze
Gesicht, als hätte sie einen Witz gemacht.

»Wahrscheinlich würde niemand sagen, dass er sich dagegen
wehren würde, mit jemandem glücklich zu sein, aber man darf
auch nicht vergessen, dass es auch viele Leute gibt, die mit ihren
Gefühlen oder ihren Beziehungen derart auf die Schnauze geflo-
gen sind, dass sie es genießen, wenn sie niemanden in ihrem Leben
haben. Weil sie vielleicht nicht glauben, dass eine Beziehung sie
wirklich glücklich machen könnte, weil sie Angst haben, wieder
verletzt und enttäuscht zu werden. Wenn sie alle Kontrollfäden

selbst in der Hand halten, keine Gefühle haben, die sie von einer anderen Person abhängig machen, dann können sie nicht verletzt werden. Denn letztlich – machen wir uns nichts vor – ist jede Beziehung mit jemandem, der uns was bedeutet, ein Wagnis. Man gibt etwas von sich preis und ist abhängig von der Zuneigung der anderen Person. So glücklich jemand einen machen kann, so sehr kann dieser Jemand einem auch das Herz in Stücke reißen. Das ist schon eine Art Macht. Und es ist schon ein großes Stückchen Freiheit, wenn man gefühlsmäßig an niemanden gebunden ist. Man hat zwar keine Hochgefühle, aber man läuft auch nicht Gefahr, komplett durcheinandergewirbelt zu werden.« Pauline sieht nachdenklich aus, als sie sagt:

»Single zu sein und nicht nach einer Beziehung zu suchen, ist irgendwie so was wie der sichere Weg. Das ist die sichere Herzstillstand-Linie ohne Höhen, aber eben auch ohne Täler. Mir ging es so, nachdem ich die Boldt-Sache verdaut hatte. Ich war total froh, wieder die Kontrolle über mich zu haben.«

»Ich kann mich da wenig reindenken, dass man so von der Liebeswelt enttäuscht ist, dass man keinen Bock hat oder sogar Angst davor hat, sich auf was Neues einzulassen. Weil ich meine, mein Gott, dann tut es halt weh, aber nur wer den Schmerz spürt, kann auf der anderen Seite auch das Glück erleben.« Christina sieht uns an:

»So wie Robin und ich jetzt.« Und wir ahnen schon, dass sie uns absichtlich damit nervt, aber trotzdem tun wir ihr den Gefallen und verdrehen artig unsere Augen.

»Wenn ich Single war, hatte ich beim Weggehen immer im Hinterkopf, dass ich ja heute vielleicht jemanden kennenlernen könnte. Und wenn es dann so kam, hatte ich auch immer diese Frage im Hinterkopf: ›Na? Bist du es? Könntest du der Richtige sein?‹«

Rike und Evi nicken belustigt, aber auch ein bisschen beschämt ertappt: »Genau!«

»Wenn man dann mit jemandem rumgemacht hat, hat man danach ja auch meistens diesen Film im Kopf: *Wie wäre es, wenn wir uns in den nächsten Tage total ineinander verlieben würden? Und wie wäre es, den Alltag miteinander zu teilen?*« Evi grinst ihr typisches gutgelauntes Evi-Grinsen.

»Ich glaube auch, dass die, die so viel in der Gegend herumknutschen und nie diese unverbindliche Ebene verlassen, einfach nicht den Richtigen finden. Ganz egal was die sagen, ich kaufe denen nicht ab, dass die all ihren bedeutungslosen Sex und die bedeutungslosen Knutschereien so viel toller finden als eine richtige Beziehung. Das wäre ja wie richtiges Essen für immer gegen Burger und Pommes einzutauschen«, sagt Evi und öffnet ihr Bier mit dem Feuerzeug, das auf dem Tisch liegt, da ich eigentlich ganz romantisch ein paar Kerzen im Zimmer anzünden wollte. Wir anderen können uns nun denken, was Evis wohl unüberlegt ehrliches Statement über ihre ach so unverbindliche Tom-Sache aussagt. Ich sehe, wie Christina was dazu sagen will, sich aber umentscheidet und sich auf dem Sofa wieder zurückfallen lässt.

»Aber natürlich kann es auch irrsinnig Spaß machen, Single zu sein. Ich meine, ich bin zwar momentan Single und hab nicht so wahnsinnig viel Spaß, aber das liegt wohl daran, dass ich einfach viel arbeite ...« Ich grinse:

»Aber es gab auch mal Zeiten, in denen ich Single war, in denen ich viele Dates hatte, viele Leute kennengelernt habe und dadurch auch viele kleine lustige Geschichten erlebt habe. Das war schon abwechslungsreich. Aber ich glaube wie Evi auch, dass man das Single-Dasein immer nur phasenweise richtig genießt. Dann kommt man doch wieder an diesen Punkt, an dem man sich wünscht, man wäre gebunden ...«

»Ich glaube, vieles verklärt man im Nachhinein.« Rike zupft sich ihr Top zurecht.

»Klar hat man auch viel Spaß als Single. Besonders wenn man lange in festen Händen ist, blickt man auf diese ›coole‹ Zeit gerne ein bisschen wehmütig zurück. Ich glaube, man vergisst im Nachhinein, dass es viele Phasen gab, in denen man als Single unglücklich verliebt war oder in denen man Pärchen um so einfache Sachen wie lauschige Videoabende in trauter Zweisamkeit glühend beneidet hat.« Rike fährt sich mit der Zunge über die Lippen:

»Oder nicht? Es kann mir keiner erzählen, dass er als Single immer sauglücklich war. Irgendwann fängt auch dieser freie, ungebundene Single-Fisch an zu stinken.« Ich muss unwillkürlich in mich reinlachen: »Stinkender Single-Fisch ist gut«, nicke ich und lasse verlauten:

»Manchmal ist es wie bei einem beschissenen Urlaub: Währenddessen wollte man nur nach Hause, und wenn man sich Jahre später mit seinen Freunden daran erinnert, war es auf einmal der beste Urlaub aller Zeiten …« Evi nimmt einen Schluck Bier:

»Manchmal ist das ganze Hin und Her als Single auch nur anstrengend. Oft denkt man ja, dass man ganz unverbindlich mit jemandem rummacht. Später zuhause denkt man auf einmal: *Ach, das war doch ein schöner Abend, der meldet sich bestimmt noch. Der denkt jetzt bestimmt auch an mich.* Und dann kommt nichts. Gar nichts. Keine SMS, kein Anruf, keine studiVZ-Nachricht, nichts. Als hätte alles gar nicht stattgefunden. Als wäre es total normal, dass Mann abends eine heiße junge Dame bei sich zuhause hat und mit der ein bisschen rumknutscht, schläft oder Beziehung spielt.« Evi stellt die Flasche auf dem Tisch ab und geht sich mit beiden Händen durch die Haare und redet weiter:

»Dann fragt man sich: *Mache ich mir jetzt nur um ihn Gedanken, weil er sich nicht meldet? Weil mein Ego angekratzt ist, dass er das einfach so wegsteckt? Oder fuchst es mich so, dass er sich nicht meldet, weil ich was für ihn empfinde?*« Mittlerweile ist es ziemlich offensichtlich, dass sie von sich und Tom spricht.

»Dieses ganze Hin und Her, dieses Nicht-Wissen, was eigentlich Sache ist, kann enorm anstrengend sein. Auch anstrengend ist es, dieses Credo aufrechtzuerhalten: Ich bin ein cooler Single, ich habe meinen Spaß, es bedeutet mir nichts, was ich mit diesem Mann mache. Diese angestrengte Gleichgültigkeit. Was ist, wenn das bei mir nicht funktioniert? Wenn ich mehr von ihm will? Dann bin ich eben keine von der coolen ›Kommste heute, kommste morgen‹-Fraktion. Dann will ich eben einen uncoolen festen Vertrag, um zu wissen, was läuft.« Evi nimmt wieder die Bierflasche in die Hand. Es gibt dabei ein feines klingendes Geräusch, weil sie mit ihrem Ring gegen das Glas stößt. Sie grinst ein bisschen bitter, als sie sagt:

»Jetzt wisst ihr was bei mir los ist.« Ich gucke sie mitfühlend an, ohne dass ich das will.

»Glaub mir, ich verstehe dich nur zu gut.«

»Ja, das mit dem Single-Dasein kann schon ein anstrengender Szenesport sein ...« Pauline guckt Käselöcher in die Luft. Dann folgt Stille.

»Was finden wir für eine abschließende Antwort?«, frage ich, und weiter: »Wie finden wir das Single-Leben?«

»Wir finden es zeitweise toll, weil es viele tolle Männer da draußen gibt und weil es zeitweise echt Spaß machen kann, die alle mal anzutesten und ein bisschen Chaos in sein Leben zu bringen. Manchmal kann es auch heilsam sein, keinen Liebesfilm laufen zu haben. Stattdessen findet man wieder zu sich selbst, muss sich nach niemandem richten und hat Zeit, sich um all das zu kümmern, was einen interessiert. Man ist nicht fremdbestimmt«, fasst Rike zusammen.

Christina ergänzt: »Aber letztlich sind wir Rudel- oder Paartiere und wollen eigentlich gern Teil einer guten Zweiergeschichte sein.« Dann duckt sich Christina, als hätte sie Angst vor Schlägen und flüstert: »Wie Robin und ich.«

»Genau«, stimmt Evi zu und während sie gestikuliert, fällt mir auf, dass der Ring, den sie am Mittelfinger trägt, Ähnlichkeit mit dem Auryn der Unendlichen Geschichte hat.

»Dass man ein Paartier ist, fällt einem am ehesten auf, wenn man sich vorstellt, man wäre sechzig. Ich meine, wer möchte in dem Alter ernsthaft noch alleine sein? Da ist man mit Sicherheit nicht mehr so drauf, dass man mit Wonne dem wilden Single-Leben frönt. In welche Clubs soll man dann auch gehen, um wild rumzuknutschen?«

»Café Keese«, nennt Rike den Namen eines Berliner Tanz-cafés, in dem es regelmäßig Seniorendisco ab 15 Uhr gibt. Evi versucht Rikes Einwurf zu ignorieren, muss aber kichern und fährt dann fort:

»Nee, wir wollen alle irgendwann ankommen. Als junger Mensch kann man einen gesunden Mix zwischen Rumhuren und Händchenhalten führen, damit man auch im Alter nicht das Gefühl hat, was verpasst zu haben. Unterm Strich wollen wir aber alle keine Dauer-Singles sein.«

Alle Damen nicken, Pauline auch, wenn nur etwas zaghafter.

25. Nicht reden. Nicht denken. Nicht telefonieren

Männerklischeewälzerei! Gibts gesicherte Ergebnisse?

Nachdem ich unser neues Thema vorgelesen habe, werfe ich eine Aussage von Rike von vorgestern in den Debattier-Ring: »Wir hatten bei der Frage, ob man während des Datens taktieren soll oder nicht, schon die These, dass Männer Frauen unbedingt jagen wollen und dass sie dementsprechend nichts heißer finden, als wenn sie das Objekt ihrer Begierde erst mal nicht kriegen. Ich glaube, du«, ich gucke Rike an, »warst totale Verfechterin dieser These, oder?«

»Erkläre mich schuldig in allen Punkten der Anklage«, sagt Rike und setzt sich auf ihrem Stuhl kerzengerade auf. Ich muss grinsen: »Na ja, wie auch immer, das ist jedenfalls so ein Klischee, das einem von Teenie- und Frauenzeitschriften mit der Beharrlichkeit eines tropfenden Wasserhahns immer wieder eingetrichtert wird, und ich bin mittlerweile zu dem Schluss gekommen, dass es totaler Müll ist.«

»Na, dann wirst du uns mit Sicherheit gerne verraten wollen, wieso«, vermutet Christina.

»Richtig. Ich bin immer schön die Taktik gefahren, die Männchen erst anzulocken und dann Desinteresse zu zeigen, so dass ich dachte, jetzt ist mit Sicherheit der Jagdmodus aktiviert und in wenigen Stunden, Minuten werde ich gerissen.«

»Aber dem war nie so ...« Christina klingt spöttisch.

»Nie möchte ich nicht sagen, aber mit einer sehr auffallenden Häufigkeit hat sich einfach die Situation ergeben, dass sich das

Männchen zurückgezogen hat, weil es sich sicher war, dass ich keine Lust mehr auf das Spiel habe.«

»Vielleicht warst du einfach nur zu drastisch«, mutmaßt Evi und ich schüttle den Kopf: »Nein, wirklich nicht. Das extremste Erlebnis war …«, ich muss grinsen, »… also, dafür müsst ihr wissen, dass ich mal diese Angewohnheit hatte, beim Küssen den Kopf leicht zurückzuziehen, so als würde ich nicht mehr wollen, um damit zu erreichen, dass mein Kusspartner sich gezergt fühlt und mich dann im Sturm der Leidenschaft noch dringlicher küsst. Das hat bei mindestens zwei Personen funktioniert – an mehr kann ich mich jetzt nicht konkret erinnern –, aber es gab halt auch einen Extremfall, bei dem das Ganze sehr nach hinten losgegangen ist.«

»Und wie?« Evi legt die Stirn in Falten.

»Na ja, ich habe meinen Kopf leicht weggezogen und dachte, alles klar, jetzt wird er fordernder, stattdessen ist er aber abrupt zur Salzsäure erstarrt, hat mich schockiert angeguckt, ist dann in Windeseile in sein Auto geflüchtet und weggefahren. Als er schon im Auto saß, hat er kurz noch aus der Tür rausgerufen, dass er hoffe, jetzt keinen Fehler gemacht zu haben, und dann flog der Kies, und ich sah Rücklichter. Das alles ging in Sekunden über die Bühne«, erzähle ich.

Christina verdreht die Augen, der Rest der Damenbelegschaft grinst. »Und auch bei Lars war es so, dass ich ihm als zum Erlegtwerden bereite, geduldig wartende Beute an einem Tisch gegenübersaß, er aber nichts unternommen hat, außer zu gucken, so dass die Beute ihm von alleine in seinen Jagdrucksack springen musste. Ich sag euch, Männer sind genauso wenig nur Jäger, wie wir nur Sammler sind.«

»Wie habt ihr euch eigentlich kennengelernt?«, fragt Evi und kratzt sich am Rücken.

»Das war noch in unserer Heimatstadt, wir haben in einer gemütlichen Runde in einer Bar gesessen. Sue kannte Lars von früher und hatte ihn an diesem Abend angeschleppt. Als Lars auf dem Klo verschwunden war, hat Sue mir gesteckt, dass er sich eindringlichst bei ihr erkundigt hätte, wer ich denn sei und dass er mich interessant fände.« Ich muss unwillkürlich grinsen, weil ich mich noch genau entsinnen kann, wie niedlich Sue gegrinst und wie typisch sie sich die Hand vor den Mund gehalten hat, als sie mir die hochexplosive Neuigkeit gesteckt hatte.

»Ich hab Sue gesagt, dass er sich meinetwegen gerne bei mir ins Zeug legen kann, denn ich war Single und hatte auch wieder Lust, jemanden kennenzulernen. Als ich dann auf Toilette gegangen bin ...«, aus dem Augenwinkel sehe ich, wie Christina leicht spöttisch die Augen verdreht, »... war mir klar, dass Sue Lars diese Info gesteckt haben muss. Ich hab also gewartet, und exakt nichts ist passiert. Lars saß mir immer noch schräg gegenüber, leicht distanziert, leicht zurückgelehnt. *Gut, dachte ich mir, fang ich halt mal eine Unterhaltung an.* Ich hab dann was gefragt, so dieses normale Programm: Wer bist denn du eigentlich? Was machst du so? Was sagst du zum Wetter und zum Klimawandel? Ich war betont offen und freundlich, hab aber auf jede offene Frage immer nur einsilbige Antworten geerntet. Hätte ich nicht von Sue gewusst, dass er mich gut findet, hätte ich gemutmaßt, dass er mich nicht leiden kann.« Rike lacht:

»Ach, Lars. Er hat es einfach nicht drauf.«

»Um es mal klar und deutlich festzuhalten: Selbst nachdem er wusste, dass ich interessiert war, war er nicht in der Lage, ein Gespräch mit mir anzufangen. Hätte ich ihm nicht später auf dem Rückweg zum Auto ein Gespräch aufgedrückt, wäre aus der ganzen Sache nie irgendwas geworden. Und dabei wirkt Lars ja nicht schüchtern, im Gegenteil, auf mich wirkte er mit seiner dunkelgrauen Kappe und dem leicht distanzierten Blick eher arrogant. Aber das verwechselt man eben oft: Schüchternheit und Arroganz.«

»Jule, komm zum Punkt: Was ist die Lehre, die wir aus deinen Alltagsbeispielen ziehen können?«, versucht Christina mich zu necken, und ich antworte:

»Ich hab mich mit verschiedenen Männern über das Thema unterhalten, und de facto sind sie immer extrem dankbar, wenn die richtige Frau es ihnen einfach macht. Aber nicht zu sehr, denn die scheuen Rehböcke wollen auch nicht verschreckt werden. Und die Erkenntnis, die ich daraus gewonnen habe, ist einfach folgende: Manche Menschen wollen jagen, manche nicht. Aber das hat nichts damit zu tun, ob man Mann oder Frau ist.«

»Du willst nämlich auch jagen«, höre ich von Pauline, die mich ernst anguckt, und ich zucke mit den Schultern:

»Vor Männern, die mir richtig den Hof machen, habe ich jedenfalls Angst. Ich möchte nicht das Ziel eines heimlich am Schreibtisch ausgedachten Abschlepp-Plans sein.«

»Dass Männer nicht telefonieren können, ist meiner Meinung nach ein sich immer wieder bewahrheitendes Klischee«, wirft Rike neues Futter in die Gesprächsmanege:

»Die meisten Männer kriegen es einfach nicht auf die Reihe, da entstehen Pausen, oder es werden einfach nur Fakten abgefragt. Wenn Stefan und ich uns gestritten haben, dann meistens am Telefon.« Pauline und Evi nicken und grinsen, als könnten sie diese Erfahrung bestätigen.

»Ich hab unterschiedliche Erfahrungen gemacht. Lars oder auch mein Kumpel Andi sind super Telefonierer. Mit Lars habe ich mal sechs Stunden telefoniert, bevor wir zusammenkamen.«

»Es gibt wahrscheinlich Ausnahmen von jedem Klischee, weil nicht alle Männer auf Fußball stehen, eine Männerclique haben, im Rudel auf blonde Frauen mit großen Brüsten stehen und wenn sie alleine sind, eher auf schüchterne Brünette mit großen Hintern. Nicht alle Männer ziehen Burger der Gourmetküche vor, nicht alle Männer trinken gerne Bier, nicht alle Männer können nicht telefonieren, und nicht alle Männer reden ungern über ihre Probleme. Ich finde, wenn wir uns auf so eine Diskussion einlassen, sind wir ziemlich schnell auf Mario-Barth-Niveau. Genauso wenig, wie alle Frauen Shopping lieben, kann man alle Männer über einen Kamm scheren.«

»Welche Frau geht denn nicht gerne shoppen?«, fragt Christina und es klingt fast entsetzt. Pauline winkt von der anderen Seite der Couch:

»Ich! Ich hasse es.«

»Du hast auf jeden Fall recht, dass man keine Pauschalaussagen machen kann, aber hier geht es ja um Erfahrungen, die wir mit Klischees gemacht haben. Was das Klischee ›Männer können nicht über ihre Probleme reden‹ angeht, fällt mir ein …«, ich gucke Rike an, »haste nicht letztens noch festgestellt, dass man mit Stefan eigentlich über alles reden kann, bloß nicht über eure Beziehung? Über euch?« Rike schiebt die Unterlippe vor und sieht nachdenklich aus.

»Männer wie Stefan können ihr Problem vielleicht sogar benennen, aber ausdiskutieren wollen sie es nicht. Es muss entweder eine Lösung her oder das Problem wird ignoriert, bis es sich in Luft auflöst.« Pauline zuckt mit den Schultern, was wohl sagen soll: Keine Ahnung, warum die das so handhaben!

»Bei Hannes hat es mich ganz oft in den Wahnsinn getrieben, dass er alles mit sich alleine ausmachen wollte. Für mich ist das teilweise ein richtiger Schlag in die Magengrube gewesen, weil ich dachte: *Hallo! Ich bin deine Freundin! Wem, wenn nicht mir, willst du denn erzählen, was dich beschäftigt?*« Evi redet sich in Fahrt:

»Hannes hat keinen Vater mehr, seitdem er ganz klein ist, und deswegen war sein Onkel immer seine väterliche Bezugsperson. Und der hatte irgendwann mal einen schweren Autounfall und musste ins Krankenhaus. Ich hab Hannes während dieser Zeit angemerkt, dass ihn irgendetwas mitgenommen hat, aber er ist nicht mit der Sprache rausgerückt. Erst nach Tagen war er plötzlich total gelöst und happy, und es stellte sich raus, dass seine Fröhlichkeit daher rührte, dass sein Onkel nicht mehr in Lebensgefahr schwebte. Ergo erfuhr ich jetzt erst, dass sein Onkel überhaupt im Krankenhaus gewesen war. Ich war natürlich beleidigt, weil ich mir dachte: Du hattest echte Sorgen, hattest Angst um deinen Onkel und ich erfahre davon nichts. Man hat plötzlich das Gefühl, nicht zu ihm dazuzugehören. Versteht ihr, was ich meine?«

»Haste ihn denn gefragt, warum er es dir nicht erzählt hat?«, will Rike wissen.

»Er meinte, es hätte ihn schon genug runtergezogen und weil ich die Sache mit Sicherheit zwischendurch immer wieder angesprochen hätte, wäre es für ihn bestimmt noch präsenter gewesen, als es das sowieso schon war. Er hätte lieber selbst dosieren wollen, wann er sich damit auseinandersetzt und wann nicht.«

»Ich glaube, man macht einen großen Fehler, wenn man die Herrschaften unter Druck setzt und mit dem Gezeter kommt: ›Warum haste mir das nicht erzählt?‹ Das ist ja genau der Stress, den sie nicht wollen. Ich glaube, wenn man irgendwann doch mal ein aktuelles Problem anvertraut bekommt und dann sehr sparsam reagiert und nicht darauf besteht, das Ganze durchzuexerzieren, dann hat man Vertrauen gewonnen, und vielleicht sagen sie einem in Zukunft öfter, was mit ihnen los ist.« Ich muss grinsen, weil mir schon klar ist, dass meine Aussage klingt wie eine dieser Anleitungen in Ratgebern zur Haustierhaltung. Von diesem Gedanken inspiriert fahre ich fort:

»Beziehungen mit Männern sind ein Drahtseilakt. Wie im Umgang mit einem nervösen Raubtier; manche Schritte muss man sehr genau überlegen und sich mit der Analysiererei in Zaum halten, wenn man das Vertrauen der Männer gewinnen will.«

»Du redest schon auch Stuss«, urteilt Christina und ich mache ein abwiegelndes Zeichen mit der Hand:

»An dem, was ich sage, ist aber was dran. Viele Männer sind nicht leicht zugänglich. Bei denen muss man vorsichtig sein.«

»Mmh …«, Rike stimmt mir zu, »von dieser unzugänglichen Sorte gibt es viele. Obwohl ich auch Kumpel habe, die mich anrufen, wenn sie Stress mit ihrer Freundin haben, um alles aus meiner Frauensicht schön durchanalysiert zu bekommen. Keine Ahnung, ob die generell auf Durchanalysieren stehen oder ob die mit mir vielleicht offener reden können als mit ihrer Freundin. Vielleicht ist es für sie einfacher, bei einem Mädchen-Kumpel die Hosen runterzulassen, weil sie es vor ihrer Freundin – also sinnbildlich gesehen zumindest – nicht können. Männer sind eben sehr unterschiedlich gestrickt. Die gibt's in allen Farben und Mustern …« Pauline schüttelt den Kopf, sieht uns an und überlegt dann laut:

»Dass dem Mann so klischeehaft die Rolle des Jägers zugeschrieben wird, liegt wohl daran, dass es bis vor wenigen Generationen die Männer waren, die das Essen erlegt haben, weil Frau es nicht durfte. Aber da der Mann nach der Einführung des Supermarktes, der Damenwahl und der Emanzipation weder Nahrung noch Weibchen jagen muss, teilt man sich heute die Jagd. Warum man innerlich immer noch davon ausgeht, dass alle Männer nach dem Schema ›Jäger‹ gestrickt sind, ist mir schleierhaft. Das sieht man auch in dem Punkt ›über Probleme reden‹: Vom Mann wird nach wie vor – und das haben wir ja auch an uns selbst festgestellt – Stärke erwartet. Weil sich diese Urvorstellung hält, ist es klar, dass viele Männer durch ihre Erziehung, ihr Umfeld oder was auch immer schwer schmelzbare Eisblöcke sind. Nicht jedes Exemplar hat begriffen, dass es gerade Stärke bedeutet, Schwäche zuzugeben und zu Problemen zu stehen, jedenfalls eher, als diese wegzuschweigen. Ist für den

orientierungslosen Mann zwischen altem und neuem Geschlechterbild ja auch schwer zu entscheiden, wo er nun Schwäche zeigen kann, um gerade nicht als schwach zu gelten, und wo nicht.«
Pauline hält kurz inne und doziert dann weiter:

»Aber wer weiß?! Die Evolution endet ja nie. Wenn wir männeruntypische Verhaltensweisen beklatschen und durch unser eigenes Verhalten fördern, ist der Mann in ein paar hundert Jahren
vielleicht mit ganz anderen Verhaltensweisen ausgestattet.« Ich
grinse:

»Du meinst, wenn wir die Männer ab jetzt immer selbst jagen,
werden sie sich daran gewöhnen, nur noch erlegt zu werden?
Und wenn wir sie jedes Mal loben, und uns offensichtlich beeindruckt zeigen, wenn sie uns ihr Innerstes offenbaren, werden sie
mitteilungsfreudige, zu ihrem eigenen Herzmist stehende Labertaschen … wie wir?«

Pauline zuckt mit den Achseln. Rike wiegt den Kopf. Evi
macht ratlose Augen. Christina guckt blasiert. Irgendwie ist das
auch nicht so erstrebenswert, wenn die Männer werden wie wir.
Denn es ist ja auch gut, dass der Klischeemann manche Dinge
anders handhabt als die Klischeefrau. Wir wollen uns ja auch
aufregen, über ihre Schweigsamkeit, über die Unfähigkeit, richtig
zu telefonieren, und über ihre mangelnde Sensibilität. Wir wollen
ja auch rätseln. Wir wollen ja einen Gegenpol. Wir wollen ja
auch Männer statt Frauen.

»Robin ist überhaupt kein Klischeemann. Der geht zum Beispiel total gerne Klamotten einkaufen«, wirft Christina noch hinterher. Wir grinsen, sparen uns die Erörterung dieses spannenden
Sachverhaltes und gehen zum nächsten Thema über.

26. Rache mit Soße

Sollten wir es einem miesen Typen eigentlich heimzahlen?
Können wir das überhaupt?

Natürlich! Nachdem er Schluss gemacht hat, sollten wir erst mal die Reifen seines neuen Sportwagens aufschlitzen«, meint Pauline sarkastisch.

»Oder seine Fußballbildchen in die Spree werfen«, schlägt Evi vor, und ich rolle mit den Augen.

»Sehr gut! Ihr seid echte Expertinnen. Dabei: Rache nehmen zu wollen, nachdem unser armes kleines Herzchen Macken davongetragen hat, klingt definitiv nicht reif, und auch nicht ...«, ich überlege kurz, bevor ich weiterspreche, »... als sei man eine Frau von Welt und mit sich selbst im Reinen oder als ...« Ich suche nach deutlicheren Beispielen für mein Schamempfinden über solch niedere Bedürfnisse, aber Pauline unterbricht mich:

»... als hätte man nicht alle Tassen im Schrank!« Ich muss grinsen.

»Mal Butter bei die Fische – tief in unserem Inneren sind wir doch alle grottenpeinlich, weil die Gefühle und die Gedanken, die man hat, wenn man verlassen wird, bei Licht betrachtet einfach peinlich sind. Auf Rachegelüste ist man zwar nicht unbedingt stolz, aber sie sind wohl menschlich. Zwar dumm, aber menschlich«, predige ich und Rike grinst:

»Jule hat recht, tief in unserem Inneren sind wir alle peinlich, klein mit Hut und ängstlich. Und wir hier sind auch noch so bescheuert, das offen und öffentlich zuzugeben.«

»Ich finde das nicht bescheuert. Auf den ersten Blick wirken Menschen, die Schwächen und Spleens zugeben, natürlich etwas freakig, schwach und seltsam. Aber wir gehen doch die ganze Zeit davon aus, dass es ein Zeichen von Stärke ist, zu seinem innersten, innersten Gefühlsmist zu stehen«, erinnere ich an unsere Legitimation. Pauline ergänzt: »Ein Zeichen von Stärke oder ein Zeichen von Naivität.«

»Kommt darauf an, wie man zu seinem Gedankenmist steht und wie man ihn rüberbringt«, mutmaße ich. Und Evi kichert:

»Wir brauchen gar nicht so tun, als wäre das was Neues. Wie oft habe ich zu euch schon gesagt: ›Oh mein Gott, ich muss bekloppt sein, dass ich das jetzt vor dir zugebe, aber …‹«

»›… aber ich möchte mich unbedingt an Jakob rächen‹«, ergänze ich Evis Satz, weil ich zum Thema zurückwill, und Evi wird sofort pink-rosa auf den Wangen.

»Ach, Jule, die alte Geschichte«, nuschelt sie und klingt verlegen, sie fährt sich mit der Zunge über die Lippen und sagt:

»Wenn ein Typ dich verschaukelt hat, dich schnell und einfach austauscht, um sich einen anderen Pausensnack zu suchen, und man ist gerade in einer Phase, in der man verletzlich ist, kann einem das sehr wehtun. Und dann können schon mal so blöde Gefühle hochkommen wie: Das wird dir noch leidtun. Oder: Ich will, dass du das bereust. Man denkt sich: Das kriegt der zurück. Natürlich kann man das nicht wirklich zurückgeben, weil er uns dafür erst mal Gefühle entgegenbringen müsste, wie wir sie für ihn hatten. Aber man kann sich zumindest einbilden, dass man durch die – selbstverständlich diskrete – Racheaktion wenigstens erreicht, dass er sich ärgert, einen so schnell abgeschossen zu haben. Was man vielleicht immer rausholen kann, ist die Befriedigung, wenn man sich mit jemand anderem zeigt.« Evi guckt uns an und redet weiter:

»So eine Eifersuchtswelle kann einen ja auch überschwappen, wenn man merkt, dass jemand, der mal was von einem wollte, offensichtlich jemand Neues hat, dem oder der jetzt die Aufmerksamkeit gebührt.« Rike grinst, ihr ist wohl gerade aufgefallen, auf welche Geschichte Evi mit ihrem Rache-Beispiel anspielt:

»Stimmt, du hattest damals schon eine Geschichte mit einem Berliner am Laufen. Dieser Jakob ...« Rike grinst immer noch.

»Und jetzt die Sache mit Tom. Schätzchen, du solltest endlich mal rübermachen.« Evi zuckt mit den Achseln:

»Ich hab erst mal den Arbeitsvertrag. Ich verdiene mir jetzt erst mal meine Sporen und ein bisschen Geld. Aber vielleicht fange ich nächstes Jahr doch noch an zu studieren, dann kann ich immer noch nach Berlin ziehen.«

Evi war nach der Trennung von Hannes jedes arbeitsfreie Wochenende in Berlin. Der offizielle Grund dafür war, dass sie bei ihrem Bruder und dessen Berliner Party-Nachtleben Zerstreuung finden wollte, aber der inoffizielle Grund hieß Jakob. Jener Jakob, der Evis Seitensprung gewesen war, der die Trennung von Hannes überhaupt erst eingeläutet hatte. Dummerweise hatte Monsieur Jakob relativ schnell das Interesse an dem unverbindlichen Spielchen mit Evi verloren. Wenn sie ihn unter dem Motto *Rate, wer am Wochenende schon wieder seinen Bruder in Berlin besucht und genug Zeit hat, dich zu sehen?* anrief, hielt sich seine Freude am anderen Ende der Leitung schwer in Grenzen. Anfangs war Evi noch wütend, wenn sie mal wieder frisch rasiert, gecremt, gepeelt und in feinster Unterwäsche bei ihrem Bruder in der Küche saß und sich eine einsame Pizza reinschieben musste, weil Jakob ihr mal wieder urplötzlich abgesagt hatte. Er hatte ganz vergessen, dass er – es tue ihm total leid, aber aufgeschoben ist ja nicht aufgehoben – an dem Abend was mit seinen Jungs machen wollte. Wenn sich dann später rausstellte, dass er mit seinen Jungs nichts anderes unternommen hatte, als eine Stunde beim Dönermann um die Ecke zu speisen und zu klönen, um danach nach Hause zu gehen und gepflegt nix zu machen, statt sich mit der zu allem bereiten Evi zu treffen, hat das ihr Ego schon ein wenig angekratzt. Irgendwann kam dann über mehrere Ecken heraus, dass Jakob längst eine neue feste Freundin an der Angel hatte. Christina streicht sich ein paar blonde Haare aus dem Gesicht und meint:

»Ich glaube, es ist normal, dass man nach einer Geschichte, die einem ans Ego gegangen ist, das Bedürfnis hat, ganz zufällig da aufzutauchen, wo er immer hingeht. Man möchte dann übernatürlich heiß aussehen, irgendwie vorgeben, man wäre in der Zwischenzeit eine geheimnisvolle, neue Person geworden, zu der er jetzt keinerlei Zugriffsrechte mehr hat.« Christina rollt mit den Augen, als würde ihr das Zugeständnis schwerfallen:

»Ich glaube, dieses Gefühl kennt wirklich jeder. Es ist so lange normal, wie man es bei einem feierlichen Auftritt belässt. Es darf nicht zu einer Manie werden.« Dann lacht sie kurz auf:

»Eigentlich ist es so dumm, aber ich hab mich genau so verhalten, nachdem es damals mit einem Typen zu Ende war. Jo, das war der einzige Typ, der jemals mit mir Schluss gemacht hat.« Christina grinst hämisch:

»Als ich wusste, dass ich ihn auf einer bestimmten Party wiedertreffen würde, habe ich mich mit Absicht extrem aufgerüscht. Ich hab an dem Abend verdammt gute Laune zur Schau gestellt und mich mit jedem Kerl auf der Party mit Absicht drei Takte besser verstanden als normal und …« Rike unterbricht Christina:

»Ich finde, das ist keine Rache. Das ist eher etwas, das man für sich selbst tut, damit man nicht das Gefühl hat, vor dem anderen das Gesicht verloren zu haben.« Evi nickt und nimmt einen Schluck Bier:

»Diese Aktionen à la Mir-geht-es-ja-ach-so-gut-und-guck-mal-wie-gut-ich-aussehe-und-wie-sehr-ich-dich-überhaupt-nicht-brauche nützen nur uns selbst was. Und es ist ein Schuss in die eigene Achillesferse, weil ich nicht glaube, dass die Show von dem intendierten Adressaten überhaupt wahrgenommen wird.«

»Stimmt. Der Typ grüßt einen höflich, während man gerade angestrengt zeigt, wie viel Spaß man hat, geht weiter und hat die Begegnung sofort vergessen. Man selbst hingegen hat überhaupt gar keinen Spaß, weil es meistens keinen Spaß macht, Spaß darzustellen. Und somit ist man nur wieder selbst die Leidtragende. Alles Käse. Einfach abhaken und auf zu neuen Abenteuern, da hat man mehr von«, hören wir von Pauline, und Evi fügt hinzu:

»Der Idealfall ist, dass man wirklich glücklich ist, am besten auch gleich mit jemand anderem, und ihm das zu präsentieren.« Pauline trinkt einen Schluck Bier, wiegt nachdenklich den Kopf hin und her und meint dann:

»Ein neuer Partner würde ihn wahrscheinlich wirklich ein bisschen kratzen. Das Problem ist nur: Wenn man wirklich glücklich mit der neuen Person ist, interessiert einen die alte Sache gar nicht mehr …« Rike kichert:

»Wahrscheinlich ist das so. Aber das ist trotzdem der beste Weg, um sein Gesicht zu wahren. Oder? Ich meine: Was soll man sonst machen?« Sie streicht sich ihren Rock glatt und fügt dann hinzu: »Lilli neigt dazu, die Typen in der Öffentlichkeit mit Arroganz, Verachtung und schnippischen Sprüchen zu strafen.«

»Grandios«, kommentiert Pauline trocken und weiter:

»Das ist doch das Dämlichste, was man machen kann. Dann merkt ja jeder, wie verletzt man ist. Da kann man sich gleich die Schandmaske aufsetzen, auf der draufsteht: *Hallo! Dieser Mann wollte mich nicht. Ich habe mich daraufhin wochenlang selbst infrage gestellt, mir neue Anziehsachen gekauft, mich auf Diät gesetzt, geweint und mich immer wieder gefragt: warum? Ich muss echt minderwertig sein. Ich habe vermutlich nichts zu bieten. Aber in der Öffentlichkeit werde ich mir das nicht anmerken lassen, nein, ich werde so tun, als fände ich ihn blöd, und dann werde ich ihn vor allen runtermachen, damit bloß niemand auf die Idee kommt, dass ich total verletzt bin.«*

»Hattest du denn nie Rachegelüste, was diesen Boldt angeht?«, fragt Rike. Pauline grinst bitter:

»Ich weiß, wo er jetzt steht, ich weiß, wie sein Leben jetzt aussieht. Ihn mit Rache bestrafen zu wollen, wäre, wie jemandem mit dem Teufel zu drohen, der in der Hölle sitzt. Er ist mir egal. Ich fühle gar nichts mehr. Auch kein Mitleid. Er ist sich selbst die größte Strafe.« Pauline stellt ihr Bier wieder auf den Tisch.

»Lasst uns das Thema wechseln«, schlägt sie vor, und ich habe ein Thema für sie, an das sie gleich hervorragend anknüpfen kann.

27. Beziehungs-Macken und Dellen

*Welche Fehler haben wir in unseren vergangenen
Beziehungen gemacht?*

Pauline lacht, nachdem sie die neue Frage gehört hat: »Also doch noch kein Themenwechsel, wie?« Ihre Anmerkung zielt wohl darauf ab, dass sie das Thema maßgeblich mit Boldt verbindet, denn die Dame legt gleich nach.

»Ich habe Millionen Fehler gemacht. Ich habe geglaubt, dass man alles verzeihen kann, solange man sich nur liebt. Ich habe an das Gute im Menschen Boldt geglaubt, ich habe mit Absicht die Augen zugemacht. Ich war viel zu unsicher in meinem Inneren, um mich gegen all das zu wehren, was er gemacht hat. So gesehen war es ein Kampf Schwergewicht gegen Eintagsfliege.«

»Ach, Paulchen …«, seufze ich und gucke sie an. Über Boldt haben wir schon zahllose Gespräche geführt und irgendwie kam fast jedes Mal der Punkt, an dem Pauline mir über alle Maßen leidtat.

»Und klar habe ich da Macken mit rausgenommen, die ich jetzt in meine neuen Beziehungen schleppe. Ich hab mich tierisch dagegen gewehrt, mit Jonas zusammenzukommen, ich hab mich dagegen gewehrt, mich wieder zu verlieben, weil ich plötzlich Angst vor Gefühlen hatte …« Pauline lacht auf:

»Ich hatte Warnschilder im Kopf, auf denen rot geschrieben stand: *Bevor ich es mir gestatte, mich wieder in jemanden zu verlieben, muss ich alles über ihn rausfinden.* Ich muss Informationen darüber sammeln, wie seine Exbeziehungen vonstatten gegangen sind, was für Freunde er hat, welche Einstellungen, Meinungen, was er beruflich macht … Wenn ich irgendwas gefunden hätte, was mich gewarnt hätte oder mir auffällig erschienen wäre, hätte ich sofort die Notbremse gezogen und den Kontakt abgebrochen.«

»Du hast aus der Beziehung mit Boldt also ein arg zerstörtes Vertrauen in deine Mitmenschen mitgenommen«, schlussfolgert Rike. Pauline überlegt erst und meint dann:

»Das würde ich so nicht sagen. Ich vertraue Jonas. Aber ich habe die Erfahrung gemacht, dass Menschen nun mal durch und durch Menschen sind, und dass man ihnen nicht hundertprozentig vertrauen kann. Ich kann noch nicht mal mir selbst hundertprozentig vertrauen.« Christina gibt ein Geräusch von sich, das sich so ähnlich anhört wie dieser letzte Ton des *Hör mal, wer da hämmert*-Vorspanns, und mit allergrößter Wahrscheinlichkeit soll dieser Ton sagen: Versteh ich nicht. Pauline atmet hörbar ein und aus und sagt: »Es gibt Sachen, die ich gemacht habe, von denen ich nie gedacht hätte, dass ich dazu fähig wäre, sie zu tun.« Evi fragt unschuldig »Was denn?«, und ich ahne, was jetzt kommt.

»Ich hab halt damals etwas gemacht, was meinen kompletten alten Freundeskreis von mir abgespalten hat. Einen Fehler. Das war das erste Mal, dass ich quasi von mir selbst erschüttert war. Ich meine, jeder meint sich ja zu kennen, glaubt zu wissen, was das Leben für einen maximal und minimal noch so alles bereithält …« Pauline macht eine Pause:

»Habt ihr nicht auch manchmal das Gefühl: *Ja, das ist eine Sache, die könnte mir auch passieren, die ist typisch für mein Leben?* Und bei anderen Sachen hat man diese Gewissheit, dass man so etwas nie tun oder erfahren wird, weil das nicht zum eigenen Leben oder zu dem, na, ich sag jetzt mal, ›Vorzeichen‹, unter dem es steht, passen würde?«

Ich nicke mit vorgeschobener Unterlippe, die anderen machen nachdenkliche Gesichter. »Ich weiß, was du meinst«, höre ich mich sagen, und Pauline fährt fort:

»Mit Boldt sind so viele Sachen passiert, von denen ich einfach nie gedacht hätte, dass ich sie hätte mit mir machen lassen und ich habs doch zugelassen – und es ist mir währenddessen noch nicht einmal aufgefallen. Und in der Rückschau komme ich mir dabei so fremd vor und frage mich: Warum zum Henker habe ich das mitgemacht? Wie konnte ich so verblendet sein? Wie konnte ich glauben, dass das alles nur Phasen sind und dass wir zum Schluss glücklich dastehen, wenn ich nur alles aushalte? Das passt nicht zu mir, und dass ich das aber doch alles mitgemacht habe, zeugt ja nur davon: dass man sich nicht hundertprozentig auf sich selbst verlassen kann.« Pauline nimmt einen Schluck Bier und redet weiter:

»Wenn ich mir selbst antworte: *Tja, Pauline, du edles Stück, du bist oder warst eben eine Menschenfreundin und du wolltest nur das Beste für Boldt*, dann klingt das ein Schippchen zu glorreich.«

Evi sieht Pauline nachdenklich an und meint dann:

»Wenn man jemanden liebt, kann es schon mal passieren, dass man sich selbst darüber vergisst.« Pauline guckt Evi tief in die Augen, grinst süffisant und sagt in spöttischem Ton:

»Aber doch nicht über Jahre.«

»Doch, auch über Jahre«, sage ich und gehe mir ganz beiläufig durch die Haare.

»Und das Perfide daran ist ja: Obwohl man sich selbst vergisst und man scheinbar einer anderen Person zuliebe Schmerzen und Demütigungen einsteckt, tut man das eigentlich nur für sich selbst. Irgendein kranker Teil von einem findet das Leben mit der Erniedrigung besser, als ohne die Person auszukommen. Aber man macht das schon für sich selbst, man vergisst sich in dem Sinne nicht. Man vergisst nur, was eigentlich, objektiv gesehen, wahrscheinlich gesünder für einen wäre.« Ich setze theatralisch ein weinerliches Gesicht auf:

»Man glaubt den Mist zu brauchen, denn man verliert den Blick dafür, wann all der Schmerz und Kummer und Frust und das ganze Herzeleid …«

»Jule, ist gut!«, stoppt Christina mein gespieltes Wehklagen.

Ich grinse: »Es ist eben so eine Hoffnungs- und Gefühlssache. Jedenfalls verliert man den Blick dafür, dass es einem ohne all das Leid besser ginge.« Ich trinke aus meiner grünen, kalten Bierflasche und Pauline meint:

»Aber das können wir eigentlich nicht mehr unter dem Deckmäntelchen ›Macke‹ führen, oder? Das ist eher eine ziemliche Delle, kurz vor Totalschaden.« Ich sehe, dass Evi grinst, Christina abwesend wirkt und Rike gebannt zuhört. Ich schiebe die Ärmel meines Oberteils hoch und philosophier dann:

»Auf den ersten Blick erscheint es natürlich nur dumm, eine Beziehung aufrechterhalten zu wollen, die einem selbst schadet. Aber man ist eben auch ein bisschen romantisch veranlagt und deswegen kann so etwas wie eine Melancholie-Macke hinzukommen. Dass man aus dem eigentlich negativen Gefühl des ständigen Leidens ein positives Gefühl rauszieht: die Lust am Leiden, die Lust am Drama. Und erst wenn man dieses positive Gefühl, das man aus dem Leid rauszieht, nicht mehr empfindet und das Leid überwiegt, kann man von dem Mist wegkommen, glaube ich. Man darf einfach null Befriedigung in der Sache finden. Aber das kann lange dauern, bis sich die Halsstarre auskuriert hat.« Ich ernte einen kurzzeitigen Starrblick von Pauline und weiß gar nicht mehr, ob ich eigentlich noch von ihr und Boldt spreche oder ob ich nicht schon längst auf meinen eigenen Liebes-Macken-Dampfer umgestiegen bin.

Pauline sieht durch mich hindurch, als sie schließlich redet.

»Ich kann mir heute nicht mehr vorstellen, dass ich das Leid damals auf so eine freakige, melancholische Art genossen habe. Aber im Nachhinein erinnert man sich ja eh anders. Man erinnert sich eher an das, was man gesagt hat, als an das, was man tatsächlich gefühlt hat. Und dass ich diesen Zustand auf eine Art genossen habe, hätte ich – wenn es denn so gewesen wäre – mit Sicherheit nie zugegeben. Und …«, Pauline räuspert sich mit der Faust vor dem Mund, bevor sie weiterredet, »ich bleibe dabei: Das ist schon mehr als nur eine Macke.«

Christina wippt nickend mit dem Kopf und sieht dabei eher abwesend aus. Pauline überlegt und redet dann weiter:

»Ich hab aber noch was fürs Kapitelthema ›Ich habe einen Tick aus der ganzen Sache mitgenommen‹.« Sie sieht beinahe erfreut aus. »Super!«, hören wir von Rike, eher weniger freudig.

»Ich möchte Dinge einfach nicht mehr aussprechen müssen. Ich möchte nicht mehr ›Ich liebe dich‹ oder ›Ich werde dir immer treu sein‹ oder so etwas sagen müssen. Ich denke, er wird es fühlen, dass ich es so meine. Er braucht es mir auch nicht zu sagen. Entweder fühl ich es oder ich fühl es nicht. Aber es macht doch keinen Sinn, jemandem erst etwas sagen zu müssen, damit er es fühlt.«

»Lass mich raten: Was das Thema angeht, haste dich mit Sicherheit schon mit Jonas gestritten, oder?« Christina erwacht aus ihrer Ecke.

»Ja, aber das muss er verstehen. Ich meine, ich hab nichts von diesen Worthülsen. Ich möchte nicht, dass er sagt: ›Ich bin dir immer treu‹, sondern ich möchte, dass er es ist. Ich möchte spüren, dass er mich liebt. Die Wörter an sich bedeuten doch nichts. Die können Mittel zum Zweck sein; Worte können so missbraucht werden.«

Evi guckt Pauline mit einem leicht tragischen Gesichtsausdruck an und Pauline winkt ab:

»Ja, ich hab mich beziehungstechnisch durch Boldt verändert. Aber all diese neuen – ja, was sind es? Einstellungen? –, all diese neuen Einstellungen zu Beziehungsdingen, die ich seitdem habe, sind mir ja nicht zugeflogen. Es ist ja nicht so, dass Boldt irgendwie so ein Virus war und seitdem habe ich diesen Einstellungs-Husten. Ich bin jemand, der sich selbst analysiert, und ich weiß, warum ich wie reagiere und warum ich Dinge in Zukunft anders machen möchte. Ich möchte mich einfach vor Schaden bewahren.« Pauline trinkt noch einen Schluck, stellt die Flasche geräuschvoll auf den Tisch und fragt in die Runde:

»Wie sieht es bei euch aus? Was habt ihr für Beziehungsmacken?« Christina zuckt mit den Schultern:

»Ich hab meinen vorherigen Freunden wahrscheinlich nicht ausreichend gezeigt, dass sie mir was bedeuten. Aber ganz ehrlich: Sie haben mir auch nicht so viel bedeutet.«

Evi guckt Christina von der Seite an, als könne sie das nicht nachvollziehen, sagt aber nichts dazu, sondern erzählt von sich:

»Ich hab mit Hannes viel zu wenig geredet. Ich war nicht direkt genug. Themen, die uns wirklich betroffen haben, habe ich selten oder nie angesprochen, mich einfach nicht getraut. Das habe ich mir für meine nächste Beziehung verstärkt vorgenommen: auch Unangenehmes ansprechen, und das vor allem rechtzeitig. Und ich würde es auch bettmäßig nicht mehr so einschlafen lassen. Ich meine, ich weiß jetzt, dass ich sehr wohl ein sexueller Typ bin.« Evi grinst:

»Und da werde ich in Zukunft auch drauf bestehen. Ich hab quasi keine Macken abgekriegt, sondern nur Sachen gelernt, damit eine Beziehung besser läuft …«

»Ich glaube, dass genau das die Macke ist, die ich in meiner nächsten Beziehung umgehen werde: zu viel reden. Man glaubt nur, dass es dadurch besser wird, aber ich halte das alles für nicht sonderlich bewiesen. Wenn man zu viel über den anderen weiß oder Stimmungen oder Situationen zu sehr verbal auseinanderrupft, geht der Zauber komplett verloren. Ich werde auf jeden Fall versuchen, mich am Riemen zu reißen und nicht jeden

Mist durchzukauen. Manches Problem wird erst zum Problem, nachdem man es ausgesprochen hat, und dann sitzt es wie ein grelloranger Elefant im Raum, und dieser orange Dickhäuter hinterlässt einen bleibenden Eindruck, auch wenn das Problem beseitigt ist. Einen grauen, nicht ausgesprochenen Elefanten vergisst man dagegen schon wesentlich leichter.«

Ich gucke schräg zur Decke und mache große Augen, während ich von meinen Elefanten rede, dann gucke ich in die Gesichter der mich gebannt anstarrenden Damen und schiebe hinterher:

»Fürs Quatschen hab ich euch. Wenn nötig, wird schön angerufen und gequakt.« Rike gähnt, dann fasst sie zusammen:

»Beziehungen sind wie Kindererziehung: Es gibt hundert Sachen, die man so machen sollte, und hundert andere, die man lieber lassen sollte. Letztlich sind manchmal die Fehler, die man macht, aber genau das Richtige, um weiterzukommen. Manche Macken hat man selbst nicht unter Kontrolle, gerade dann nicht, wenn es hochemotional wird. Und es ist eh mit jedem Partner, den man hat, wieder anders, weil er ein anderer Mensch ist, auf den man vielleicht anders eingehen muss«, sagt Rike, guckt uns an und beendet ihren Gedankengang:

»Auch wenn wir in der nächsten Beziehung unsere Fehler nicht wiederholen, machen wir halt andere.«

»Das klingt logisch«, grinse ich und prophezeie:

»In der nächsten Beziehung werden wir uns wieder Macken holen, weil man einfach nicht unbeschadet durchs Leben kommt.«

Pauline rollt mit den Augen:

»Haben wir jetzt wieder alles schön generalisiert, ja?«

»Haben wir!«, nicke ich und gehe zum nächsten Thema über.

28. »Lass uns Freunde bleiben«

Geht das? Kann man das? Darf man das?

Bevor irgendjemand was sagen kann, poltere ich gleich drauflos: »Ich höre in letzter Zeit immer wieder: ›Jule, du musst endlich ausziehen. Es geht nicht, dass du mit deinem Exfreund in einer WG wohnst‹, ›Jule, du musst Lars endlich in Ruhe lassen, ihn endlich seinen eigenen Weg gehen lassen. Solange er dich die ganze Zeit noch als seine Exfreundin an der Backe hat, wird der nie eine neue feste Freundin finden‹, ›Juleska, glaub es mir, eine enge Freundschaft zwischen zwei Exen ist einfach nicht möglich‹«, zitiere ich meine Freundinnen in einer leicht meckernden Tonlage und füge dann hinzu:

»Ganz ehrlich: Das bringt mich auf die Palme. Weil ich es nicht verstehe: Warum muss man auf Teufel komm raus eine Person ziehen lassen, nur weil man nicht mehr mit ihr zusammen ist? Gut, als Paar haben wir uns disqualifiziert, weil uns die Leidenschaft abhanden gekommen ist. Und das, was von der Beziehung geblieben ist, die verdammt gute Freundschaft, soll ich bitte schön in die Tonne kloppen, weil man nicht mit seinem Ex befreundet sein kann, weil einen das von irgendeiner weiteren Entwicklung abhält?« Ich mache ein Gesicht, das Unverständnis ausdrücken soll, und sage zur Unterstützung noch mal: »Ich verstehe es einfach nicht.« Rike grinst und lässt dann verlauten:

»Die, die das immer predigt, bin ich. Und ich sage das, weil ich der Meinung bin, dass du Lars gehen lassen musst. Ich hab mich letztens mit ihm unterhalten, und ich habe nach wie vor das Gefühl, dass der nicht über dich hinweg ist und dass du ihn daran hinderst, dass er weitergehen kann, was Neues machen kann. Es ist halt einfach meine Meinung.‹ Rike guckt in die Runde:

»Ich weiß auch, wenn ich mich von Stefan trennen würde, würde er auch eine Freundschaft wollen. Und ich finde, wenn jemand so eine Freundschaft will, dann doch aus dem Grund, weil er sich denkt: *Als Partner konnte ich dich nicht halten, da ich dich aber um keinen Preis verlieren will, weil ich noch Gefühle für dich habe, will ich dich wenigstens als Freund.* Und ich weiß jetzt schon, dass ich das nicht zulassen werde, weil man der Person, von der man sich getrennt hat, den Respekt erweisen muss, dass man sie gehen lässt. Es tut einem selbst zwar weh, aber ich finde einfach, so viel Respekt sollte man vor der anderen Person haben.« Christina hört Rike gebannt zu und nickt, nachdem diese geendet hat.

»Aber was ich dir auch letztens gesagt habe: Ich weiß nicht, warum ihr glaubt, dass Lars noch was von mir will. Ich habe mich nicht von ihm getrennt, sondern wir haben uns gemeinsam in einem ruhigen Gespräch voneinander getrennt. Wir haben gemeinsam beschlossen, dass unsere Beziehung eigentlich keine mehr ist.« Ich erinnere mich: auf der Autobahn, irgendwo zwei Stunden vor Berlin, ich am Steuer, Amy Winehouse im Radio und nach dreistündiger Autofahrt, mit etlichen Worten. Aber es war dennoch ein normales Gespräch. Es war zwar ein Gespräch, an das man sich auch fast ein Jahr später immer noch sehr gut erinnern kann, es war keines, das im allgemeinen Wörtersee einfach so untergegangen ist, aber es war auch keine wilde Auseinandersetzung. Wir sind danach ganz normal weitergefahren, haben gelacht und gelabert, Lieder mitgesungen und erst viel später geweint.

»Ich finde, man nimmt sich selbst viel zu wichtig, wenn man sagt: ›Ich habe dem armen kleinen XY jetzt so das Herz gebrochen, das es besser für ihn ist, wenn ich mich jetzt nicht mehr bei ihm melde.‹«

Rike schüttelt den Kopf: »Jule, du weißt selbst, dass er keine neue Freundin haben wird, solange ihr zusammenwohnt.«

»Er zieht ja bald aus«, seufze ich. »Natürlich ist es schwer für eventuelle neue und auch für den alten Partner, wenn man mit dem Ex zusammenwohnt, weil es für den Neuen ja nicht nett ist, morgens zusammen mit dem Exfreund der neuen Freundin im Badezimmer zu stehen und sich die Zähne zu putzen. Dass das irgendwie weird ist, leuchtet mir ein, obwohl ich mir einbilde, dass es möglich ist, damit umzugehen, wenn man über die alte Beziehung hinweg ist und einen wirklich nur noch Freundschaft verbindet. Ich finde, man sollte da nicht mit so einem engen Horizont drangehen.« Ich überlege weiter:

»Ich sehe Lars auch nicht als meinen Exfreund, sondern als meinen besten Freund. Meinen Kumpel. Ich hab es überhaupt gar nicht mehr auf dem Schirm, dass wir mal zusammen waren. Natürlich weiß ich, dass es mal so war, aber es erscheint mir so unrealistisch und fern.« Ich gucke in Gesichter, von denen ich das blöde Gefühl habe, dass sie mir nicht hundertprozentig glauben:

»Es ist oft so, dass ich mit ihm irgendwo sitze und so ein Spruch fällt wie: Weißte noch, als wir da und da waren, wo dann das und das passiert ist? Und fünf Sekunden später muss ich dann fragen: ›Waren wir da eigentlich noch zusammen?‹ Ich werfe das mittlerweile schon durcheinander, weil für mich so klar ist, dass er mein Kumpelfreund ist.« Christina verdreht die Augen:

»Ist sie nicht charmant?«

»Wie auch immer, Leute, was ich damit nur sagen will: Ich habe mit Lars schon öfter darüber gesprochen, und wir sind uns beide einig, dass wir es Kacke fänden, den Kontakt abzubrechen, weil es dafür einfach keinen Grund gibt, man versteht sich blendend, man mag sich, hat Spaß zusammen und es gibt null Situationen, in denen man das Gefühl hat: *Oh Mist, begehre ich ihn*

gerade wieder? Oder: *Hat er mich gerade begehrlich angeguckt?*
Das steht einfach nicht mehr auf dem Speiseplan.«

Christina zieht die linke Augenbraue hoch:

»Auf deinem Speiseplan steht er nicht mehr drauf, aber du
kannst mir nicht erzählen, dass er Nein sagen würde, wenn du
bei ihm im Türrahmen stündest und dir die Klamotten vom Leib
reißen würdest.« Ich verdrehe die Augen:

»Er ist ein Mann und Single. Er würde vermutlich mit jeder
Frau schlafen, die in seiner Tür steht und sich die Klamotten vom
Leib reißt. Probier es doch mal …«, schlage ich vor und weise
mit dem Finger in die Richtung von Lars' Zimmer. Christina will
wohl erst etwas sagen, winkt dann aber ab, lehnt sich auf der
Couch zurück und schenkt sich jede verbale Reaktion.

»Der beste Beweis dafür, dass es zwischen Lars und mir rein
freundschaftlich ist, ist einfach die Tatsache, dass ich mit ihm
über meine Männergeschichten reden kann. Und er hat mir auch
schon von seinen Dates erzählt. Das ist echt locker zwischen uns,
und ich find es komisch, dass dieser Umstand von euch so wenig
geglaubt, beziehungsweise akzeptiert wird. Ich meine, ich rechtfertige mich ja schon wieder die ganze Zeit.«

»Du erzählst ihm von andern Männern?«, fragt Christina, als
hätte sie mir nur bis dahin zugehört.

»Ja.«

»Das ist nicht dein Ernst, oder?« Sie schüttelt den Kopf.

»Juleska, meine Freundin mit der Axt. Du bist so verdammt
unsensibel.«

Ich stöhne kurz auf. Es ist nicht so, als hätte ich mit dieser
Reaktion nicht schon gerechnet, da es erst wenige Tage her ist,
dass ich Rike den gleichen Umstand erklären musste.

»Wieso denn Axt? Kinder, ganz im Ernst: Wo ist das Problem?
Lars ist ein erwachsener Mann. Wir sind seit fast einem Jahr nicht
mehr zusammen. Wir wohnen zusammen. Wenn ich nach Hause

komme und mich bedrückt was, gehe ich zu ihm und kotze mich aus, er macht das genauso. Man könnte also zusammenfassen: Wir sind Freunde. Warum soll ich jegliche amouröse Problematik ausklammern? Erstens wird er sich denken: Wie merkwürdig, dass Jule in einem kompletten Jahr in dieser Hinsicht gar nichts erlebt. Zweitens: Was verschweigt sie mir? Und drittens: Warum verschweigt sie es mir? Ich finde, wenn man wirklich befreundet sein will, muss man die Freundschaft auch mit allem führen, was zu einer Freundschaft gehört. Außerdem: Soll ich ihn vor der Erkenntnis schützen, dass andere Männer mit mir in Kontakt treten könnten, seit Schluss ist? Ist das nicht sowieso klar? Ich finde, wenn der andere irgendwo in seinem Herzen immer noch was von einem will, dann weckt man erst recht falsche Hoffnungen, wenn man ihn in dem Glauben lässt, im absoluten Zölibat zu leben. Das ist doch total heuchlerischer Kack.« Ich atme durch:

»Und wie gesagt, er hatte ebenfalls etwas mit einer Dame, und er hat mir selbst davon erzählt. Und wenn ihr jetzt sagt: ›Das war seine Retourkutsche!‹, tut's mir leid, weil ihr dann tatsächlich keinen Schimmer habt, wie Lars und ich zueinander stehen. So einen Quatsch-Heckmeck gäbe es jedenfalls nicht.«

Amen.

Evi schüttelt den Kopf: »Aber das ist doch total verletzend, wenn man merkt, dass die Gefühle, die mal für einen selbst da waren, nun einer andern Person gelten, das will man doch nicht wissen.«

»Anfangs vielleicht nicht, aber Lars und ich sehen uns ja nicht als Exfreunde, sondern als Freunde, die mal zusammen waren. Es ist jetzt fast ein Jahr her, dass es auseinanderging. Natürlich ist es kurz nach der Trennung nicht gerade Musik in seinen Ohren gewesen, wenn ich ein Date hatte, aber mittlerweile ist das einfach normal. Klar wird es noch mal anders werden, wenn einer von uns beiden einen neuen Freund oder eine neue Freundin hat.

Und sicher werde ich schlucken müssen, wenn Madame dann vor mir steht. Aber daran wird man sich auch gewöhnen, warum auch nicht?«

»Ich glaube, du siehst das ein bisschen zu idealisiert. Du hältst das für einfacher, als es tatsächlich ist«, urteilt Christina und als ich »Wieso?« frage, kriege ich nicht mal mehr eine Antwort. Evi sagt:

»Ich bin nicht mehr mit Hannes befreundet. Natürlich sind wir uns nicht spinnefeind, und er ist auch damals nicht ausgerastet, als ich ihm gesagt habe, dass ich was mit Jakob hatte. Ihm war damals auch klar, dass unsere Beziehung kurz vor dem Herztod stand. Wir haben danach auch noch ein paar Mal miteinander telefoniert, und es ist auch dieser Klischeespruch gefallen: ›Wenn du jemanden zum Reden brauchst, ruf mich an.‹ Aber in den Momenten, in denen ich jemanden zum Reden brauchte, wäre es irgendwie komisch gewesen, ihn anzurufen. Ich hatte das Gefühl, dass er die falsche Adresse für meine Sorgen ist. *Warum soll ich die bei ihm abladen*, ging mir durch den Kopf.«

Evi setzt die Bierflasche an die Unterlippe, hält kurz inne und fügt hinzu:

»Man hat keinen Anspruch mehr auf die Person, finde ich. Und wenn ich ihn jetzt anrufen und ihm sagen würde, dass mich das mit Tom ganz schön durcheinander bringt ...« Evi lacht und redet dann weiter:

»Ich würde sogar selbst von mir denken: *Meine Güte, die hat sie nicht mehr alle!* Ich finde, er als mein Exfreund ist dafür der falscheste Ansprechpartner, den man nur wählen kann.«

»Ihr seid aber auch ganz anders auseinandergegangen als Lars und ich. Man kann das nicht vergleichen«, verteidige ich mich und Lars, schulterzuckend und betont gleichgültig, obwohl mir klar ist, dass Evi mich gar nicht direkt adressiert hat mit dem, was sie gesagt hat. Christina guckt erst zu mir, dann zu Evi:

»Ich fänd es auch komisch, wenn mein Exfreund bei mir anrufen würde, um sich auszuheulen. Ich weiß gar nicht, ob ich mir das anhören wollen würde. Ich möchte irgendwie gar nicht mehr an seinem Leben teilhaben, warum auch? Vielleicht würde mir das auch wehtun.«

Pauline, die bis jetzt nur zugehört hat, geht sich durch die dunkelbraunen Haare, beugt sich vor und lässt verlauten:

»Also, ich habe zu einem meiner Exfreunde, Maik, mit dem ich zu Schulzeiten zusammen war, immer noch extrem engen Kontakt. Wir telefonieren regelmäßig, wir sind total herzlich miteinander und alles.«

Paulines Blick schweift von einer Dame zur anderen, dann sagt sie:

»Aber das liegt eben auch daran, dass wir uns damals einvernehmlich getrennt haben, und dadurch, dass wir zusammen zur Schule gegangen sind, haben wir uns eh jeden Tag gesehen, ob wir wollten oder nicht. Wir haben auch in fast allen Kursen nebeneinandergesessen.« Pauline grinst.

»Und da das Ganze so lange her ist, ist da auch nicht so dieses: Oh Gott, ich kann ihm jetzt nicht von Jonas und mir erzählen oder so. Während ich mit Boldt zusammen war, hatten wir tatsächlich eher weniger Kontakt, was aber an meiner Verfassung zu der Zeit gelegen hat. Aber auch da hat er alles mitgekriegt und mir ins Gewissen geredet und so …« Pauline hält inne:

»Wahrscheinlich hatten wir auch deswegen nicht so viel Kontakt, weil ich das, was er zu der Boldt-Sache zu sagen hatte, nicht hören wollte.«

»Und ihr hattet nicht so viel Kontakt, weil Boldt nicht wollte, dass du Kontakt zu deinem Ex hast«, ergänze ich, mich an damalige Gespräche zu dem Thema erinnernd.

Pauline lacht kurz auf: »Ja, köstlich, was Boldt für Ansprüche gestellt hat, ne?« In ihrer Stimme liegt Bitterkeit.

»Es ist trotzdem krass, dass ihr noch zusammenwohnt«, lässt Rike vom Stapel und sieht mich dabei herausfordernd an.

»Ein Umzug ist ja geplant«, ist das Einzige, was mir einfällt, um Rike zu beruhigen. Dabei trennen sich unsere Wege nicht mal, weil wir nicht mehr zusammenwohnen können, sondern weil Lars sein Studium an einer anderen Uni fortsetzen will. Eine rein praktische Entscheidung. Unerwarteterweise guckt Pauline mich milde an und ergreift für Lars und mich Partei:

»Ich glaube, die beiden machen das schon ganz gut so. Ist ja auch bewundernswert, irgendwie.« Ich bin ein bisschen gerührt von ihren Worten, muss aber alles gleich wieder runterspielen:

»Ich weiß nicht, ob es bewundernswert ist, wenn man eigentlich hervorragend zueinander passt, weil man sich blendend versteht, aber die Liebe irgendwo unterwegs verloren hat. Das ist eigentlich eher traurig, dass es bei Lars und mir nur zu einer Freundschaft reicht und nicht zu mehr.«

»Freundschaft hält eh länger als Liebe«, bringt etwas zögerlich Pauline über die Lippen, und ich bin mir fast sicher, dass sie recht hat. Christina verdreht mal wieder skeptisch die Augen.

»Ihr Schwarzmaler! Jedenfalls können wir festhalten: Freundschaften nach einer Beziehung gibt es nur in Ausnahmefällen und meistens nur dann, wenn die Trennung einvernehmlich und friedlich verlaufen ist. Zudem gibt's für diese Freundschaften ein riesiges Minenfeld, und die beiden gefährlichsten Freundschaftszerbomber sind wohl diese beiden: die Hoffentlich-will-nicht-einer-von-beiden-doch-noch-ne-Beziehungszugabe-Mine und die Hoffentlich-klappts-noch,-wenn-man-nen-neuen-Partner-hat-Mine.« Christina atmet nach den Zungenbrechern tief durch:

»Jetzt aber neues Thema!«

29. Andere Stadt – anderes Land – Schluss?

*Welche Kompromisse sind wir bereit
in Beziehungsdingen einzugehen?*

»Wie Kompromisse?«, fragt Pauline sofort: »Ich mache keine Kompromisse mehr: Entweder es klappt oder es klappt nicht.«

Christina legt den Kopf schief und guckt mich an: »Was genau meinst du an dieser Stelle mit Kompromissen?« fragt sie und setzt danach zum Trinken an.

»Ich meine das ganz einfach so: Wenn ihr jemanden liebt – über was könnt ihr alles in einer Beziehung hinwegsehen, was nicht euren eigentlichen Vorstellungen entspricht?«

Rike grinst bitter: »Momentan sehe ich sehr großzügig darüber hinweg, dass im Bett nichts mehr läuft.«

»Naja …«, stichelt Christina, und: »Wie heißt der eine Typ noch mal? Chris?« und spielt damit auf Rikes mögliche Seitensprung-Affäre in Aussicht an. Aber Rike winkt ab:

»Diese Verlockung gehe ich erst mal nicht ein. Ich muss gucken, wie das weiterläuft. Ich kann das nicht so aus dem Stegreif entscheiden. Noch bin ich nicht so weit, Schluss zu machen, aber ich habe auf jeden Fall das Gefühl, dass ich irgendwann dazu in der Lage sein werde.« Rike wird immer leiser beim Reden und das obwohl sie eigentlich ein glockenhelles und sehr lautes Organ hat.

»Ich werde in Zukunft nicht mehr so viele Kompromisse eingehen«, hören wir von Evi: »Bei Hannes und mir war zum Schluss echt die Luft raus. Nirgends wollte er mit mir hingehen, er hatte auf nichts Lust, und wenn ich bei ihm war, sind wir einfach nur vor dem Fernseher versackt, Sex hatten wir auch keinen, aber ich hab mir trotzdem immer gedacht: *Mensch, Evi, das bist du und Hannes. Ihr geltet als Traumpaar. Ihr seid ein Traumpaar. Nicht gestritten, keine Krisen, immer zu zweit, immer in Harmonie, immer kuschelnd* ...« Evi seufzt: »Irgendwie habe ich gedacht: *Das ist jetzt eben so!* Jede Beziehung hat Macken, und vielleicht ist das auch nur eine Phase, und das kommt schon alles wieder in Ordnung ...« Evi lässt den Satz im Raum hängen. Dann fährt sie fort:

»Mir ist lange Zeit überhaupt gar nicht klar gewesen, dass ich Kompromisse eingehe. Wie soll ich das sagen? Ich hab die Beziehung als mein Schicksal angesehen. Ich konnte mir nicht vorstellen, dass ich noch mal einen anderen Freund haben würde. Ich hab immer gedacht zu wissen, wie unsere Zukunft ungefähr aussehen wird. Ich kannte meinen Job, ich wusste, Hannes würde nach dem Studium Geologe sein. Ich hab gedacht, wir würden immer in der Stadt bleiben und ein bisschen so werden wie unsere Eltern.« Evi hält inne, als sei sie selbst geschockt von dem, was sie gerade sagt.

»Jetzt höre ich erst mal, wie dumm das alles klingt. Es war für mich der totale Befreiungschlag nach der Beziehung zu wissen: Dein Weg ist kein Stückchen vorgezeichnet! Du kannst alles machen und alles sein. Du kannst mit einem Pro-Skater aus Barcelona abstürzen und nach Spanien durchbrennen, du kannst nach deiner Ausbildung aber auch noch studieren und eine heiße Affäre mit einem Prof anfangen oder mit deinem Sitznachbarn oder ...«

»... oder du könntest ins Kloster gehen«, setzt Pauline Evis Utopien-Reihe sarkastisch fort, aber die zuckt nur mit den Schultern und erzählt weiter.

»Jedenfalls war dieses Gefühl, plötzlich zu wissen, dass man im Grunde frei ist, ziemlich genial; dass diese ganzen Verpflichtungen und Wege, die man sich selbst vorgezeichnet hat, eigentlich nur in Sand gemalt sind und dass man jederzeit alles wegpusten kann.«

»Ja, das ist das Geschenk der Jugend. Lange sind wir nicht mehr jung und ungebunden. Ich gebe uns noch maximal zehn Jahre«, sage ich und bemühe mich um einen dramatischen Tonfall.

»Ach, Quatsch, wenn man wirklich will, kann man auch noch mit fünfzig was anderes machen. Es wird halt nur Job-mäßig schwieriger«, hält Rike die Freiheitsfahne hoch. Ich grübele noch über das, was Evi gesagt hat, und gebe schließlich zu Protokoll:

»Ich verstehe, was du meinst, Evi. Ich neige auch dazu, mir zu sagen: *Gut, Juleska, das ist jetzt deine Situation, mit einem anderen Typen wird auch nicht alles perfekt sein.* Ich würde über mich sagen, dass mein Verstand sehr bereit ist, über einiges hinwegzusehen, wenn mein Herz sich für irgendwen begeistert – solange es mir nicht wirklich schadet. Also Prügel, Mord oder gar Fremdgehen würde ich nicht billigen …«, erkläre ich halb im Spaß, halb ernst.

»Das glaube ich gerne, dass dein Herz über einiges hinwegsieht. Dein Herz ist eine ganz schöne Blindschleiche«, neckt mich Christina, und mir ist schon klar, dass sie nicht auf Lars anspielt, sondern auf eine gewisse andere Geschichte.

»Du hast mich heute schon so ein bisschen auf dem Kieker, oder?«, stelle ich fest und versuche zu unterbinden, dass die Sprache auf »ihn« kommt, indem ich einfach selbst ein bisschen was aufzähle:

»Ich würde eine Fernbeziehung auf jeden Fall in Kauf nehmen. Heute ist es ja oft so, dass man eh nicht vorhersagen kann, wann man wo arbeiten wird, deswegen finde ich das schon fast Quatsch zu sagen: ›Okay, du wohnst in Bayern, ich in Berlin, das ist zu weit weg, dann gehe ich keine Beziehung mit dir ein‹«, breche ich meine Lanze für die Fernliebe.

»Gegen Entfernung hab ich auch nichts«, hören wir von Evi, und es wundert uns nicht, schließlich wohnt sie gut 500 Kilometer vom in Berlin weilenden Tom entfernt.

»Aber ich weiß nicht, ob ich für eine Beziehung tatsächlich umziehen würde«, wirft sie nachdenklich hinterher.

»Wenn ich mit ganzem Herzen dabei bin, würde ich umziehen, aber nicht überallhin. Ich müsste dort eine Option auf einen Job und auf die Fortsetzung meines Studiums haben. Obwohl ich Letzteres auch als Fernstudium zu Ende machen würde. Es braucht allerdings immer so seine Zeit, bis man sich in der neuen Stadt ein gutes soziales Netz aufgebaut hat. Es ist nicht schwer, Leute kennenzulernen, aber es ist verdammt schwer, Freunde zu finden, mit denen man sich so wohl fühlt wie mit den alten von zu Hause. Das hatte ich mir alles leichter vorgestellt; zu Schulzeiten war es ganz easy, neue Freunde zu finden. Aber wenn man viel arbeitet, viel zu tun hat und auf einer Massen-Uni ist, wird das alles viel schwieriger. Wenn ich umziehen sollte, würde es mir leichter fallen, in eine Großstadt in der Nähe meiner Heimatstadt zu ziehen statt ganz woandershin. Das ist etwas, das ich mittlerweile über mich selbst gelernt habe: dass ich doch ein ziemlicher Nestmensch bin, der zwar Aufregung und Herausforderungen braucht, aber noch viel mehr Sicherheit und Kuscheligkeit. Ich hätte mich früher selbst nie so eingeschätzt.« Ich nehme einen Schluck Bier.

Rike grinst: »Ich kann mir gut vorstellen, noch mal hübsch ins Ausland abzuhauen. Umso besser, wenn ein Typ dafür der Auslöser ist, dann geht man nicht alleine.«

»Kann ich mir auch gut vorstellen«, hören wir von Christina.

»Aufs Land würde ich für einen Typen aber nicht ziehen«, überlege ich laut. »Dafür bin ich einfach zu sehr Stadtmensch, und ich glaube auch nicht, dass ich glücklich werden würde, wenn ich für jemanden ins Ausland ginge.

»Och, ich finds spannend, ich würde für einen Typen eigentlich überall hingehen. Auch aufs Land und erst recht ins Ausland. Ist doch toll, dann nimmt alles noch mal eine ungeahnte Wende, und man lernt fremde Kulturen kennen.« Rike scheint Feuer und Flamme.

»Mir würden ausgedehnte Reisen reichen«, höre ich mich nachdenklich sagen.

»Eine Bekannte von Jonas hat sich von ihrem Freund getrennt, weil sie Kinder wollte, er nicht, und sie nicht noch mehr Zeit ihres Lebens damit verschwenden wollte, mit jemandem zusammen zu sein, der keine Kinder will«, hören wir von einer schnell sprechenden Pauline, und ich gönne mir noch einen Schluck Bier, bevor ich sage: »Das war mal keine große Liebe! Wie kann man die Idee, ein Kind zu haben, mehr lieben als den Menschen an seiner Seite? Aus dem Beziehungsding muss bei denen aber schon ordentlich die Luft raus gewesen sein.«

»Ach, Jule, betrachte es als Blick in die magische Kugel der Zukunft. Denn das sind die Probleme, die wir haben werden, wenn wir über dreißig sind, um diese Themen werden sich dann unsere Altmädchengespräche drehen.« Rike haut mir kumpelhaft auf den Oberschenkel.

»Na denn, Prost Mahlzeit!«, ich hebe mein Bier wie zum Anstoßen, stoße aber mit niemandem an und trinke auch nicht, sondern sage:

»Mein Problem wird das ganz sicher nicht werden.« Vor meinem geistigen Auge sehe ich mich mit fünfundreißig über meinem Jugendsünde-*Herzmist*-Buch sitzen und genau diesen Satz lesen und mir denken: *Ja, ja! Vorlaut sein kommt vor dem Fall! Die Geister, die ich rief! Meine innere biologische Uhr ruft den Fortpflanzungsruf und Tom-Georg an meiner Seite will partout keine Bälger und ich heule mir die Augen aus dem Kopf.* Irgendwas in mir versteht schon, dass das für manche eine Zwickmühle sein kann, aber ich kann mir derzeit überhaupt gar nicht vorstellen, für Kinder den Mann zu verlassen, den ich liebe. Man kann eben nicht alles haben. Oder?

»Welche Kompromisse seid ihr denn schon eingegangen?«, frage ich, um mal von der reinen Theorie wegzukommen, und gucke Pauline und Christina an, die sich dazu noch nicht geäußert haben. Pauline zieht ein skeptisches Gesicht:

»Welche Kompromisse ich eingegangen bin, das brauchen wir hier gar nicht mehr aufrollen.« Und Christina meint:

»Ich will es ja eigentlich gar nicht sagen, aber in Robins und meiner Beziehung gibt es eigentlich keine Kompromisse. Sicher ist der andere nicht einhundertprozentig so, wie man ihn sich in seinen Träumen gebacken hätte, aber da ich ihn liebe, ist seine individuelle Backmischung auch genau die, die ich will. Ich bin da null Kompromisse eingegangen bis jetzt. Und in anderen Beziehungen ...« Christina überlegt:

»Ich kann mich gar nicht mehr so genau daran erinnern. Ich würde mal sagen, dass die Beziehungen ganz oft auch genau an den Kompromissen gescheitert sind. Als Teenie hatte ich kurz eine Fernbeziehung, und ohne Auto und Geld auf der Tasche geht so etwas grandios nach hinten los. Keine Ahnung, bei keinem war die Liebe groß genug, als dass mich die Kompromisse, die man dann eingegangen ist, nicht gestört hätten. Also kams eigentlich gar nicht erst zu Kompromissen, sondern eher zu Trennungen.«

»Wenn man richtig verliebt ist, bemerkt man die Kompromisse, die man macht, eh nicht, das kommt erst hinterher«, mutmaße ich.

Die Mädels zucken mit den Schultern.

»Mach mal neues Thema!«, fordert Rike und ich serviere ihnen Folgendes:

30. Wenn unsere jetzige Beziehung *die* Beziehung ist, und es keine mehr danach gibt:

Haben wir jetzt eigentlich schon genug erlebt?

»Doofe Frage!«, urteilt Rike: »Haben wir doch schon öfter angekratzt, das Thema. Das ist doch der Knackpunkt der ganzen wackligen Liebes-Konstruktion: Nein, haben wir nicht. Wir sind immer nur glücklich, solange die Verliebtheit und die Leidenschaft anhalten, und sobald das verpufft, sehnen wir uns wieder danach, zu neuen Abenteuern aufbrechen zu können. Und wahrscheinlich wird es einem immer so gehen, und der Punkt, an dem man gesättigt ist, wird einfach nicht kommen. So ist das hungrige Tier Mensch nun mal.« Pauline schüttelt heftigst ihre Haare als Zeichen von absoluter Nicht-Übereinstimmung:

»Das sehe ich nicht so. Und ich finde das sehr, sehr beruhigend, dass ich das nicht so sehe. Der ganze Stress, seitdem man zum ersten Mal seine Tage hatte, der ganze Stress mit ›Ich muss jemanden kennenlernen und er muss irgendwie cool sein, ich muss stolz sein, dass ich den an die Hand nehmen darf, den brauch ich als Ergänzung zu meinem Image‹ oder ›Diesen One-Night-Stand brauche ich als spannende Erfahrung, die ich später mal meinen Enkeln erzählen kann‹ – all das Theater brauch ich nicht mehr. Stress und Theater kriege ich auch woanders. Mit Jonas kann ich über alles reden, er versteht alles, was ich ihm sage ...« Pauline stoppt mitten im Satz, als hätte sie sich selbst beim Lügen ertappt:

»... na gut, manchmal braucht er länger, bis er bestimmte Sachen verinnerlicht hat. Aber er versucht immer, mich zu verstehen, er gibt mir Halt, und wenn ich zu ihm komme, ist das wie nach Hause kommen, und das ist toll. Ich brauche nichts anderes. Von mir aus dürfte das bitte, gerne immer so bleiben«, fährt sie fort.

»Und du glaubst wirklich, dass die Beziehung mit Jonas für immer so bleiben *könnte*?«, fragt Rike mit hochgezogenen Augenbrauen.

»Ich glaub schon, dass das realistisch ist. Aber darüber sollte man sich einfach keine Gedanken machen, man soll einfach ans Ende zuletzt denken.« Ich muss grinsen.

»Diese Worte hingen in deinem Zimmer früher an der Wand, in allerschönster Schnörkelschrift mit lila Tinte auf Rechenkästchenpapier«, erinnere ich mich.

»Stimmt.« Pauline nickt und sagt: »Die Aufregung im Leben sollte man sich auf anderen Gebieten suchen und nicht in seiner Beziehung. Eine Beziehung ist der Grundstein für deine eigene Familie, die du mal aufbaust, für dein neues Zuhause, wenn du von zu Hause ausziehst. So ein einfacher Quatsch ist das eigentlich nur. Wird aber immer viel zu kompliziert, aufregend und sagenumwoben dargestellt. Kein Wunder, dass mit diesen Ansprüchen keine Beziehung mithalten kann.« Christina sieht zufrieden aus:

»Was du sagst, gefällt mir und es macht mir Mut, dass es mit Robin und mir auch für immer halten wird. Ganz egal, was andere sagen«, sagt sie in einer leicht hochnäsig klingenden Tonlage und guckt Rike dabei schief von der Seite an, die nur entgegnet:

»Ich sage zu dem Thema nichts mehr. Stefan ist mit Sicherheit nicht mein letzter Freund. Und da ihr – du, Jule, und Evi – keine Beziehung habt, können wir ja auch ganz fix zum nächsten Thema übergehen, oder? Ich möchte über diese Frage nicht weiter nachdenken.«

Rike meint es ernst. Ich kriege Angst, dass die Stimmung kippt, und wandere schnell zum nächsten Thema.

31. Der Ring, ihn ewig zu knechten ...

Heiraten:
Sollen wir? Wollen wir?

Evi hört die Frage und schreit sofort los: »Jaaa! Klar wollen wir. Auch schon deswegen, weil die Hochzeit an sich so was Schönes ist. Ein schönes Fest für sich und seinen Partner.« Das ist mein Stichwort:

»Evi, da sagst du was, und ganz ehrlich, ich habe manchmal echt Angst, dass das der einzige Grund ist, aus dem ich heiraten will. Nicht um tatsächlich verheiratet zu sein, sondern nur um – total hohl – dieses schöne Fest zu haben. Meine Theorie ist ja auch, dass Heiraten deswegen eher ein Thema ist, dem Frauen hinterherhecheln als Männer, weil Frauen so rallig auf das Fest an sich sind. Weil Frauen das Zeremoniell lieben, die Tatsache, dass um sie vor Rührung geweint wird, dass man sich in ein weißes Traumkleid schmeißen darf, dass sich wie bei einem gigantischen Geburtstag alles nur um sie selbst dreht, dass es zig festliche Veranstaltungen dazu gibt wie Jungesellenabschied, Polterabend und Flitterwochen und ...«, ich hole kurz Luft, »so weiter und so weiter. Tatsächlich verheiratet zu sein, eine Ehe zu führen und sagen zu können: ›Das ist mein Mann‹, all das reizt mich irgendwie gar nicht. Und wenn, dann nur, weil ich gerade frisch mit jemandem zusammen bin, weil man gerade in dieser Phase ist, in der man sich am liebsten zusammen einsargen lassen möchte. Verheiratet zu sein, ist wohl eher nicht aufregend.« Ich kratze mich am Hinterkopf. Wo zum Henker habe ich eigentlich die verquere Vorstellung her, dass Ehe etwas Aufregendes sein könnte?

Rike nickt und guckt ein bisschen trüb drein: »Ehe ist so endgültig.«

»Im Idealfall wenigstens«, ergänze ich. Christina widerspricht uns mal wieder:

»Ach, haltet da vorne doch eure Klappe mit eurer ganzen negativen Energie.« Sie meint es ernst, auch wenn sie es halb belustigt und halb Hausmeister-mäßig tadelnd rüberbringt.

»Klar wollen wir heiraten. Weil das einfach ein wunderbares romantisches Stückchen Kultur ist. Ich finde, das ist einfach ein Urwunsch: *Eines Tages heirate ich mal!* Ich kann mir beim besten Willen nicht vorstellen, dass es ein Mädchen gibt, in dem dieser Wunsch nicht schlummert.«

Nach diesen Worten hätte sich das betreffende Mädchen unter uns jetzt melden müssen, aber wie es aussieht, gibt es das wohl de facto nicht.

»Na ja, unter uns scheint jetzt keines zu sein, aber es gibt auf jeden Fall Mädels, die nicht heiraten wollen. Die denken sich: *Ich liebe meinen Freund, ich bin mit ihm zusammen, wozu heiraten? An sich ändert es ja nichts ...*«, gebe ich zu bedenken.

Evi grinst: »Genau das war mal meine Einstellung. Es gibt keine greifbaren Vorteile außer dem berühmt-berüchtigten Finanziellen. Und dabei kann das auch hübsch zum Nachteil werden, denn ich hab eigentlich keine Lust, mein hart erschuftetes Geld in den Rachen eines vielleicht zeitweise arbeitslosen Ehemannes zu werfen.« Evi lacht und das ungewohnt dreckig für ihre Verhältnisse.

»Aber das ist wohl eher eine Teenager-Einstellung gewesen. Denn mittlerweile will ich auch heiraten. Aber mehr als symbolischen Akt für meinen Partner und mich, ich würde kein großes Fest wollen. Irgendwie finde ich es nämlich doch schön, wenn man sagen kann: ›Das ist nicht mein Freund, sondern mein Mann, und wir versuchen, das schwierige Planspiel Leben bis zu unserem bitteren Ende gemeinsam zu meistern.‹ Ich finde, das ist ein schöner Gedanke.«

Rike grinst: »Ja, ja, wir Scheidungskinder und unsere Träume.«

»Ganz ehrlich, das hat mich nicht negativ geprägt. Gut, bei meinen Eltern hat es nicht geklappt. Das ist aber nur eine von Millionen Ehegeschichten. Kann schief gehen, muss es aber nicht. Ich hab mich schon öfter gefragt, wie es wohl wäre, wenn Robin mich fragen würde, und mein Gefühl sagt mir, dass ich es auf jeden Fall mit ihm versuchen würde!« Evi guckt Christina staunend von der Seite an.

»Aber krass ist es doch schon, dass wir fast alle Scheidungskinder sind oder sogar uneheliche Kinder«, findet Evi, und es ist Pauline, die ihren Gedanken weiterführt:

»Und trotzdem sind alle total heiß darauf, zusammen mit Mr. Right die Eheurkunde zu unterschreiben. Ich glaube, wir haben dieses Bedürfnis, weil wir uns innerlich nach dieser Ordnung im Liebesleben sehnen.« Evi lehnt sich Märchenerzähler-mäßig auf der Couch zurück und erklärt:

»Vielleicht sehnen wir uns nach etwas Altem, Geordnetem. Unsere Großeltern haben ja noch ihre erste große Liebe geheiratet. Es ist eher unsere Elterngeneration, die das große Liebeschaos angerichtet hat. Die sich hat scheiden lassen oder uneheliche Kinder in die Welt gesetzt hat, und wir alten Reaktionäre wollen die Ordnung unserer Großeltern zurück. Wir wollen ganz geordnet unseren rechtmäßigen Partner statt viele Partner hintereinander.«

»Oder gleichzeitig«, ergänze ich hämisch grinsend und gucke Rike an, die nur die Augen verdreht.

»Ich glaube, dass der Wunsch nach Ehe auch bei Männern vorhanden ist. Marek zum Beispiel, der beste Kumpel von Robin, hat zwar jede Woche eine andere Tante am Start und würde jetzt auch nicht mir nichts, dir nichts eine Beziehung eingehen, aber es ist schon so, dass er sich insgeheim nach diesem Hafen sehnt. Der hat schon Bock auf Ehe, ich hab letztens noch ein nettes Gespräch mit ihm darüber geführt.« Christina grinst: »Bei Käse und Weinchen in unserer Küche, und Robin ist eingepennt ...« Christina trinkt ihr Bier leer und meint: »Ich hab letztens einen Artikel gelesen, in dem stand, dass der Wert der Ehe nicht verloren gegangen ist, sondern dass es eher umgekehrt ist, dass die Leute heute viel höhere Ansprüche an die Ehe stellen, und so kommt es zur Scheidung. Aber nicht weil die Ehe an sich als Wegwerfartikel gesehen wird, sondern weil man seine eigene Ehe als eine Art gescheiterte Beta-Version sieht, die mit dem Ideal nicht mithalten kann.«

Ich denke kurz über das nach, was Christina sagt, komme aber zu keinem Schluss und sage trotzdem:

»Ach, ich will auf jeden Fall heiraten. Das ist so eine Institution, die muss man mal erlebt haben, glaube ich. Ich hab schon im Kindergarten Hochzeit gespielt. Ich hab zwei Stühle als Altar aufgebaut und mich mit meinem ersten Spielkameraden überhaupt davorgestellt, und dann haben wir Alufolien-Ringe getauscht, das haben wir oft gemacht.«

»Wieso? Habt ihr euch dazwischen immer wieder scheiden lassen, oder was?« Ich muss grinsen:

»Ich glaube nicht, dass ich diese Option in meiner perfekten Kinderwelt überhaupt schon gekannt habe. Wie oft wir damals zusammen ohne den Hauch einer Badehose im Pool waren!« Kritische Mädchenblicke ereilen mich.

»Also, da waren wir unter vier.«

Rike schnippt mit den Fingern: »Ja, Mensch, da haste doch schon die Antwort. Wer weiß, was da abgelaufen ist. Wahrscheinlich hat sich der arme Drops danach immer gedacht: *Auweia, ich hab Juleska ohne Badehose gesehen, jetzt muss ich sie heiraten.*«

Die Damen lachen und ich schmunzle:

»Jedenfalls spuken mir schon Vorstellungen von der idealen Hochzeit im Kopf rum, seit ich klein bin. Natürlich haben die sich über die Jahre verändert, so ein opulentes Sissi-Kleid will ich nicht mehr haben, ein Orchester muss auch nicht unbedingt sein und Fox Mulder sehe ich auch nicht mehr unbedingt neben mir am Altar.« Ich muss immer noch grinsen, als ich weiterrede:

»Aber ich wüsste jetzt auch genau, was ich tragen würde: Das Kleid wäre nicht ganz gardinenweiß, sondern eher champagner-farben, trägerlos mit einem netten, aber anständigen Dekolleté, Oberteil eng, der Rock leicht ausgestellt, nicht bodenlang, so dass man die Schuhe noch sieht, das Haar glänzend braunschwarz, offen und leicht wellig. Dann sollte das Fest im Frühling oder Sommer stattfinden und am besten draußen mit kleinen weißen Pavillons und einer Band und fettem Büfett, und später gäbs dann eine heiße Party in einer eigens angemieteten abgefahrenen Location mit Pool und allem Zipp und Zapp, und im Idealfall finden sich auf der Party gleich noch mehrere neue Paare, und für alle wird es ein unvergessliches Fest ...« Ich bemühe mich um ein ähnlich hochbegeistertes Gesicht, wie man es bei den Damen im schlecht synchronisierten Werbefernsehen kennt.

»Dein letzter Satz klang wie von einer Barbie-Hörspielkasset-te«, bemerkt Evi, woraufhin ich meine Gesichtsmuskulatur ent-spanne und versuche, wieder normal zu gucken.

»Nicht nur der letzte Satz klang wie von einer Barbie-Hör-spielkassette«, ergänzt Rike, die mich angrinst. Dann seufzt sie und ihr Ton wird sanfter:

»Aber es ist ja auch märchenhaft. Alle freuen sich, die Braut kommt in die Kirche, geht den Gang herunter, und alle sagen sich: ›Verdammt noch mal, sieht sie glücklich aus und ihre Be-ziehung ist so toll‹, und alle heulen.« Wir kriegen zuckerguss-glasierte Sternchen in den Augen.

»Ja …« Ich nicke. »Da sieht man mal wieder, wie krass wir von Hollywoodfilmen kultiviert worden sind. Ich glaube, Männer sind einfacher gestrickt, für die würde auch ein schlichter Gang zum Standesamt reichen, oder?«

»Nee, für Robin nicht. Der würde auch vor aller Augen heiraten wollen und sein Glück frenetisch vom Kirchturm krähen.« Pauline brummt:

»Dass Heiraten für euch immer so viel mit Aufmerksamkeit zu tun hat, ist bedenklich. Dabei ist es doch eigentlich eher eine intime Entscheidung zu merken: Verdammt, diese Person möchte ich bis zu meinem Ableben an meiner Seite haben, weil ich ohne sie nicht leben kann. Das ist doch Glück genug, das muss man doch nicht dadurch versuchen zu potenzieren, dass es alle sehen.«

»Ach komm. Da ist zwar was Wahres dran, aber man muss sich ja auch nicht jeden Spaß verderben lassen. Gerade eine Hochzeit hat ja damit zu tun, dass man etwas offiziell macht, und da gehört eben Publikum zu«, finde ich. Pauline zuckt mit den Achseln:

»Für mich ist Heiraten kein Muss, aber ich würde mich total freuen, wenn ich eines Tages an den Punkt käme, wo es sich so anfühlt, dass man denkt: Gut, den muss ich einfach heiraten. Natürlich macht Heiraten keinen Sinn, nur einen symbolischen, aber ich finde: Klar kann man sagen, ich kann auch ohne Trauschein bis an mein Lebensende mit XY zusammenbleiben. Aber dann kann man sich auch fragen: Wenn wir wirklich so lange zusammenbleiben wollen, warum heiraten wir dann nicht? Weil man sich eben doch nicht sicher ist? Ist ja auch irgendwie unsexy. Klar, eine Hochzeit ist immer nur eine Momentaufnahme, aber allein das ist ja schon schön. Die Tatsache, dass man jemanden so geliebt hat, dass man sich wirklich vorstellen konnte, für immer mit der Person zusammen zu sein.« Pauline sieht uns warnend an, als sie sagt:

»Wenn ich mit jemandem zusammen wäre, der Heiraten von vorneherein strikt ablehnt, würde ich mir Gedanken machen.«

»Das wäre also ein Kompromiss, den du nicht eingehen würdest?«, geht Rike grinsend auf eines unserer vorherigen Themen ein. Pauline zuckt mit den Schultern:

»Eine Ehe gibt einem einfach Sicherheit und ein Zuhause. Ich meine, dein Freundeskreis kann sich verändern, dein Job, alles ist in ständiger Veränderung. Und klar ist so ein Trauschein kein Schutz vor Veränderung in deiner Beziehung, aber er gibt einem zumindest das Gefühl, dass wenigstens das neue Zuhause, das man sich gebaut hat, sicher ist. Zumindest symbolisch.«

»In den Hafen der Ehe einlaufen«, zitiere ich eine beliebte Redewendung. »Als würden das Leben und die Beziehung dann konserviert werden und als würden sie sich nicht mehr verändern«, fasel ich vor mich hin, und Pauline meint:

»So ist der Mensch. Er verändert sich ständig, seine Welt verändert sich ständig, und seine größte Sehnsucht ist es, einen Punkt zu haben, der immer konstant bleibt.« Rike schüttelt den Kopf:

»Wir wollen doch immer das, was man definitiv nicht haben kann. Auch den Stillstand. Menschen sind Trottel«, sagt sie und trinkt ihr Bier leer.

32. Und dann hat er das gesagt.
Und etwa so geguckt. Und was heißt das jetzt?

Unsere Analysen.
Was haben sie uns bisher eigentlich gebracht?

»Ich hab die ganze Zeit drauf gewartet«, offenbart Rike, und ich bin mir nicht ganz sicher, ob sie die Frage auf meiner Liste meint, die Evi gerade vorgelesen hat, oder die grünen Flaschen, gefüllt mit gegärten Hopfenerzeugnissen, die ich im gleichen Moment auf den Tisch stelle. Rike schnappt sich eine Flasche und erläutert dann:

»Ich hab mich nämlich schon gefragt, wie du diesen ja sehr wichtigen Teil typischer Mädchengespräche ins Buch kriegen willst, wenn es kein aktuelles Material gibt.«

»Gibt es keines?«, frage ich.

»Na ja, es gibt die Baustelle Tom und Evi, wir könnten versuchen herauszufinden, wie er wirklich zu ihr steht, und es gibt deine ätzende Dauerbaustelle mit Mr. Herdplatte ...«, hören wir Christina aufzählen, dann schnippt sie – einen plötzlichen Einfall untermalend – mit den Fingern und fragt:

»Und wie war das mit Chris und Rike? Da ist nichts gelaufen gestern Abend, oder?«

»Biste verrückt? Ich war ja nur zu Hause, nein, ach da geht jetzt auch nichts mehr. Ich werde Stefan nicht betrügen, ich muss mich jetzt ganz auf die Beziehung konzentrieren und rausfinden, was ich will, und dann werde ich sehen, wie ich weiter verfahre.«

»Obwohl ich mir gut vorstellen kann, dass es dir leichter fallen wird, dich von ihm zu trennen, wenn du dich in jemand anderen verknallst. Das ist eigentlich das beste Mittel, um dich loszueisen«, kommt von Evi, und Rike atmet hörbar ein und aus:

»Die These hatten wir ja schon mal, aber ich bin da nicht mehr so überzeugt von. Stefan ist schon eine ziemliche Instanz in meinem Leben. Wie soll ich euch das erklären?« Rike überlegt, während sie weiterspricht:

»Das ist zwar bescheuert, aber kennt ihr das, wenn ihr euch Anziehsachen kauft, dass ihr immer so ein bisschen im Hinterkopf habt, wie Mann XY die Klamotten an euch finden würde? Bei mir ist das nach wie vor, dass ich mir denke: *Das fände Stefan an mir gut.* Oder: *Stefan fände mit Sicherheit, dass ich darin total süß aussehe ...*« Rike hält inne, grinst und sagt:

»Au Backe. Aber so ist es doch, oder? Ich meine, wenn ich wusste, dass ich Chris treffe, habe ich auch darauf geachtet, dass ich was Nettes anhabe, aber mein inneres Leitmotiv ist immer noch, ob Stefan die Sachen an mir gefallen würden. Und das mit den Klamotten ist nur ein Beispiel, das gilt für viele Sachen und Entscheidungen. Stefan ist so ein innerer Maßstab für mich.«

»Da haben wir unsere Analyse!«, freut sich Evi. Christina sieht skeptisch aus, als sie Rike antwortet:

»Rike, das ist doch nur Gewöhnung. Sorry, aber ich glaube, wir brauchen an eurer Beziehung nicht mehr viel rumanalysieren, die ist echt vorbei. Du willst es nur nicht wahrhaben, weil Stefan Sicherheit für dich bedeutet, die du nicht einfach so in den Wind schießen willst.«

»Mh«, macht Rike nur und sagt nach einer kurzen Pause:

»Wisst ihr, ich bin ja ein absoluter Mädchen-Analyse-Fan, und ihr wisst auch, ich rufe euch gerne wegen jedem Quatsch an, aber manchmal glaube ich, dass ich für meine Beziehung ein bisschen zu viel schlechte PR gemacht habe. Wenn man immer nur mit den Beziehungsproblemen bei seinen Freundinnen ankommt, sehen die die Beziehung irgendwann viel grauer als man selbst. Man kriegt Wagenladungen von negativem Feedback und ist dann selbst noch verunsicherter, weil man Angst hat, dass die Freundinnen recht haben und man selbst vor einer dicken Eiche stehend den Wald nicht mehr sieht.«

»Rike, du hast, wenn ich mich nicht irre, heute schon gesagt, dass du dir sicher bist, dass du Schluss machen musst, dass du nur noch auf den richtigen Moment wartest ...«, erinnert Christina.

»Das glaube ich ja irgendwie auch, aber ...« Rike pustet Luft aus den aufgeblähten Backentaschen als Zeichen ihrer Ratlosigkeit und sagt dann:

»Ach, ich bin halt so launisch, was das Thema angeht, es schwankt immer alles zwischen Kopf und Herz hin und her. Ich hab das Gefühl, dass es von außen betrachtet das Richtige ist, Schluss zu machen, aber von innen betrachtet ...« Sie guckt zur Decke:

»Sehnen tue ich mich danach nicht. Nicht richtig.«

»Das Herz erzählt jedenfalls öfter Mist als der Kopf«, sagt Evi und fragt dann: »Stimmt doch, oder?«

»Wer kann das schon auseinanderhalten?« Christina macht eine Was-weiß-ich-Geste.

»Ich war schon in Millionen Situationen, in denen ich meine Freundinnen um Rat gefragt habe, und ihnen war ganz klar, was zu tun ist, und wenn ich dann entsprechend gehandelt habe, hat es sich im ersten Moment richtig angefühlt und dann falsch. Manchmal will man sich nicht für das Logische und das Richtige entscheiden. Das Herz ist eben nicht logisch.«

Rike brummelt vor sich hin, Evi geht sich mit der Hand durch die Haare, bevor sie spricht, mein Blick fällt dabei mal wieder auf ihren großen Ring.

»Um aufs Thema zurückzukommen, ich bin der absolute Analyse-Fanatiker, und ich hab heute gerade eben noch gedacht: *Warum zum Henker meldet Tom sich eigentlich nicht?* Und hab mich dann gefragt: *Machen Männer sich auch solche Gedanken?* Ich meine: so detailliert? Dass sie sich zusammensetzen und alle Fakten auf den Tisch legen und dann mutmaßen, warum die angebetete Prinzessin sich nicht gemeldet hat? Ich bin da noch nicht hintergekommen.«

»Ich glaube nicht. Ich glaube, das ist in der analysierenden Form so ein Frauending. Machen wir uns nichts vor: Zu dem wahren Ergebnis kommen wir wahrscheinlich sowieso nicht, die meisten Gespräche haben ja eigentlich einen ganz anderen Sinn, eher Verarbeitung des Erlebten, Meinungsaustausch mit der Freundin.«

»Ganz oft will man einfach nur was Positives hören wie: ›Er meldet sich nur aus dem und dem Grund nicht, und natürlich ist der total in dich verliebt, das hab ich ihm 1993 schon angesehen und ihr kommt auf jeden Fall noch zusammen.‹ Deswegen hängt man sich manchmal auch an solch komischen Fitzelchen auf wie: ›Und dann hat er mir ganz lange in die Augen geguckt‹ und sieht das als den ultimativen Beweis dafür, dass er übelst an einem interessiert ist, und diese flirrende, elektrische Spannung, die man da beschreibt, die hätte man vielleicht gerne gehabt, vielleicht war sie auch da, aber den Satz: ›Du, ich bin müde, es ist besser, wenn du jetzt gehst‹, der kurz danach fiel, den blendet man dann wieder ganz aus, weil es nicht in das Traumkonzept passt. Und dafür braucht man eine Freundin, die gut zuhört und gut nachfragt, um dem ›Erzähl mir, dass wir füreinander bestimmt sind‹-Spielchen nicht auf den Leim zu gehen«, hört man aus meinem Mund und: »Wir alle haben dieses Spielchen schon gespielt, ohne es in dem Moment bewusst zu wissen. Warum machen wir so ein krankes Kasperletheater für uns selbst? Und warum tut es so gut, wenn eine Freundin trotz aller widrigen Umstände am Ende einer Analyse sagt: ›Ich hab es trotzdem im Gefühl, dass ihr noch Ende dieses Jahres zusammenkommt?‹ Warum lieben wir die Selbsttäuschung? Was ist kaputt mit uns?«

Christina kämmt sich eine Strähne hinters Ohr: »Ich hab für den Mist nichts übrig. Ich glaube aber tatsächlich, dass Frauen ein Talent dazu haben, sich in die Situation des anderen hineinzuversetzen und dann richtige Ratschläge zu geben. Die besten Ratschläge sind doch meistens sowieso die, die man nicht hören will.«

Ich grinse: »Obwohl mir aufgefallen ist, dass man eigentlich am liebsten über die Probleme der anderen redet, die man auch selbst hat oder hatte, weil man sich damit besser identifizieren kann. Außerdem ist mir aufgefallen, dass man oft Ratschläge kriegt, die eigentlich besser zu dem vermeintlichen Präzedenzfall passen, den die Freundin erlebt hat. Das Analysier-Ding ist eben doch zu einem großen Prozentsatz Verarbeitung.«

Christina atmet durch und sagt: »Wahrscheinlich. Ist aber ganz gesund, denke ich. Außer wenn es ausartet und der kleinste Mist überinterpretiert wird und man das Ganze auch noch ernst nehmen soll. Ich hatte auch schon Gespräche, nach denen hätte ich Galle spucken können.«

»Das kann manchmal schon anstrengend sein.« Evi geht sich durch die Haare: »Deswegen frag ich euch jetzt auch mal gar nicht, warum er mich zum Henker nicht anruft …«

Rike grinst: »Na, es gibt es doch tausend Möglichkeiten: a) sein Handy ist kaputt und er hat deine Nummer nur dort gespeichert, b) er traut sich nicht, weil er nicht zu aufdringlich sein möchte, c) er traut sich nicht, weil er Angst hat, dass er sich in dich verliebt, wenn er zu viel Zeit mit dir verbringt, d) er wartet lieber, bis du dich meldest, weil er glaubt, dass du eh keine Zeit hast, e) er ist total beschäftigt und hat selbst keine Zeit oder natürlich: f) er hat keinen Bock, sich bei dir zu melden, weil er auch keinen Bock hat, was mit dir zu machen.«

»Ich möchte natürlich nicht hohl klingen und sagen: ›Das Letzte glaube ich nicht‹, aber es ist leider tatsächlich so: Ich kann mir nicht vorstellen, dass er wirklich überhaupt keinen Bock hat, was mit mir zu machen. Ich meine, abseits von allem Rumgefummel sind wir ja auch Freunde, und ich bin doch auch eine nette und bereichernde Person. Warum, zum Henker, meldet er sich also nicht?«, fragt Evi. Christina atmet hörbar aus, bevor sie spricht.

»Wie so oft kann ich nur sagen, es bringt nichts, sich den Kopf zu zerbrechen und das auseinanderzupflücken, wir werden die Lösung nicht rausfinden.« Sie räuspert sich und fährt fort:

»Und ich muss ganz ehrlich sagen, dass ich so gereizt reagiere, liegt daran, dass ich gerade in den letzten Tagen wieder viele Nonsens-Gespräche führen musste, und auf Dauer kann ich so einen Quatsch einfach nicht ertragen.«

»Du hast deine Schäfchen ja auch im Trockenen, in dem Fall neigt man dazu, das alles schön abgeklärt zu sehen«, gibt Evi zu bedenken. »Ich finde, diese Therapiestunden machen Spaß. Erst kaue ich die Situation mit den Mädels durch, dann rufe ich meinen besten Kumpel an und lass mir von ihm noch mal alles aus Männersicht verklickern. Die Gespräche mit ihm hatten schon oft positive Konsequenzen, sowohl für mich als auch für ihn, denn bei seinem Zicken-Theater kann ich ihm auch mit Rat zur Seite stehen«, wirft Rike ein, und Pauline wiegt den Kopf hin und her und sagt:

»Ich glaube schon, dass so eine Analyse manchmal sinnvoll sein kann, aber eher in Bezug darauf, was unser eigenes Verhalten angeht: Warum will ich ihn? Warum reagiere ich jetzt so eifersüchtig? Oder warum provoziere ich in letzter Zeit andauernd mit Absicht Streit? Ich finde es gut, wenn man sich selbst hinterfragt. Aber mit einem Stab von Mädchen rausfinden zu wollen, was er denkt, ist schon ein Kunststück. Vor allem gerade dann, wenn er nicht unbedingt ein offenes und logisch nachvollziehbares Buch ist.« Pauline guckt mich an, als sie weiterredet:

»Ich hab auch die Erfahrung gemacht, dass Mädchengespräche die eigene Sichtweise total vernebeln können. Zum Beispiel hat man in einer bestimmten Situation das Gefühl: ›Okay, es war ihm total egal, dass ich gegangen bin.‹ Dann erzählt man seinen Freundinnen davon, und die kommen durch irgendein Detail auf die Idee, dass er so reagiert hat, weil er eigentlich total verletzt ist, dass man gegangen ist. Diese Version glaubt man natürlich lieber als die ursprüngliche, eher unangenehme Wahrnehmung der Sache. Man bekommt ein total falsches Bild von der Situation und verhält sich dementsprechend auch in der Folge falsch. Diese ganze Interpretiererei verschafft einem so eine Art Zweitrealität zu seinem eigenen Leben. Man verschwindet in seinem Wunsch-Wolkenkuckucksheim und kommt irgendwann gar nicht mehr klar.« Ich muss schmunzeln.

»Das kommt oft vor, da haste wohl recht. Aber ich hab irgendwie das Gefühl, dass wir uns trotzdem nicht ändern werden. Oder? Werden wir?«, ich ziehe beim Reden fragend die Augenbrauen hoch.

»Glaubst du echt, dass wir mit vierzig immer noch so drauf sind?«

»Ich würde sagen, das kommt darauf an, wo wir dann stehen. Wenn man mit vierzig immer noch oder wieder Single ist, ist es mit Sicherheit nicht viel anders. Meine Mutter ist über fünfzig, und die und ihre Freundinnen sind nicht anders drauf. Die haben auch nichts anderes zu tun, als beim Kaffee oder Cocktail über Männer zu quatschen, und wenn ich bei meiner Mutter zu Hause bin und höre, wie sie mit ihrer Freundin Annemarie telefoniert, dann denke ich mir auch manchmal: *Mann, Mama, ihr seid doch keine Teenies mehr!* Da gehts echt genauso ab. Da fliegen auch Sätze wie: ›Ich hab ihm jetzt eine SMS mit dem und dem Inhalt geschrieben, und er hat das und das zurückgeschrieben und was bedeutet das jetzt?‹« Rike lacht.

»Meinste nicht, dass man abgebrühter und gleichgültiger wird, wenn man den Kram schon x-mal hinter sich hat?«, fragt Evi hoffnungsfroh.

Rike brummt: »Haben wir das jetzt nicht auch schon?«

»Irgendwann muss das Fass doch auch mal voll sein, oder?«, fragt Evi zurück und Rike schüttelt den Kopf:

»Ich glaube, wenn du über fünfzig bist, bist du noch aufgeregter, weil deine Chancen, einen geeigneten Ungebundenen zu finden, viel geringer sind als heute. Ich kann mir vorstellen, dass dann jedes Date gleich wesentlich mehr bedeutet als jetzt.«

»Finden wir noch ein Abschlusswort zum Thema ›Was bringen unsere Analysen?‹«, versuche ich die losen Fäden wieder zu einem hübschen Gesprächsschal zusammenzustricken.

»Analysen können einem Aufschluss über die eigene Situation geben. Manchmal ist es auch wichtig, dass einem eine Freundin einen Eimer Wasser über das erhitzte Liebesgemüt kippt, manchmal ist es auch wichtig, die Antwort in sich selbst zu finden. Man darf aber nicht vergessen, dass das alles nur Theorie ist und dass es immer noch anders kommen kann«, antwortet Rike druckreif und ich muss grinsen:

»Es kann alles anders kommen, als es das logischste Analyseergebnis prophezeit. Und das ist sie mal wieder, unsere blöde, alte Falltür namens Hoffnung.«

Ich öffne mein letztes Bier für diesen Abend und verlese die letzte Frage.

33. »Sag mal, Schätzchen, hast du eigentlich keine anderen Probleme?«

Wie abhängig machen wir uns
eigentlich von diesem ganzen »Herzmist«?

»So, Kinder, ich ahne, dass wir uns die nächsten Tage erst mal nicht mehr über Männer unterhalten werden? Oder?«, frage ich, während ich in die Runde gucke und meine Lippen an die Öffnung meiner Bierflasche lege.

»Och, wenn was Spannendes passiert? Ich bin noch bis morgen Abend hier«, meint Evi hoffnungsfroh, wohl wartend auf die Dinge, die ihr von Toms Seite aus noch passieren könnten.

»Und vielleicht entscheidet Rike sich ja schon in den nächsten Tagen, sich endlich von Stefan zu trennen.« Christina guckt Rike herausfordernd an.

Und diese zischt zurück: »Vielleicht fällt Robin aber auch ein Ziegelstein auf den Kopf und er kann sich urplötzlich nicht mehr an seine Gefühle für dich erinnern. Dann hätten wir auch was zu quatschen.«

Christina verdreht die Augen. »Ja, sicher. Oder Juleskas ›Was legst du denn deinen Kopf so schief?‹-Idiot steht mit einer Rose im Mund vor ihrer Haustür, macht Männchen und bellt zärtlich: ›Heirate mich.‹« Pauline guckt Christina leicht kritisch an. »Witzig«, meint sie, und das sehr trocken. Christina trinkt erst einen Schluck und entgegnet:

»Komm, hör doch auf, Paulchen! Vielleicht passiert bei dir ja auch was Spannendes. Vielleicht versucht Jonas dich zu zwingen, *Ich liebe für immer nur dich* zu sagen, und erpresst dich mit deinem alten Disco-Klo-Sextape, das er in seinem Briefkasten gefunden hat. Wer kann das schon sagen …« Ich schüttle den Kopf:

»Kinder, wenn das in den nächsten Tagen alles passiert, gibt es einen langen Epilog. Aber was ich eigentlich sagen wollte, ist: Jetzt mal abgesehen von diesen drei Abenden für das Buch: Reden wir zu viel über Männer und den ganzen Herzmist drum herum?« Christina zuckt mit den Achseln.

»Nö, ich finde nicht, dass wir zu viel über Männer reden. Selbst wenn wir das täten, sind die Männergeschichten ja auch zum Großteil eigentlich nur Aufhänger, um über uns selbst zu reden. Über unsere Ängste, Bedürfnisse, Macken und Dellen.« Sie grinst.

»Ich finde, wir reden oft darüber, und ich finde auch, dass Männer einen hohen Stellenwert in unseren Gesprächen und somit auch in unserem Leben haben, aber das ist doch wahrscheinlich normal für unser Alter. Wir sind noch im Frühling unseres Lebens, bei uns geht es vorrangig um die Balz und darum, befruchtet zu werden.« Rike grinst auch. Was sind wir nicht alle gut gelaunt!

»Ich rede ein paar Mal in der Woche über Männer, mit verschiedenen Mädels und mit meiner Mutter. Und ich muss auch ehrlich zugeben, Männer sind mein Lieblingsthema. Warum auch immer.«

»Ist wie eine Soap im Abo zu haben, ne?«, nickt Evi und Pauline brummt: »Bei manchen ist es mehr eine Sitcom oder ein Dramedy-Format.«

»Oder eine Live-Schalte in die Irrenanstalt«, versucht Christina witzig zu sein.

»Ich glaube, Rike, du findest Männergeschichten deswegen am interessantesten, weil du dich mit dem Thema am leichtesten identifizieren kannst – jedenfalls eher, als wenn dir Evi was aus dem Krankenhaus-Arbeitsalltag erzählt oder Christina sich über ihre stressige Mutter auslässt«, überlege ich. Rike kratzt sich am Hals und sagt:

»Keine Ahnung, warum mich Beziehungskram am meisten interessiert. Aber irgendwie dreht sich die Welt ja um Sex und Liebe und das Leben mit dem anderen Geschlecht.« Sie hält inne und redet nach einer kleinen Pause weiter:

»Wenn Leute untereinander Stress haben, das finde ich auch interessant. Das klingt jetzt nicht sonderlich sympathisch, aber so ist es wohl. Zwischenmenschliche Problematiken sind einfach toll und geben gesprächsmäßig einiges her für so Kaffeetisch-philosophinnen wie uns.«

Christina presst die Lippen aufeinander und entgegnet dann:

»Ich finde, dass manche von uns sich zu sehr von ihrem Herzmist leiten lassen und zu sehr alles andere darüber vergessen. Ich würde manchmal gerne wissen, warum die betreffende Person nur über ihren Liebesquatsch nachdenkt und warum sie eine nicht funktionierende Sache nicht endlich abhakt und mit ihrer Nussschale zu anderen Ufern aufbricht. Oder sich endlich um all die anderen wichtigen Baustellen im Leben kümmert. Ich meine, wir alle haben nette Jobs, manch eine von uns macht Praktika auf der ganzen Welt, eine andere schreibt ein Buch, wir kommen rum, wir sind große Mädchen von Welt. Ich finde, in vielen Gesprächen kommt das zu kurz, weil die Mädchen beim Zuhören irgendwann nicht mehr ganz auf Sendung sind, die Augen werden schwer und sie geben Antworten wie ›Ach echt?‹ oder ›Interessant!‹. Nach sechs Minuten höflichen Zuhörens wird das Thema gewechselt und es kommt etwas wie: ›Und was ist, wenn er das so und so gemeint hat?‹« Christina guckt in unsere Gesichter.

»Ich finde aber schon, dass wir sehr oft völlig männerthemafreie Laberrunden haben. Aber an diesen Klassikerabenden, an denen Alkohol im Spiel ist, dreht es sich eh irgendwann um die

Themen Männer, Herzklopfen und Beischlaf, oder? Alkohol befördert so was doch.« Ich nehme einen Schluck Bier und sage:

»Und außerdem sind Männergeschichten unterhaltsam. Sie sind meistens dann am unterhaltsamsten, desto verworrener, tragischer und verrückter sie sind. Wir sehnen uns nach dem ganzen Herzmist, wir wollen Liebe und Männer und den Zirkus drum herum in unserem Leben haben, weils ein bisschen aufregend ist, weil es für Gefühle sorgt, für gute Gespräche mit den Freundinnen, für Abenteuer, für knifflige Fälle, die man lösen kann …« Ich ziehe eine belustigte Schnute und meine dann pathetisch:

»Der ganze Herzmist ist eben so ein bisschen Alltagsglasur.«

»Mit Liebesperlen«, grinst Rike. »Oder aus Bitterschokolade!«, meckert Evi, aber die alte Frohnatur mildert ihren Einwurf mit einem vergnüglichen Blitzen in den Augen ab. Ich gucke auf die grüne Flasche in meiner Hand:

»Apropos Bitterschokolade«, beginne ich, »als ich letztens bei ihm war, sind wir nachmittags aufgestanden und haben in seiner Küche rumgesessen und gefrühstückt. Ich weiß nicht, was das ist, abends verstehen wir uns blendend, aber nach einer Nacht ist es meistens stockend, kühl und so ein bisschen so, als hätte man Angst, sich nichts zu sagen zu haben, oder als hätte man sich tatsächlich nichts zu sagen.« Ich räuspere mich:

»Und dann sitzen wir da so, schlürfen Pfefferminztee und ich frag ihn, was er jetzt machen würde, wenn ich nicht hier wäre, und er meinte, er würde sich an den Computer setzen oder lesen, er hätte nichts Spezielles vor, und dann stockte die Unterhaltung wieder, ich hab Tee getrunken und dann gefragt, ob ich noch bleiben soll. Da hat er nur mit den Schulten gezuckt und meinte, es wäre ihm egal.« Ich grinse:

»Was ja eigentlich schon ein Punkt ist, an dem eine normale Frau, die alle Sinne beisammen hat, sagen würde: ›Alles klar, ich kipp hier eben meinen Tee in mich rein und bin nullkommanix draußen, weil ich ja noch eine ganz wichtige Verabredung habe.‹ Aber eine masochistisch veranlagte Person wie ich fragt natürlich noch mal nach: ›Nee, sag nicht einfach nur: *Ist mir egal*, ich möchte eine klare Antwort auf: *Soll ich gehen, ja oder nein?*‹ Er guckt mir in die Augen, irgendwie spöttisch bis peinlich berührt, und meint: ›Ja.‹«

»Es machte PENG, und der Jäger, der von dir nicht gejagt werden will, schoss dir mal wieder in dein engelsgleiches Gesichtlein«, kommentiert Rike nicht ohne den nötigen Spott in der Stimme.

»Darum geht es nicht. Die Frage ist: Warum tue ich mir das an? Warum fordere ich jemanden geradezu dazu auf, mir wehzutun? Ich konnte seine Antwort doch erahnen. Das ist nicht nur Herzmist, sondern schon Kopfmist. Und vor allem Mist für meine Selbstachtung. Ich meine, warum lass ich das mit mir machen? Warum reagiere ich in diesen Situationen mit ihm so?« Ich überlege weiter:

»Besser gesagt, warum reagiere ich in diesen Situationen mit ihm *nicht*? Eine normale Ausgabe von mir hätte das kommentiert, ob sarkastisch, ob gespielt gekränkt – damit er nicht sofort merkt, dass ich verletzt bin – oder ob ich gezeigt hätte, dass er mich wirklich gekränkt hat … Egal. Ich hätte reagiert. Nur bei ihm nicht. Ich sitze weiter da, grinse und sage: ›Okay. Dann gehe ich jetzt.‹ Fein. Ich fordere Prügel heraus, stecke sie lächelnd ein und gehe wie in Trance.« Ich schüttle den Kopf:

»Das ist soo untypisch für mich, eigentlich. Warum mache ich das? Ist das Angst? Respekt? Wovor?« Die Mädchen gucken irgendwie unbeteiligt aus der Wäsche. Pauline urteilt, ohne dabei auf meine Fragen einzugehen:

»Rette dein Gesicht und meld dich bei dem Hirni nicht mehr. Er wirft eine Frau raus, um sich vor den Computer zu setzen? Baby, es gibt noch genügend junge Herren, die auch Bock haben, dir das Herz zu brechen, und es ist Zeit für ein neues Gesicht in deinem Leben.« Ich nicke:

»Aber es ist halt dumm, wenn man ein Faible für eine bestimmte Sorte Herzmist hat.« Christina formt mit ihren Händen eine Pistole, richtet sie an ihre Schläfe, drückt ab und simuliert einen bildschönen Suizid auf meiner Couch. Soll mir das sagen, dass sie es nicht mehr hören kann? Mmh, könnte wohl sein.

»Ach, Freundin!«, sage ich zu ihr. »Das ging mir eben gerade durch den Kopf. Es ist ja oft so, dass wir uns Albernes, Dramatisches und offenbarend Dämliches erzählen, aber unterm Strich ist es doch super, ihr könnt mich mit dem Kack aufziehen, habt was zum Lachen und habt Gründe, aus euren Händen Pistolen zu formen und abzudrücken. Ich offenbare meine wunden Punkte gerne, wenn ich euch damit unterhalten kann.«

»Wunde Punkte zu Unterhaltungszwecken preisgeben, das ist es wohl, was Mädchengespräche ausmacht«, murmelt Rike und gähnt. Ich gucke in die Runde:

»Ich glaube, wir sind durch!«, erkenne ich nach Rikes wunderbaren Schlussworten, will gerade mein Bier erheben, um auf unsere dreitägige, erfolgreiche Mädchengespräche-Session anzustoßen, als ein Handy piept. Eine SMS. Alle Gesichter gucken sich gegenseitig an, Evi grinst wie das berühmte Honigkuchenpferd und sagt nur:

»Das ist meins!!!«

Wenn das mal nicht eine Nachricht von Tom ist …

Die Autorin

Juleska Vonhagen, 23, ist freie Journalistin und Autorin. Mitte der Acht-
ziger erblickte sie irgendwo am Rande des schönen Ruhrpotts das Licht
der Welt. 21 Jahre später packte sie ihre Koffer, um nach Berlin aufzubrechen: Hier arbeitet sie für eine bekannte Rundfunkanstalt. Neben ihrer
journalistischen Tätigkeit und dem Schreiben studiert sie Geisteswissen-
schaften.

Juleska Vonhagen
HERZMIST
Fünf junge Frauen – 33 Mädchengespräche
über Liebe, Leid und Leidenschaft

ISBN 978-3-89602-876-1

1. Auflage März 2009
2. Auflage Juni 2009

Covergestaltung: Charlotte Simon

Katalog
Wir senden Ihnen gern kostenlos unseren Katalog
Schwarzkopf & Schwarzkopf Verlag GmbH
Kastanienallee 32 | 10435 Berlin
Telefon: 030 – 44 33 63 00 | Fax: 030 – 44 33 63 044

Internet | E-Mail
www.schwarzkopf-schwarzkopf.de
info@schwarzkopf-schwarzkopf.de